高等职业教育
电子商务类专业
新形态一体化教材

电商文案撰写

丁雪昭　胡晓颖　郑春梅　主编
段宜杉　张竹青　金红华　闫国涛　副主编

清华大学出版社
北京

内 容 简 介

本书获国家级"双高计划"建设项目重点支持。电子商务在"互联网+"时代快速崛起,使电商文案的作用日益凸显。本书结合电商文案的岗位需求,系统介绍了电商文案策划与写作的知识和技能,主要包括认知电商文案和电商文案岗位、电商文案创作构思、创作过程、策划与写作,品牌、商品详情页、海报、营销软文、搜索引擎优化、社群(SNS)推广、今日头条、微博、微信朋友圈、短视频与直播文案的策划与写作等内容。每个项目均以职业素养目标和典型工作任务开篇,项目末设有项目实践和拓展阅读,内容翔实,实用性强。

本书可作为高等职业院校电子商务类专业、市场营销专业和经济贸易类专业文案课程的教学用书,也可作为电商文案策划和网络营销相关从业者的参考读物。

本书封面贴有清华大学出版社防伪标签,无标签者不得销售。
版权所有,侵权必究。举报:010-62782989,beiqinquan@tup.tsinghua.edu.cn。

图书在版编目(CIP)数据

电商文案撰写 / 丁雪昭,胡晓颖,郑春梅主编.
北京:清华大学出版社,2025.3. --(高等职业教育电子商务类专业新形态一体化教材). -- ISBN 978-7-302-68335-3

Ⅰ. F713.36;H152.3

中国国家版本馆 CIP 数据核字第 2025XK0726 号

责任编辑:	左卫霞
封面设计:	傅瑞学
责任校对:	刘 静
责任印制:	丛怀宇

出版发行:清华大学出版社
网　　址:https://www.tup.com.cn,https://www.wqxuetang.com
地　　址:北京清华大学学研大厦A座　　邮　编:100084
社 总 机:010-83470000　　邮　购:010-62786544
投稿与读者服务:010-62776969,c-service@tup.tsinghua.edu.cn
质量反馈:010-62772015,zhiliang@tup.tsinghua.edu.cn
课件下载:https://www.tup.com.cn,010-83470410

印 装 者:三河市东方印刷有限公司
经　　销:全国新华书店
开　　本:185mm×260mm　　印　张:13.75　　字　数:351千字
版　　次:2025年3月第1版　　印　次:2025年3月第1次印刷
定　　价:49.00元

产品编号:100568-01

前 言
FOREWORD

党的二十大报告提出"深化教育领域综合改革,加强教材建设和管理",为新时代新征程的教材工作指明了前进方向、提供了根本遵循。随着我国迈上全面建设社会主义现代化国家的新征程,并向制造强国、品牌强国迈出坚实步伐,我国的品牌建设工作取得了一系列成果,但品牌的影响力、辐射力和带动力还没有完全释放。本着为党育人、为国育才的初心使命,本书结合电商文案实际工作和高职教学情况,力求讲好中国品牌故事,拓宽中国品牌知名度、树立中国品牌形象,为提升"中国制造"和"中国服务"竞争力,着力培养能担当民族复兴大任的新时代电商文案人。

随着电子商务的蓬勃发展,信息和产品日益丰富,消费者的注意力与耐心开始变得稀缺,他们不愿意进行抽象思考和深度思考,这使电商文案对商品销售和企业品牌传播变得至关重要。特别是短视频和直播电商成为行业新风口以来,市场对电商文案的要求越来越高,电商文案不仅要唤起消费者的注意力,促使消费者产生即时冲动,搜索下单,还要让消费者有复购和扩散的意愿。正如广告教父奥格威所说:每一条广告都应该是对品牌形象的长期投资。树立形象,传递品牌内涵是电商文案的根本目的。

本书具有以下特点。

(1) 以党的二十大精神为引领,培养全面发展的高素质技术技能型人才。"互联网+"时代快速崛起的电子商务行业,使电商文案的作用日益突显。优秀的电商文案可以提升商品的价值,促进销售,同时还可以增加消费者对店铺的信任度,提升品牌影响力,对商家的重要性不言而喻。本书结合电商文案岗位需求,系统介绍了电商文案策划与写作的知识和技能,注重培养适应科技发展的技术技能型人才。

(2) 理论和实践相结合,指导性和实用性强。本书在编写过程中按照"任务导入→任务目标→典型工作任务→形成任务"的思路组织内容,将电商文案的理论知识讲解与实际应用相结合,每个任务都由经典案例引入,然后介绍文案写作的基础知识,最后通过任务实施与项目实践进行知识巩固,提高实操技能。

(3) 依据不同平台的文案需求定制不同的教学内容。本书在调研电商文案岗位工作任务和职业能力的基础上,依据人才培养方案,紧紧围绕工作任务的需要选取理论知识,围绕职业能力设置实战项目。依据各类电商文案特点,采用先理论后实践的编写模式,以学生为主体,以培养职业能力为核心,以真实案例为载体,以练促学,强调对电商文案写作能力的培养。

(4) 校企合作编写。本书由高校教师和企业人员共同完成,教学经验丰富的教师负责理论部分编写,实战经验丰富的企业人员编写案例和实践部分。

本书理论和实践兼顾,从电商文案的基础理论入手,在对电商行业、电商文案岗位要求和职业素养有一定了解的基础上,讲练结合,使学生掌握不同电商平台文案的写作特点、写作技巧、写作方法,并能撰写各类文案,为今后从事电子商务工作奠定基础。

本书由辽宁经济职业技术学院、辽宁民族师范高等专科学校、不空谈品牌咨询公司联合编写,由辽宁经济职业技术学院丁雪昭、胡晓颖、郑春梅担任主编。本书具体编写分工如下:丁雪昭负责编写项目1、项目2、项目14,郑春梅负责编写项目3至项目5,辽宁经济职业技术学院张竹青负责编写项目6至项目10,辽宁经济职业技术学院段宜杉负责编写项目11至项目13,胡晓颖、辽宁民族师范高等专科学校金红华、不空谈品牌咨询公司创始人闫国涛(广告圈自媒体大号"空手"作者)负责全书统稿。本书由辽宁经济职业技术学院马骥教授审稿。

本书在编写过程中参考了大量电商文案写作书籍,在此对这些书籍的作者及为本书的出版给予帮助和支持的朋友们表示由衷的感谢。对于书中的疏漏之处,恳请各位专家、读者批评指正。

编 者

2024 年 8 月

CONTENTS 目 录

项目1 认知电商文案 ·· 1

    任务 1.1 电商文案的内涵、特点及分类 ·· 1

    任务 1.2 电商文案的作用 ·· 9

项目2 认知电商文案岗位 ·· 15

    任务 2.1 电商文案创作者的岗位职责 ·· 15

    任务 2.2 电商文案创作者的素养和能力 ·· 18

    任务 2.3 电商文案的撰写流程 ·· 21

项目3 电商文案创作构思 ·· 27

    任务 3.1 认知电商文案创意 ·· 27

    任务 3.2 实现电商文案创意 ·· 33

项目4 电商文案创作过程 ·· 42

    任务 4.1 认知商品 ·· 42

    任务 4.2 分析市场需求 ·· 47

    任务 4.3 提炼商品卖点 ·· 53

项目5 电商文案策划与写作 ··· 65

    任务 5.1 电商文案标题写作 ·· 65

    任务 5.2 电商文案开头写作 ·· 77

    任务 5.3 电商文案正文写作 ·· 84

    任务 5.4 电商文案结尾写作 ·· 93

项目6 品牌文案策划与写作 ··· 98

    任务 6.1 认知品牌文案 ·· 98

    任务 6.2 撰写品牌口号 ·· 101

    任务 6.3 讲好品牌故事 ·· 106

项目7 商品详情页、海报策划与写作 ·· 117

    任务 7.1 商品详情页文案写作 ··· 117

任务7.2　商品海报文案写作 …………………………………………… 124

项目8　营销软文策划与写作 ……………………………………………… 133
　　任务8.1　认知营销软文 …………………………………………………… 133
　　任务8.2　营销软文写作 …………………………………………………… 137

项目9　搜索引擎优化文案策划与写作 …………………………………… 148
　　任务9.1　认知搜索引擎 …………………………………………………… 148
　　任务9.2　商品关键词设置 ………………………………………………… 153
　　任务9.3　搜索引擎优化文案写作 ………………………………………… 167

项目10　社群（SNS）推广文案策划与写作 ……………………………… 170

项目11　今日头条营销文案策划与写作 …………………………………… 175

项目12　微博文案策划与写作 ……………………………………………… 180
　　任务12.1　认知微博文案 ………………………………………………… 180
　　任务12.2　微博文案写作 ………………………………………………… 182

项目13　微信朋友圈营销文案策划与写作 ………………………………… 187
　　任务13.1　认知微信朋友圈营销文案 …………………………………… 187
　　任务13.2　微信朋友圈营销文案写作 …………………………………… 188

项目14　短视频与直播文案策划与写作 …………………………………… 194
　　任务14.1　短视频文案写作 ……………………………………………… 194
　　任务14.2　直播文案写作 ………………………………………………… 205

参考文献 ……………………………………………………………………… 214

项目 1

认知电商文案

科技的发展催生了电子商务,与此同时,广告的载体也在不断进化,从最初的传统媒体时代到 PC 互联网时代(即个人计算机时代)再到如今的移动互联网时代,广告的传播方式有了翻天覆地的变化。越来越发达的网上购物平台使消费者对产品的选择更加依赖广告宣传,电商文案则成为生产者与消费者之间的重要桥梁。但是,广告的高曝光并不等于整个广告营销的成功。在移动互联网时代,消费者一方面比之前更忙碌,时间更有限,另一方面也变得更成熟,更懂得辨别和规避"智商税"式的广告宣传,同时自发地迅速传播他们喜欢的东西。商家若想在新品牌不断崛起、产品严重同质化的当下,赢得消费者的青睐,就需要文案帮助塑造辨识度高的品牌形象。如果将广告文案视为一种销售行为,文案是否"走心"才是商家需要把握的重点,正如那句话所说:"文案写手,就是坐在键盘后面的销售人员。"

职业素养目标

1. 体会电子商务对人们生活产生的深远影响,感受国家建设发展取得的成就,建立高度的民族认同感和自豪感,投身到实现中华民族伟大复兴的事业中去。

2. 树立正确的人生观、价值观,在未来的工作中要根据企业文化、产品特点及优势结合消费者痛点进行积极、正向的电商文案策划和撰写。

典型工作任务

1. 分析电商文案是如何有效塑造品牌形象,帮助品牌区分、阻隔竞争对手的。

2. 了解电商文案在塑造企业或品牌形象中的作用,阐释优秀的电商文案是如何创造品牌差异化的。

任务 1.1 电商文案的内涵、特点及分类

任务导入

"酷公司,用钉钉",钉钉是阿里巴巴旗下的一款企业管理软件,其着眼点在企业管理者身上。在"大众创业、万众创新"的理念深入人心的当下,钉钉推出的以"创业很苦,坚持很酷!"为主题的系列宣传海报,海报中每段描绘情绪的文案都准确地述说了奋战的创业者的心路历程(图 1-1)。

互联网、移动互联网、云计算、大数据等技术的发展,让有梦想、有意愿、有能力的人有了广

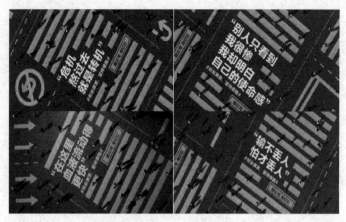

图 1-1 钉钉以"创业很苦,坚持很酷!"为主题的系列宣传海报

阔的平台施展拳脚。"双创"中有挑战更有机遇,既会滴下辛勤的汗水,也有望迎来丰收。钉钉这一系列文案在内容上直指人心,朗朗上口,文案节奏感强,让人动容泪目的同时又心生激情,这就是文案的感召力。

 任务目标

1. 认识电商文案的内涵。
2. 了解电商文案的特点。
3. 了解电商文案的分类。

 知识准备

随着经济、文化的发展,文案的内涵逐渐扩大。在我国古代,文案指放书的案几,也叫文按、公文案卷。后来,伏案从事文字写作的人被称为文案,久而久之,经由他们之手创作出来的文字作品也被称为文案。文案的种类很多,通常所说的文案,是时下服务于电子商务的广告文案,即电商文案。广告文案(advertising copy)有两层含义,一是企业为达到营销目的的表现形式;二是专门创作广告文字的工作者。

1.1.1 广告文案的含义及电商文案的内涵

1. 广告文案的含义

广告文案是伴随广告的出现而产生的。广义的广告文案是指一则广告中所有表达方式的集合。狭义的广告文案是指广告中所需要的文字部分,一般包括标题、正文、广告语、附文几部分;影视广告及广播广告文案除了脚本、旁白等语言文字外,还有对于声音、场景的要求进行描述等所有出现的文字部分。一则完整的广告文案是图文并茂的,图像感性,表意模糊,具有极强的视觉冲击力;文字理性,用来界定、提示感性的图像,可以让消费者对商品有一个鲜明的认知。广告中所有元素都要为目标服务,如图 1-2 所示的顺丰同城宣传海报,就很好地体现了其要表达的目标。

传统媒体时代,美国广告学家 E. S. 刘易斯于 1898 年提出的 AIDMA 消费理论模型(表 1-1),通过分析文案各要素发挥的作用,阐释了消费者从接触到商品信息到最后达成购买的一种逻

图 1-2 顺丰同城宣传海报

辑,由于其把握了消费者的消费行为关键变化点,因此成为指导广告文案创意与制作的标杆。当然,由于广告投放的媒介因素,广告文案并不需要包含所有的文案元素。

表 1-1 AIDMA 消费理论模型

构成要素		功能及效果	AIDMA 理论模型
标题	主标题	引起注意	attention(注意)
	副标题	保持兴趣	interest(兴趣)
正文		激起欲望	desire(欲望)
广告语		强化记忆	memory(记忆)
附文		促成行动	action(行动)

好文案能通过符号化的文本,塑造品牌形象,加深人们对品牌的印象,形成心理烙印。例如,人们累了、困了,就会想到红牛;买空调就会想到格力、海尔、美的;想买新能源汽车,就会想到华为、理想、比亚迪;过年看望老人,就会想到"今年过年不收礼,收礼只收脑白金"。

2. 电商文案的内涵

互联网使传统商业活动的各个环节电子化、网络化、信息化,人们不再受时空的限制,能以非常简捷的方式完成过去较为繁杂的商务活动。电商文案是利用由计算机关联形成的信息通信网络作为广告的媒介,运用数字多媒体技术设计制作,并借助网络平台传播的商业广告形式。电商文案充分利用互联网的空间结构框架,通过条幅、文字或视频等方式在网上发布,再通过互联网传递到每一个线上客户的终端。电商文案因其投放渠道的不同,内容要素选择比较灵活,主要包括商品介绍、第三方评价和权威机构认证等内容,图 1-3 所示为京东商城书籍广告文案。文案能否抓住痛点、赢得用户信任,直接影响消费者的停留时长和订单支付。文案能否解决电商的流量问题和转化问题,也直接反馈在数据上。成功的电商文案能依靠卓越的文字表现力,让产品形象具体可感,促进产品的销售,同时还可以塑造品牌形象,提升店铺的信任度。

人们在传统电商平台购买商品通常会根据商品介绍、销量、用户评价来进行决策,因为高销量、好口碑代表了热销爆款的商品形象。直播电商则更看重主播的个人信任背书,因为优质主播背后有强大的选品团队和议价能力,其商品自然在品质和价格方面更有优势。主播边还原商品的使用场景,边直白描述产品的使用体验,向用户传递品牌的形式更生动,建立和强化

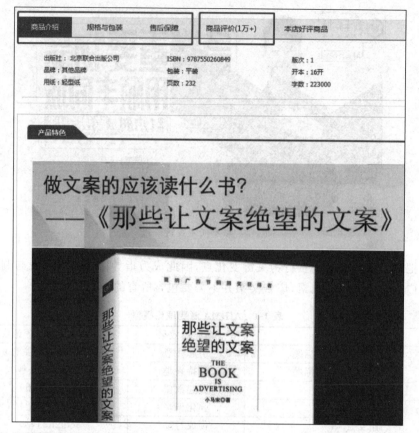

图1-3 京东商城书籍广告文案

品牌的形象与认知更直接,这在很大程度上可以激发用户对商品的兴趣。直播电商平台内的一键式链接跳转,有效地缩短了从内容消费到商品服务消费的路径,消费者即刷即买、所见即所得,直接实现品销协同,促进转化成交,这是直播电商的特色和优势。但是,用户拒绝直播或短视频广告比拒绝电视广告(TVC)也容易得多。2021年,抖音电商提出了"兴趣电商"理念:以优质内容激发用户兴趣,吸引用户停留、互动,产生购买转化,将用户与美好生活连接起来。这对电商文案的质量提出了更高的要求。

1.1.2 电商文案的特点

互联网改变了人们的生活方式,然而,人性并没有因为互联网而改变。如同著名广告文案撰稿人克劳德·霍普金斯在其经典著作《科学的广告》中所描述的那样:"人类的本质是不会变的。从大部分的角度来看,现代人跟恺撒时代的人没什么两样,所以基本的心理学原则依然牢靠,因此,你永远不必将学过的心理学原则全部打破、重新建立。"也就是说,消费者的消费心理模式不会因为广告信息是通过新媒体的渠道获得就发生改变。文字的本质就是一种沟通工具,所以无论什么时代、什么类型,广告文案的目的是相同的,都是为了宣传产品或服务,吸引消费者产生共鸣或认同,从而促成购买。只是因为不同的时期广告所采用的策略、实现的过程有所不同,导致其产生的效应有很大差别。电商文案是在传统文案基础上衍生出来的新型广告文案,顺应了数字化发展趋势,更精准、更灵活、更具有个性。

1. 广告投放的精准性

大数据使移动互联网广告投放的精准性远超传统广告。通过移动应用和内置广告,不仅可以抓住用户的标准信息,如手机型号、操作系统等,还能获取应用安装列表、媒体使用频率、购物偏好等非准确信息,而手机等移动终端都精确指向一个明确的个体用户,目标消费者群像清晰,标签化分类精准。电商文案即基于此类大数据,制定、推送更加个性化的内容,实现广告的精准传播,提高了广告的效果,在一定程度上降低了广告的投放成本。

2. 体验的互动性

互动性无疑是电商文案中最具有代表性的特点。传统广告的投放方式多以诉说为主,受众是被动接受广告。电商文案搭载的移动终端设备大大提高了受众的参与度,同时,移动终端跨屏互动也更为方便,使互动性得以进一步提高,增加了用户黏性,在一定程度上促进了商品的销售。用户可以通过点赞、评论、转发等形式与传播者进行互动,而直播电商中用户更是可以和传播者实时互动,使用户和传播者形成社交关系,有效提高品牌、产品的传播效果。

3. 投放成本的可控性

与传统广告高昂的费用相比,电商文案具有低成本、高效能的特点,成本更加可控。电视广告等传统广告形式投入需要大量的资金,且时间周期比较长。在人人都可以是自媒体的今天,各种开放式的平台使用户可以随时随地在互联网上发布信息,商家也可以轻松地建立属于自己的公众号、微博号、抖音号来搭建自己的品牌形象,同时通过社交媒体的粉丝集群加深受众与品牌之间的联系。商家还可以借助拥有一定受众基础的KOL(key opinion leader,关键意见领袖)自身的感染力和试用测评,吸引更多消费者,实现产品变现。同时,电商文案开始由产品促销向产品推荐转型。例如,完美日记、三顿半咖啡、拉面说借助内容电商、直播电商等低成本、高流量的平台打造了自己的品牌形象,进行了品牌营销。

4. 用户反馈的即时性

电商文案解决了传统广告难以统计受众反馈的难题,突破了传统广告用户反馈的滞后性。移动互联网技术可以有效监测广告投放效果,商家可以即时掌握受众对广告或产品的反馈,并通过对这些数据的分析,了解受众对产品的需求,及时调整广告投放策略,对产品做出相应的改进,从而提高产品品牌的竞争力,有效提升企业生产与创新的效率。

5. 信息传播的及时性

电商文案传播的及时性来源于以智能手机为代表的移动设备大量普及,手机的随身携带性比其他任何一种传统媒介都强,用户能随时随地通过移动互联网获取信息,手机媒介的影响力是全天候的,这使广告信息的推送也更加及时有效。过去,受众需要在电视广告或者户外海报、杂志等媒体上获知产品更迭的信息。不论是手机的新品发售会,还是美妆的最新单品推广,移动终端的普及使商业广告可以第一时间完成全球同步,电商文案的时效性越来越明显。

无论是传统媒体时代的文案,还是移动互联网时代的文案,好文案的标准从来都没有变,就是能卖货,只是不同的时期所采用的策略有所不同。好的文案是抓住人们的渴望或焦虑,塑造理想的用户形象并做出承诺,让消费者或向往、或认同。

1.1.3 电商文案的分类

电商文案已经深入到了移动互联网生态圈的各个角落。在网络大数据的背景下,能根据不同移动端的使用场景和功能进行个性化的精准投放,给用户提供更吸引眼球、更具创造力的文案。按照不同的分类标准可以将文案分为不同的类型。例如,可按照篇幅长短将文案分为长文案和短文案。长文案一般用于价格昂贵,消费者关注时间长的商品宣传,如汽车、房屋等;短文案一般用于价格较低,关注度低的商品宣传,如饮品、零食等。再如,可按广告植入方式将文案分为软文案和硬文案。软文案也叫软文,是在故事中植入品牌广告,如在微信公众号文章中融入广告。硬文案广告的植入方式比较简单直白,比如开屏广告,出现在一些手机应用启动时,全屏显示2~5秒,具有很强的曝光性,多用于店庆促销、新品推广。

以上是较为简单的分类方式,本书的重点是根据文案所处位置及产生作用的不同将电商文案分为横幅广告文案、商品详情页文案、电商品牌文案、网络推广文案、原生广告文案五种。

1. 横幅广告文案

横幅广告是出现最早、最常见的一种网络广告形式,图像文件一般以动态或静态的形式放置在网页中较为醒目的位置,如网站主页的顶部,用于表达广告的内容。横幅广告分为三大类:静态横幅、动态横幅、互动式横幅。其构成一般是简短的标题加上品牌、商品标识,主要起到提示作用,暗示消费者单击图片打开链接,去了解更详尽的广告信息。横幅广告文案需要有创意,即表现广告主题的独创性和新颖性。图1-4所示为京东商城横幅广告。

图1-4 京东商城横幅广告

2. 商品详情页文案

商品详情页文案是电子商务文案的重要组成部分,其主要通过文字、图片等元素,全面地展示商品的功能、特性,以及销售、物流等方面的信息,从而增加消费者对商品的兴趣,激发其潜在需求和购买欲望,引导消费者下单。图1-5所示为某手机商品详情页文案的一部分。

图1-5 某手机商品详情页文案(部分)

3. 电商品牌文案

电商品牌文案是通过故事告知消费者品牌的相关信息,加深消费者对品牌的印象及情感,进行品牌建设与传播,累积品牌资产的相关文案。品牌文案内容的好坏直接决定着品牌故事的好坏,因此撰写时要注重故事的塑造和所要表达的思想。一个好的品牌故事能够体现品牌的核心文化,并达到脍炙人口、源远流长的效果。品牌文案要有调性、重情感、利传播,明显的个性特征更有辨识度,也更容易被记忆。美国品牌学之父戴维·阿克总结出七种品牌人格:坦诚、刺激、能力、精致、粗犷、激情、平静。品牌文案的目的就是赋予产品人格魅力,当然,一个品牌可能同时具有多种品牌人格。图1-6所示为蔚来汽车广告,一句"从蔚来到未来"简洁明了地展现了其品牌形象,并且极易传播。

做品牌就是讲故事。从讲自己、讲产品功能的源头故事,增强品牌的早期信任度;到讲用户关心的事、讲感情的品牌创意故事,增强品牌的显著性和用户接受度;最后讲梦想、讲世界的品牌故事,作为品牌内外的长期目标和使命表达,为品牌赋予象征价值和高额溢价。品牌文案对品牌有长效作用。

4. 网络推广文案

网络推广文案是为了宣传推广企业、商品或服务创作的文案,可以给商家引入更多的外部流量,引发网友转载。网络推广文案的写作方式更加自由,其结合视频、图片,把需要宣传的电子商务网站、产品、服务等信息完美嵌入到文案内容中开展优质内容营销,帮助企业构建品牌。网络推广文案符合当下网络文化,是覆盖面最广、最受大中小企业青睐的营销方式之一。网络推广文案应用范围广泛,包括微信公众号、微博、资讯App和浏览器推广等。图1-7所示为观复博物馆、故宫文具公众号的网络推广文案。

图1-6　蔚来汽车广告

图1-7　观复博物馆、故宫文具公众号的网络推广文案

5. 原生广告文案

原生广告文案是将广告内容植入App页面可视化设计中,使广告本身与App或移动网站融为一体。它既可以是微信中的一条朋友圈、微博中的一条动态,也可以是今日头条中的一条新闻,除了角标中备注的"广告"或"推广"以外,形式上与投放应用中的其他信息并无差别。随着互联网技术的提升和移动智能设备的普及,从用户体验出发,基于大数据算法推荐的信息流广告最为常见,其多用于社交App和资讯App,如微信、微博、今日头条等。原生广告文案与传统媒体时代就已流行的电视剧植入广告相似,其摆设和台词看似不经意,实则是精心设计的场景化、定制化、融合化的广告模式。原生广告文案的写作特别讲究内容、关键词的提炼,有

价值的内容、关键词有利于大数据匹配的精准投放,使平台能快速定位和分析消费者的即时需求并分发广告,使得广告成为对消费者有价值的存在,有助于企业更精准地制定相匹配的信息与广告分发策略,提升广告效果。这些信息流广告都可以评论、点赞,像朋友们发出的动态一样,结合场景本身,基于用户需求的广告,更易吸引点击。图 1-8 所示为微信朋友圈万科海上城市的信息流广告。

图 1-8 微信朋友圈万科海上城市的信息流广告

任务 1.2 电商文案的作用

任务导入

当前,电商竞争日渐激烈,在淘宝、天猫、京东以及抖音电商的线上商圈中,电商文案特色之战已经打响,商家利用文案这种吸引消费者眼球的方式赚取点击量、销量和人气,特别是每年的"双 11""双 12""5·20""6·18"等人造销售节日和春节、端午节、中秋节等一系列节日中,"电商文案大战"如火如荼,电商文案成功地走在了电商竞争的前端。

优秀的电商文案可以提升商品的价值,促进销售,同时还可以增加消费者对店铺的信任度,提升品牌影响力。文案在本质上属于创作,但其最终目的是实现基于商品本身的销售目标。

任务目标

了解电商文案的作用。

知识准备

新消费时代,产品越来越丰富,用户选择空间越来越广,需求也越来越多元,一件商品不仅要满足用户的物质需求,还要满足用户的个性化需求和情感需求。移动互联网使大众获取信息的途径增多,甚至拥有了屏蔽信息的权力。而且,移动互联网时代的信息分发机制从互联网时代的搜索机制变为推荐机制,即由人通过主动搜索获得自己想要的内容产品的"人找物",变为系统自动根据用户的浏览行为把内容推送给用户的"物找人"。在这一背景下,与商品相关的所有信息,如何在诸多竞品中获得消费者的青睐变得越来越重要。如何获得有效的拓客模式,成为众多商家亟待解决的一道难题。而电商文案的出现,较好地改善了这些问题。电商文案可以通过精准表达品牌,清晰描述商品,把控消费者心理,激发消费者的购买欲望,进而达成销售的目标。成功的电商文案可以带动商品的销量,甚至带动整个店铺的销量,优秀的文案更可以提升店铺的信誉和品牌的溢价空间。当然文案不仅包括文字,还需要图片、视频等元素增强文案的吸引力,以起到事半功倍的作用。

1. 促进品牌资产的积累

移动互联网使人们足不出户即可完成购买和消费。电商文案成了连接生产者与消费者之间的桥梁。各类社交 App 易于信息互相分享,朋友或者意见领袖也会左右消费者购买商品的选择。在这种环境中,相比较图片等视觉符号,文字传递的信息是最直接、最高效的。消费者可以通过文案感知企业的核心理念或发展愿景,提升对品牌的信任度和美誉度,形成对品牌的质量、服务诚意、社会责任等诸多方面的良好印象,最终成为品牌的追随者。品牌忠诚度越高,顾客受其他竞品的影响就越弱。

品牌是企业最重要的资产,其对内凝聚力量、对外扩大影响。品牌的影响力是商家制胜的法宝,文字最能触及品牌的根本,按照戴维·阿克提出的品牌资产理论,品牌资产包括品牌专有权、品牌知名度、品牌形象、品牌联想、品牌忠诚度五个维度。①品牌专有权是品牌资产的基础,是指品牌方对注册商标、版权、专利等的专有权。②品牌知名度是指消费者对品牌内涵、个性的了解,对商品质量、品质体验感受。③品牌形象是指品牌对顾客心理或精神需求的满足程度,清晰、鲜明的品牌形象,可以唤起情感共鸣。④品牌联想是指消费者对与有关商品的属性定义或服务功能的联想,是品牌建设的关键环节,也是品牌对用户从具有知名度到具有忠诚度的转折点。⑤品牌忠诚度涵盖品牌共鸣、品牌赋能,这是品牌建设的最高阶段,是指消费者在购买决策中,对某个品牌有明显偏向性的行为,既是一种行为过程,也是一种心理(决策和评估)过程。

企业通过这五个维度进行品牌资产管理,可以了解品牌正处在建设的哪个阶段,哪些维度还需要强化,哪些维度发生了偏离等。文案可以将品牌的文化意识形态提炼出来,让品牌具有了意识形态所反映的调性,通过这种调性去刺激消费者,让消费者对这种意识形态产生共鸣,并激动到愿意通过花钱购买该品牌的产品和服务,去表达自己内在的情绪和意识形态。企业可通过品牌对于消费者的影响,提高品牌溢价空间,使品牌更好地盈利。好文案可以为品牌持续叠加效果,积累品牌资产,建立最低成本的拓客模式,"抢占公共资源"。

2. 取得消费者的信任

电商文案的性质是销售,销售则是基于信任,不信任几乎就意味着不买。如果说激发购买欲望是给顾客购买找到感性依据,那么赢得消费者的信任,就需要用文案呈上一个个理性证据,帮助商家与消费者之间建立信任。优秀的文案通过展示商品信息,第三方评价(网页评论、买家秀等)和权威背书,让这些理性依据鲜活起来,突出品牌价值。针对客户需求,遵循由场景(situation)、冲突(complication)、问题(question)、回答(answer)四要素组成的 SCQA 模型,持续发现和设计各种新场景下与用户交互的推荐文案。例如,用于表明品牌态度的有:"叫你亲,不如质量精"(京东)"不伤手的立白""假一赔十""30 天无理由退换";提供精准数据的有:"充电 5 分钟,通话 2 小时""累积销量×××""连续 N 年销量第一"。此外,还可以请 KOL、明星、平台(权威机构、CCTV 广告)做背书,通过将其他平台的权威形象转嫁到自家产品,塑造产品形象,让消费者信任感更强,决策更快。例如,"金碑银碑不如老百姓的口碑",将老客户的见证转嫁到新客户对产品的信任上。如图 1-9 所示的南京同仁堂宣传广告文案中体现了品牌发展史,权威机构认证的老字号,增加了品牌的可信度。

文案的关键是挖掘受众的需求点、利益点和兴趣点,突出产品的可感知价值。绝大多数用户都不会去深入调研一个产品,通常仅凭一些表象或感觉就做出判断,最直接感知到的价值往往决定了最终决策。例如,直播电商主播跟目标人群越相似,说服力就越强。某种程度来说,客户买的就是这种具体可感的产品价值。

3. 借助互动进行整合营销传播

企业营销就是通过各种手段向消费者传递信息,从而实现消费者对企业品牌的认知与认同。移动互联网时代,商家通过各种平台,如网页、微博、论坛、QQ、微信和邮件等进行文案的推广与宣传,扩大了文案的影响范围,但是公众做出的反应才能最终决定传播的实效和质量。品牌要考虑如何和消费者同频共振,打动消费者,培养自己的"粉丝群体"。例如,淘宝的"亲"这一称呼不仅迅速拉近了买卖双方的距离,还避免了性别、年龄区分不当的尴尬。欧莱雅从"你值得拥有"到"我值得拥有",再到"我们值得拥有",和消费者的沟通立场从站在企业立场出发传播产品,到站在消费者自己的立场来表达"我"的个性、观念,再到倡导每个人拥有自己独特的美,使欧莱雅影响的消费人群范围越来越广。

图1-9 南京同仁堂的宣传广告

大数据时代,商家都能及时获得大众的反应,这就促进了彼此之间的互动,达到良好的宣传与营销目的,起到事半功倍的效果。当然,电商文案的撰写,必须以销售为导向。文案是手段,销售才是广告的最终目的。电商文案的目的是将受众的注意力吸引到商品上来,有效传达文案中所包含的商品信息,使受众在解读这些信息后,将自己的需求与商品、品牌联系起来,进而起到促销的作用。

4. 优化广告投放效果

任何一家电商都希望优化广告投放效果,通过外部流量提高网站的PR(pagerank,网页级别)值,高质量的文案通过精练的语言诱导受众点击广告进行传播。PC互联网商业广告依赖搜索引擎,从搜索引擎优化的角度来讲,文字清晰的文案容易被发现和收录,从而获得好的排名位置,也就更容易被消费者搜索到,产生的流量也会更多,最终实现基于搜索引擎自然检索方式的网络营销目的,达到提升网站访问量、产品推广、获得潜在用户的效果。移动端商业广告通过添加二维码扩展了传统媒介版面画幅的局限性,实现了媒体跨屏。直播电商的推荐算法非常强调停留时长。从推介算法机制来讲,独特的文字内容更容易被提取出信息和重要关键词,因为机器算法对视频图像内容的提取精准度还有很大的局限性。抖音商家如果想让视频内容得到最大程度的展示,优化广告投放效果,最有效的途径就是从文本上下功夫。例如,一些带货主播,张口就来的带货说辞,富有张力的排比句式,充满洞察的场景描写,还有直指灵魂的问句,是吸引流量、打造品牌的法宝。

任务实施

1. 小组讨论。阅读图1-10所示的央视新闻的公益广告,完成表1-2的填写。

图 1-10 央视新闻的公益广告

表 1-2 文案创意分析

序号	广告传达的信息	阅读后的感受	
		是否心动	心动/不心动的原因
1			
2			
...			

2. 按 AIDMA 消费理论模型分析图 1-11 所示的京东物流宣传海报中的电商文案结构要素及其作用。

图 1-11 京东物流宣传海报

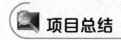 项目总结

科技的发展改变了人们的消费习惯与生活习惯,移动互联网把人们的碎片时间充分利用了起来。商品的长期销售需要企业有效地塑造品牌形象,独特鲜明的文案能帮助品牌区分、阻

隔竞争对手,是创造品牌差异化的关键。实践证明,优秀的电商文案能承担塑造企业或品牌形象的责任。本项目中涉及的电商文案的内涵、特点、分类及作用,为有志于从事电商的同学提供了学习的基本内容和学习方向。

  项目测试

1. 简述电商文案的特点。
2. 简述电商文案的作用。

  项目实践

1. 实践任务

云洱茶轩是一家专业销售普洱茶的公司。该公司代理了市面上多个具有头部效应的普洱茶品牌,但随着市场渠道内代理品牌的销售利润逐渐减少,公司为增加利润,推出了一款名为"云洱"的自有优质普洱熟茶产品。

云洱茶轩计划通过互联网打造云洱产品,因此,公司决定首先在各互联网流量平台上进行该产品的宣传推广,在推广之前,需要撰写一系列的产品文案及品牌文案,以达到打开互联网市场,获得更为丰厚的产品利润及品牌效应,提升销售额与销售量的目的。

2. 实践步骤

(1) 打开百度网页,在搜索文本框中输入"云南普洱茶""云南普洱茶博客",在搜索结果页面中查看搜索结果,分别查看在百度文库、博客及普通的关于"普洱茶"相关内容的网页链接,完成表1-3。

表1-3 各平台有关普洱茶的描述

序号	营销平台	标题	内容描述
例	百度百科	普洱茶的冲泡及品饮	普洱茶的冲泡知识讲解
1			
2			
…			

(2) 打开淘宝网,在淘宝的搜索框内输入"云南普洱茶",选择销售量较大的普洱茶商品2~3个,单击进入其详情页,完成表1-4。

表1-4 普洱茶的文案调查

序号	淘宝店	商品文案详情优势概括
例	大益官方旗舰店	体现品牌优势,有优惠引导用户购买
1		
2		
…		

(3) 打开抖音,在抖音的搜索框内输入"云南普洱茶",选择关注量较大的抖音号,挑选几个优质的抖音视频,分析其特点,完成表1-5。

表 1-5 普洱茶平台宣传的特点

序号	营销平台	平台特点	受欢迎文案概述
例	抖音	视频平台	真人出镜，文案质朴直指人心，让消费者信赖
1			
2			
…			

3. 实践要求

利用搜索引擎获取优秀文案，分析这些文案在不同营销渠道的要求与特点。

 拓展阅读

拓展阅读：媒介即信息

项目 2

认知电商文案岗位

一个好的广告人,一定是一个阅读广泛的人;他要做各种周刊及月刊杂志的读者,而不是只读专业书。一个好的作者,会尽量避免陈词滥调,不光是在写作中,在说话中也应避免。他会尽量不说那些老掉牙的比喻。

移动互联时代的最大特征是信息和产品极大丰富,消费者的注意力空前稀缺。大部分消费者往往缺乏耐心,不愿意进行抽象思考和深度思考,只想要直接的、轻易的刺激和愉悦感。电商文案的关键是要让消费者产生即时冲动,从搜索并下单变成即刷即买;同时让消费者产生共鸣和认同,具有复购行为和扩散意愿。这也对文案岗位提出了更高的要求。

职业素养目标

1. 知法守法懂法用法,严格遵守法律,依法经营,合法维护正当权益。
2. 了解电商文案客观上肩负着信息传递、价值传播的使命,在扎实掌握专业知识和技能的同时,要牢记初心,传播正能量。

典型工作任务

1. 形成对电商文案岗位的整体认知,结合电商文案岗位的招聘启事,明确自己应该掌握哪些技能。
2. 通过分析电商文案内容的针对性、条理的清晰度,阐释文案是怎么讲述品牌故事,塑造品牌形象的。

任务 2.1　电商文案创作者的岗位职责

任务导入

移动互联网推动了电子商务的快速发展,从而催生出电子商务文案这一新兴行业。区别于传统文案所刊发的报纸、电视等大众媒介,电子商务文案是基于网络平台传播,通过网站、微博、微信、论坛以及各种交易平台发布,有更丰富的表现形式和传播方式。随着新媒体时代的到来,电子商务文案写作依托电子商务的蓬勃发展,服务于电子商务,成为各商家宣传、推广企业和产品的重要途径。图 2-1 所示为数英文案岗位招聘的广告内容。

图 2-1 数英文案岗位招聘广告

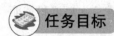 **任务目标**

1. 了解电商文案创作者岗位描述。
2. 了解电商文案创作者岗位职责。

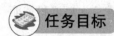 **知识准备**

电商文案要依靠卓越的文字运用能力,塑造美好品牌形象的同时,促进商品的销售。一名优秀的电商文案创作者承担的职责已经远远超越了文案字面的含义,几乎是"文案+策划+编辑+运营"的结合,其不仅要能写出引起读者共鸣的高质量文案,还要能配合企业其他部门的人员进行品牌、商品或服务的推广与宣传。这就要求其不仅具有文案工作能力,还要有优秀的职业素养。图 2-2 所示为 BOSS 直聘中电商文案岗位招聘的广告内容。

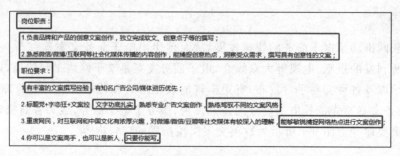

图 2-2 BOSS 直聘中电商文案岗位招聘广告

2.1.1 电商文案创作者岗位描述

电商文案创作者要结合企业的营销策略和销售逻辑,充分了解品牌、商品及服务,基于大数据精准挖掘消费者的兴趣点和痛点,跟进企业各阶段的营销活动,结合社会时事热点进行电商文案内容的创意和文字的策划,灵活运用写作技巧撰写文案,讲好品牌故事,搭建企业和用户之间沟通的桥梁。在推广信息的过程中,要结合移动互联网时代信息传播的特点,合理利用新技术、新平台,以受众喜闻乐见的形式与之交流和互动,刺激他们产生购买行为,通过提升文案的传播效率,增强品牌的传播力和影响力,提高文案的转化率。

2.1.2 电商文案创作者岗位职责

由于移动互联网时代传播媒介的复杂性、多样性,因此文案创作者的岗位职责范围比较广泛。

1. 撰写各类电商文案

文案是企业营销传播整体战略的组成部分。任何企业、品牌要想获得利润最大化,都需要在多平台进行营销传播。因此,文案创作者需要能够熟练撰写各种类型的文案。例如,在社交网络兴起的今天,各大品牌纷纷在微信、微博等社交媒体上建设自己的账号,通过一切有趣的方式与粉丝互动,与消费者建立长期的关系。文案创作者需要撰写的文案种类包括 PC 端电商文案,移动端各类文案,小红书"种草文案",抖音、快手等短视频、直播文案等。

2. 参与营销策划

电商文案是用文字把品牌创意策划呈现出来,即戏剧化地讲述品牌核心故事。只有经过规划、创新的文案才有可能取得成功。"策划在于思,文案在于行",策划是一种感觉,文案是一种表达,策划要知道客户的需求是什么,是要做品牌宣传还是产品推广,具体文案是广告语还是册子,是软文还是海报,文案是什么基调,传播和文案撰写都要根据策划来制定,然后再构思文案。因此,文案创作者要参与前期策划,与策划人员配合工作,才能够充分了解营销传播战略的目的和思路,进而将其充分贯穿于文案写作过程中。

例如,全联超市是一家货品齐全、价廉物美的平价超市,核心理念是让顾客每次去都会很省钱。然而,"省钱"往往会让人联想到"抠门""小气"。这时,可以通过转换概念,把"省钱"提升到"经济美学"的高度——"来全联超市,省下来的钱,是为了实现更重要的人生目标。"于是,该文案的基调是:在城市中奋斗、打拼的普通年轻人,自信满满地告诉你——省钱,是一种新的生活美学。广告中不同身份、职业、性别的年轻人,手里都拎着一只全联的购物袋,从不同的角度来阐述他们一致的省钱宣言。

3. 解读数据

数据是营销的重要素材。特别是大数据时代,销售状况能快速地跟踪反馈。掌握客户需求、分析市场状况以及进行消费者行为分析都是基于对数据的解释。移动互联网时代,又增加了从流量转化角度来看营销的新方法体系。因此,电商文案人员必须拥有数据解读能力。例如,解读行业相关数据,撰写市场调查报告;针对旅游、服装行业的相关数据,进行相应的旅游、服装产品的推广文案创作。

4. 良好的沟通能力

电商文案创作者在整个的文案写作过程中,要在充分掌握企业、品牌方意图的前提下,阐释自己的文案创意,并反复和企业、品牌方协商修改文案。因此,电商文案人员需要具备良好的沟通能力及语言表达能力,以便使文案撰写工作顺利完成,让企业和品牌方满意。

5. 摄影、排版、图片处理能力

图片和版式是影响文案最终呈现效果的重要因素。电商文案的文本写得再完美,也需要通过文字的字体、字号、排版、构图等手段表现出来,还需要借助视频、音乐的配合,让品牌形象具体可感。例如,文字用什么字号、字体,呈现在哪个位置,配什么颜色才能使品牌有鲜明的调性,更有利于吸引消费者等,都是需要考虑的。电商文案人员如果能熟练掌握各种图片处理软件,会修图,具备一定的摄影能力,就能让自己的文案创意呈现得更充分。

任务 2.2　电商文案创作者的素养和能力

任务导入

移动互联网时代的电商文案人员应紧跟时代发展的脚步,培养自身的文案编辑能力和素养,提高自身的专业水平和业务技能。同时还要不断创新、突破自我,为电商产业的文案编辑工作拓展更加广阔的发展空间,提高电商的信息传播质量和效率,推动行业稳健发展。

任务目标

1. 了解电商文案人员的职业素养。
2. 了解电商文案人员的能力素养。

知识准备

文案写作的传奇人物约瑟夫·休格曼认为想要成为一名合格的文案创作者,就要有足够的知识储备。知识储备是通过平时的积累来完成的,除了行业相关的积累,还要对世界、对生活积极热情,增长见识,看得越多,能写出的东西就越多。文案不应该是个专才,更应该是个杂家,对什么都有了解,愿意去体验生活的种种。文案人能够在平凡日常中,在习以为常的事务里,察觉到一些人们内心需求的东西,更懂品牌、更懂营销、更懂人心。

2.2.1　良好的职业素养

良好的职业素养是任何岗位的从业者必备的基本素养。电商文案创作者的职业素养包括正确的价值观和职业道德,要学习《中华人民共和国广告法》,了解广告常识和营销底线。例如,慎重使用具有民族、国家象征的文化符号,坚决不能矮化、丑化、歪曲民族、国家的形象。图 2-3 所示为广告中使用红领巾的违法行为和处理结果。

1. 文案创意要输出正确的价值观

广告是面向大众传播的,塑造的品牌用户形象是渴望让消费者认同的。每个文案的创意,在影响受众消费行为的同时也在影响他们的价值观,甚至会影响行业和引领时代,承担相应的社会责任。无论企业、品牌多么想引人注意,输出的内容无论观点多么犀利,多么有个性,都必须做到积极向上。例如,某超市用女装尺码制造身材焦虑而被替换;花呗的视频创意《年轻,就是花呗》因其有在年轻人中推销消费主义思想而备受诟病。再如,不要通过轻视中年人夸赞

图 2-3 三只松鼠、万达广场的道歉

年轻人,不要通过贬低相貌平平的人强调美丽等。另外,一定要慎重对待社会重大事件热点,不是所有的热点都能跟,不论怎样的热点,都不能陷入恶俗。要时刻保持警醒与谨慎,输出正向的价值观对电商文案创作者来说非常重要。

如某明星代言的凡客文案:"七岁立志当科学家,长大后却成为一个演员;被赋予外貌、勤奋和成功,也被赋予讥讽、怀疑和嘲笑;人生即是如此,你可以努力,却无法拒绝。哪有胜利可言?挺住,意味着一切!没错,我不是演技派。Not at all. 我是凡客。"这一段真诚的文字告诉大家,成长虽然艰辛但要坚持。"挺住意味着一切"成了一句流行一时的经典文案。

2. 要树立版权意识

文案撰写时要尊重原创,杜绝抄袭。例如,小满节气时,某汽车品牌借势营销,邀请某明星演绎了一个有文化的广告《今日小满,人生小满》,上线伊始,就迅速获得巨量的关注。但其实际是抄袭了抖音某用户的视频文案,虽然品牌、代理商进行了道歉,广告也在全网下架,但还是对该企业在大众心目中的形象造成了不良影响。

3. 要爱岗敬业,善于协作

电商文案创作者要热爱文案工作,对自己追求的目标锲而不舍;能进行良好的沟通、能协调自己与同事之间的工作,对工作保持高度的责任心以及严谨的工作态度,对公司负责,对用户负责。

4. 危机公关要真诚、真实

如果企业或品牌在宣传时出现问题,最好的危机公关应对方式就是诚恳道歉,不说假话,马上整改。不能傲慢自大,不要试图辩解。尽管网民的注意力容易被别的热点吸引,但互联网是有记忆的。特别是短视频传播便捷的今天,一件小事不仅能迅速传遍世界,还会在很长时间后被人翻出来。

2.2.2 过硬的写作能力

写作是文案工作最基本、最核心的能力。对语言文字的运用技巧,决定了文案创作者职业发展的延伸度。移动互联网的高度渗透,使消费者时刻被网络覆盖,商品、品牌以及服务的价格高低、品质优劣等都能一览无遗,数以万计的网站,随处可见的广告吸引着人们的注意力,消费者的注意力很容易被接踵而至的新刺激点吸引,所以,文案对文字功底的要求非常高。但是写文案不同于写小说、散文,文案不是表达主观意愿、炫耀文采或玩文字游戏,而是"带着枷锁跳舞",要基于营销策略,利用具有逻辑性和表现力的文字符号来传达已制定的信息。

广告界大师罗瑟·瑞夫斯曾表示,莎士比亚会是一位很糟糕的文案作者,海明威、陀思妥耶夫斯基和托尔斯泰等人们能叫得出名来的小说家,都是一样。如果让作家去搞文案创作,那么他们大都是不合格的。

写作需要的是长期创作的积累,熟能生巧,写得多了,就有了语言文字运用的"感觉",自然就掌握了文案写作的套路和灵感。文案人员应该养成练笔的好习惯,坚持写作是积累文案创作经验的有效方法,比如,每天写一条微博,发一条朋友圈等。

2.2.3 广泛学习的能力

1. 坚持阅读各类书籍

读书破万卷,下笔如有神。电商文案创作者需要通过阅读来提高自身的创作能力,大量的阅读积累是旁征博引的前提。专业书籍、心理学、美学等相关书籍,可以构建合理的知识体系,要从文本分析中学习文章的构思,掌握语言风格。电商文案创作者要紧跟电商各个阶段的营销策略完成文案写作,特别是直播电商,更需要大量的、新鲜的内容输出,高强度的工作对文案人员的基础积累提出了很高的要求,所以文案人员要养成勤于阅读的好习惯,丰富自己的知识,以便更快、更好地完成文案创作。例如,某选品直播间的双语带货,主播脱口而出的带货说辞,充分体现了"腹有诗书气自华"的文化积累。

2. 收集分析文案

任何写作都是始于模仿,终于独创,收集分析各种文案,是做文案的第一步。无论是哪类广告,成功的或失败的,都如实体现了企业的营销意图和解决自身品牌问题的办法,从这些文案中可以揣摩文案写作过程中要怎么思考,那些令人难忘的金句是怎样写成的。不同的收集方式也有不同的侧重,按行业收集,能迅速了解行业属性及状况,用户特征及广告调性;按品类收集,能理解品牌的传播策略、文案撰写方向及切入点;按文案类型收集,如电视文案、广播文案、销售文案、宣传文案等,可以了解文案写作技巧、文案标准。随时关注、记录、思考,融会贯通,才能在创作文案时信手拈来。

3. 关注行业前沿信息

在互联网时代,广告的形式有了很大的变化,用户接受广告的方式也由被动接收变为主动获取,甚至拥有了传播的话语权。不能及时了解科技对广告传播媒介、行业发展趋势以及消费者行为习惯的影响,就不能写出洞察人性、抓住人心的好文案,就不能选择合适的投放渠道,最大限度地发挥文案的传播效果。

2.2.4 敏锐的洞察、策划能力

电商文案人员要思维活跃、洞察力强、富有创意。具体而言,要理解企业的营销策略和品牌目标,准确捕捉商品亮点;要理解消费者心理,能深入分析消费者的渴望和痛点;要敏锐感知科技发展的热点对电子商务行业和媒体环境发展趋势的影响。电商文案人员还应具备创造力,要善于选取产品功能与用户的关联点,制订切实可行的运营和推广方案,用生动、准确、形

象的语言表达,最大限度地提高电商文案的有效性。在如今这个发朋友圈都要考虑传播效果的年代,洞察和策划能力更是文案人员要具备的基本能力。要明白文案为何而写,要解决什么营销问题、达成何种商业目的;文案要怎么写,如何提炼品牌核心价值及产品诉求,如何把企业的品牌策略、市场策略转化成创意文案,呈现给普通消费者;文案要写什么,是品牌推广还是品牌营销。在哪里投放,是企业需要考虑的问题,消费者不想了解企业高深的战略抉择,他们只想透过简单的文案了解企业品牌对自己有什么用处和价值。

2.2.5 较高的审美能力

只有文案创作者本身具备欣赏美的能力,才能写出让受众觉得美的文案。文案的美包括文字排版的整体风格、字体大小、颜色、字间距、行间距是否协调,图文的搭配是否合适,版面是否整洁优美,文案读起来是否让人觉得简练而有重点等。文案人员可以通过多看书、看电影、听音乐、看展览提高自己的鉴赏力。比如,通过看电影,可以学习如何讲述一个吸引人的故事,如何拍摄、剪辑,如何布置场景,如何选择音乐等。

任务 2.3　电商文案的撰写流程

任务导入

大卫·奥格威:"我们做广告是为了销售产品,否则就不是做广告。"文字最能触及品牌的根本,相比于图片等视觉符号,文字传递信息是最直接、最高效的。电商文案可以将品牌的文化和意识形态提炼出来,让品牌具有了意识形态所反映的调性,通过这种调性去刺激消费者,让消费者为这种意识形态产生共鸣,并愿意通过花钱购买该品牌的产品和服务,去表达自己内在的情绪和意识形态。

任务目标

明确电商文案的撰写流程。

知识准备

对任何产品和品牌而言,PC端和移动端平台都是广告营销的"兵家必争"之地,因为这里汇聚了消费者最多的注意力。但是,网络世界中信息过多,选择过多,人们的注意力非常分散。所以,光是"争抢"到平台还不够,文案怎么写、写什么才能快速"吸睛",迅速获取关键注意力,才是重中之重。文案的本质是沟通,无论什么类型的文案,要么表明观点,抒发情怀;要么传递信息,承诺利益。任何文案在下笔前都要充分了解这个市场需要什么样的文案,文案产出的方向不能违背整个市场发展规律。此外,还要捋顺写作逻辑,明确"说什么、对谁说,在哪里说,怎么说"的创作思路。

2.3.1 说什么:文案的创作目的

撰写文案之前,首先要想清楚,产品的定位是什么?品牌方诉求清晰吗?这次写文案的目的是什么?是为了让用户知道我们,喜欢我们?还是为了塑造品牌形象?还是为了告知促销信息？每个广告都要给消费者一个明确的主张。在这个信息爆炸、阅读碎片化的时代，简单、简洁、个性鲜明、冲击力强的文案能给受众留下印象。例如，京东的广告文案："还挑真假呢？别把网购当智力游戏。从赝品里挑正品，不如在真货里选好货。叫你亲，不如质量精。京东，4300多个正品品牌，想怎么挑就怎么挑。网购买的是希望，别等到绝望。早上订货，晚上PARTY到货。夜里下单伤不起，货到了，你还没起。京东，自有物流，自己办事不误事。"传递了品牌理念"多、快、好、省"。那些脍炙人口的金句，"去屑当然海飞丝""上天猫，就够了""农夫山泉有点甜""钻石恒久远，一颗永流传"，都能在第一时间给人留下深刻的印象。

2.3.2 对谁说：研究目标人群，精准传达，击中目标

文案大师约翰·贝文斯曾表示：对潜在消费者的了解，远远比对产品的了解更重要。如果不确定广告文案传达给谁，没有一个对应的细分目标群体，那就会丧失广告精准传达的穿透力。所以说，文案首先要锁定精准目标人群，越是了解目标人群，就越知道该写什么，什么样的文案能击中他们，什么方向是他们愿意看的。文案要基于某个目标人群进行表达，它的目的是要接触和吸引到营销策略内的目标人群，最终达到营销效果。比如把消费者分为职场精英、时尚达人、文艺青年、篮球迷、创业者等，分析这一类人有什么特征？他们和品牌有什么关系？他们对于商品所能满足的需求和期待程度有多少？为了把产品卖给这群人，应该选取什么卖点？使用什么语言风格？针对不同人群突出商品的卖点，传达出对每一位潜在消费者的重视并竭力提供服务、解决问题的决心。例如，上海通用别克旗下的君越、君威、英朗、威朗四款轿车，针对成功人士，君越说"不喧哗，自有声"；针对中产，君威说"一路潮前"；针对已婚人士，英朗说"懂你说的，懂你没说的"；针对单身人士，威朗说"天生爱跑"。在不同的车型上，上汽深挖对应消费者不同的情绪共鸣点，强调产品的价值观、调性，建立消费者与品牌之间的情感关联。再如，耐克一直是围绕"Just Do It"表明自己的品牌态度：大胆去做，别犹豫。不仅具有强大的号召力，而且让无数年轻人产生了共鸣。饮料作为同质性很强的产品类别，常运用"青春""美丽""活力""激情"等词汇来诠释品牌调性，让品牌在消费者心目中占据差异化的"定位"。

2.3.3 在哪里说：文案的呈现方式

文案的呈现方式取决于文案的投放渠道，也就是在什么情况下和消费者沟通。如果是新媒体，要看是PC端还是移动端，是微信、微博、小红书这类社交媒体，还是抖音、快手这类直播短视频形式。如果是传统媒体，要看是报刊、电视，还是户外。不一样的媒介，会影响文案的篇幅以及风格。文案创作者要熟悉不同媒介的特点，思考在哪里投放文案更有效。例如，网页浏览，消费者实际看到的内容大约只有16%。直播电商强调受众观看时长，而人们的平均注意力在8~12秒，所以，文案要保证在很短的时间内让消费者看出来自家竞品与其他竞品的差异，"抓住"消费者的眼球。例如，在网页内容设计上，写出体现产品给潜在消费者自身利益承诺的标题，使用有冲击力的字体、字号，清晰的排版，添加视频，为图片添加标题、描述和文字标签等。还可以优化搜索引擎，提高商品排名。使用消费者喜欢用的关键词，方便消费者通过网络进行搜索。减少步骤，尽可能地简化用户搜寻和购买决策上的流程、节省用户时间。在用户购买流程中，每增加一个环节和步骤，转化率都会降低。

2.3.4 怎么说：文案的呈现内容

撰写文案的终极目标，是要消费者去购买或者关注产品和服务。如果用户感知不到产品

的价值和卖点,广告就没有意义。

1. 营造场景

文案唤起人们隐藏于心的各种欲望的过程,就是在营造场景。深入人心的产品会在消费者生活中代表一定的场景。文案创作者要思考如何抓住用户痛点,写出现场感。例如,产品能帮用户解决什么问题?带来什么利益?如果产品本身是带来长期利益的,那如何在短期利益上也体现出来?例如,购买婴儿食品的人更关心食品安全;购买汽车的人更关心汽车的性价比,或是汽车品牌彰显的身份象征等。可以通过广告中的标题、广告语、正文、图像、音乐等元素呈现场景,调动目标用户的购买或关注欲望,迎合目标用户的需求,卖出产品。例如,"经常用脑,多喝六个核桃""怕上火喝王老吉"。直播带货的主播展示的使用效果越有代入感,越能引起用户即刷即买的高转化率。例如,微博某博主在回顾自己的购买过程时发现,自己前后四次在某直播间里因为某主播不同的说辞买了四袋大米,声称人生30年,从未这么离谱过。

2. 强化商品价值

好文案通过在商品描述中将商品的特征与消费者能获得的好处联系起来,来强化商品价值。通过介绍产品成分、使用方法,分析竞品说服消费者为什么应该拥有这个商品,告诉消费者购买这个商品后会获得什么样的好处。打消消费者关于质量、能否退货、是否包邮、会不会有个人信息泄露等问题的顾虑,让消费者有购买的欲望。例如,通过暗示表明性价比高,商家促销常用"原价399现价99"。再如,形象化类比介绍产品比较复杂或者过于抽象的某个功能、某个概念、某个卖点,不知道祁县酥梨有多酥,用"'入口即化',好像在吃西瓜"来告诉你;超大的鱿鱼有多大,用"比脸还大的鱿鱼"来说明;口感酥脆是什么感觉,用"边吃边用手接着嘎嘣脆的酥皮"来体现。在展示理想自我形象方面,每一个人的任何决策,大多与自身理想形象分不开。例如,中国台湾企业全联"经济美学"的系列文案,将省钱这种被认为小气的行为,转换为一种年轻化的生活方式,变成一种理想生活的形象,省的是钱,但用的却是一种独立的生活态度。文案创造选择,文案改变生活,把"省钱美学"做到了极致。

也有一些优秀的文案在洞察产品、描叙细节方面十分出色,这类文案基于产品的一些基本点,日常生活场景去发挥,在描述产品时没有夸大之感,让人觉得很亲切、有好感。例如,网上点餐平台"饿了么"的品牌广告文案:"饿了别叫妈,叫饿了么",结合很多人习惯在家饿了就喊妈的场景,让"饿了么"与"饿了,妈"产生情感关联,引发用户的集体共鸣。再如,"27层过滤"矿泉水的净化工艺流程其实很长,于是乐百氏就主打自己的水是"经过27层净化"。其实,当时的大部分矿泉水都是有这种标准工艺流程的,只是乐百氏第一个将27层净化标准这个常识作为卖点说了出来。这样的细节让乐百氏率先占据了用户的心智。

3. 做好品牌背书

通过品牌故事、销量,名人代言和权威机构认证等背书,能增强品牌的权威性和可信赖度,取得消费者的信任。例如,麦当劳的"已卖出数十亿汉堡"用自己庞大的销量背书,让消费者放心。文案不是简单呈现事实,而是为文案的核心观点和诉求找到合理化的说法和事实支持。在乐百氏"27层过滤"矿泉水的案例中,同类产品的净化工序基本上是一样的。这里,事实和数据只是将品牌诉求"合理化"的手段,用来为品牌背书。

4. 督促付诸行动

文案中可以通过描述优惠折扣、限时限量、玩拼单、砍价、0元购、抢红包等促销活动,促使消费者付诸行动,马上下单,购买商品。

2.3.5 审查并确定文案

文案审查是对文案进行策划和管理,针对商家、品牌或商品的营销策略对文案进行一次或多次的修改,直到满意并确定方案。奥美广告公司创始人大卫·奥格威曾表示,我的做法是先写出一个草稿来,然后进行修改、修改再修改,直到可以通过为止。至少有些时候是这样写的。我知道很多作者可以写得很流畅、很自信,一气呵成。那是他们,我做不到。撰写文案时考虑得越周详,消费者就会越放心,越满意。

任务实施

1. 查找选取微信文案、微博文案、电商文案、网络社群文案、短视频文案等,按照表2-1所示的文案整体审核、评价表进行分析,文案是怎么讲述品牌故事,塑造品牌形象的。如果需要改进,应怎么调整。如果继续开发新产品,请为该品牌撰写文案。

表2-1 文案整体审核、评价

序号	审核项目	文案评价项目	是/否的原因说明
1	文案内容	文案创意是否积极、正向?	
		是否适合广告的创意核心和执行点子?	
		是否符合观众的视听习惯?是否适合广告发布地区的文化背景、风俗习惯?	
2	文案结构	文案整体呈现是否准确地传达了广告创意?	
		文案内容的逻辑关系是否清晰?主次顺序是否与广告策略的规定相吻合?	
		标题是否醒目、引人入胜?与正文的结构是否合理、一脉相承?	
		是否呈现了核心广告语?	
3	媒介特性的配合(是否考虑到所使用传播媒介的特点)	印刷广告:文案长度与宣传策划是否匹配?	
		广播广告:语言和时长匹配是否合理?音乐是否适合?	
		电视广告:文案与画面、音乐的配合是否适合?语言是否符合观众的视听习惯?	
		电商文案:是否符合所选媒介的传播特点?	
4	写作技巧	是否缺乏或过多使用写作技巧?是否使用了受众难以接受的技巧?	
		是否因为使用技巧掩盖了文案需要传达的广告信息?	

2. 电梯间促销。在电梯内,限时一分钟,向同学们介绍品牌,推销一件商品,一分钟后同学们就要走出电梯,只有一分钟让同学们掏出手机买单。

项目总结

随着电子商务行业的蓬勃发展,电商文案对于商品销售、企业品牌传播等方面的影响力变得至关重要。想要撰写出强有力的文案,抓住消费者的注意力,不仅要了解文案、精通文案的写作方法,更要了解电子商务环境中文案的相关知识,掌握电商文案岗位的要求和职业素养等。本项目重点介绍电商文案人员的岗位要求,职业技能和职业素养等相关内容,为有志于从事电商的同学提供了学习的基本内容和学习方向。

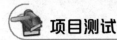
项目测试

1. 简述电商文案人员的岗位职责。
2. 简述电商文案人员的职业素养。

项目实践

1. 实践任务

"倍香好米"选用辽宁盘锦蟹田大米,米粒整齐、玲珑剔透,米饭黏软细腻、丰富营养。盘锦地处中纬度地带,属暖温带大陆性半湿润季风气候,独特的自然环境有利于水稻的生长发育。盘锦水稻的生长周期大于 160 天,晾晒 20 天。水稻品种选择了抗病能力强、耐旱、产量高、米质好,并适宜盐碱地种植的优质品种。螃蟹可以防病除虫,而螃蟹的排泄物又肥沃了田地,不像普通大米都是通过药物除草除虫,蟹田大米相对来说要健康很多,营养更丰富。盘锦蟹田米做出的米饭色泽清白,有光泽(油性)、食味清香、有黏性、口感好,咀嚼时有甜味,米饭冷却后不易回生。

"倍香好米"的网络营销部门根据辽宁盘锦蟹田大米的特点寻找相应的文案素材。该项目负责人要求项目组所有成员先收集相应的文案素材,将优秀的文案、图片及视频进行收集与分类,每一类型的素材不低于五条。

2. 实践步骤

(1) 通过思维导图的方式列出辽宁盘锦蟹田大米的产品特点。
(2) 根据产品的每一个特点,展开相关画面的联想,延展出产品的相关表达方式及表达场景,将其描述下来,完成表 2-2。
(3) 根据产品的相关表达方式,确定文案输出的表现形式,完成表 2-3。

表 2-2 盘锦蟹田大米的文案表达场景

序号	产品特点	文案表达场景
例	品牌核心价值观	辽宁盘锦独特的地理位置,匠心制好米(清晨的稻田、丰收的场面、阳光明媚的午后、晾晒的水稻)
1		
2		
…		

表 2-3 盘锦蟹田大米的文案表现形式

序号	产品特点	文案表达场景	表现形式
例	品牌核心价值观	辽宁盘锦独特的地理位置,匠心制好米(清晨的稻田、丰收的场面、阳光明媚的午后、晾晒的水稻)	□文字 □图片 □视频
1			
2			
…			

（4）根据文案的表现形式，进行文字、图片、视频的相应制作，并将制作的内容进行分类放置，形成一个名为"辽宁盘锦蟹田大米-文案素材准备"的素材文件夹。

3. 实践要求

在网络上搜索与"倍香好米"蟹田大米相关的各种素材，将整理好的素材进行分类并保存在专门的文件夹中，为构思"倍香好米"的产品宣传文案做准备。

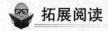 拓展阅读

拓展阅读：文案效果评价

项目 3

电商文案创作构思

在信息"爆炸"的今天,各种宣传推广信息充斥着人们的生活,大量低质量且无用的信息导致消费者对信息的接收处于一种疲惫状态。如何才能让消费者在众多的宣传推广信息中对自家所创作的文案特别感兴趣,并产生深刻印象呢?除了采用多渠道、多频次的推广方法外,创作出富有创意、构思精妙的文案,往往可以让产品或品牌的推广起到事半功倍的效果。

职业素养目标

1. 形成创新为营销之本的观念,培养创造性思维,坚持原创,养成良好道德习惯,恪守个人行为规范。
2. 培养良好的人文综合素养,能理论联系实际,围绕互联网中的新元素,实现将社会主义核心价值观在文案创作中自然融入。

典型工作任务

1. 形成电商文案的整体构思,做到文案框架完整,条理清晰,内容合理。
2. 创作富有创意的电商文案,吸引消费者的注意。

任务 3.1 认知电商文案创意

任务导入

只要文案策划与构思得当,就能写出结构好、精准度高、质量佳的文案。在进行策划与构思时,应首先明确受众群体,再分析受众的购买动机和购买心理,以此写出更具针对性的文案。如图 3-1 所示为天猫超市的创意文案。

图 3-1 天猫超市创意文案

任务目标

1. 了解电商文案整体构思的方式。
2. 能够搭建结构合理、内容完整的电商文案。

知识准备

3.1.1 创意——文案打动消费者的工具

创意是一种创造意识或创新意识,是指通过对某项事物的理解和认知,而衍生出的一种新的抽象思维和行为潜能。运用创意就是运用专业技术和能力,针对原有资源,在概念或外形等方面进行创作的过程。创作电商文案的目的是引起消费者的注意,然后打动消费者,使其购买企业推广的产品,为企业带来经济效益。在这个资讯飞速传播的时代,人们可以通过互联网获取大量的信息,那么怎样才能打动见多识广的消费者呢?有时候仅仅依靠真心或者低价是不行的,好的创意往往就是打动消费者最好的工具。

1. 创意的组成元素

创意的组成元素包括创意人的智慧、创意方向、创意的概念和点子。

(1) 创意人的智慧。电商文案创作者要想创作出有创意的文案,关键是要有丰富的想象力。文案创作者需要对文字和语言具有极高的敏感度,这样才能进行文案创作。想象力是创意的催化剂,它可以将文案创作者的生活经验、专业技能以及创新能力转变为精彩的想法。想象力越丰富的人,其创意的沸点越低,越容易点燃创意的火花。

(2) 创意方向。文案的创意方向就像是武器的准星,一件武器无论威力有多大,也只有在准星的协助下,才能快速瞄准并击中目标。因此,文案创作者首先需要寻找到文案创意的正确方向,然后锁定该方向,这样才能成功创作出具有创意的文案。没有方向的创意就像无头苍蝇,到处乱飞,其创作结果也不能让人满意。确定创意方向最重要的方法就是进入消费者的世界,站在消费者的角度来进行创作,这就要求创作者要对消费者有比较深入的了解。

(3) 创意的概念和点子。在文案创作的过程中,创意概念就像是手枪的扳机,而创意点子则是手枪的子弹,扳机是用来击发子弹的,子弹则是击中目标的利器。因此,创意概念的作用就是用来协助激发创意点子的,好的创意点子都是被好的创意概念所激发出来的。创意的概念往往是固定的,但创意的点子却是多变的,围绕一个创意概念,可以激发出多个不同的创意点子。对于文案创作者来说,要多从生活中挖掘一些与创意概念有关联的点子,进而创作出优秀的创意文案。

2. 创意产生的基本过程

著名广告文案撰稿人詹姆斯·韦伯·杨,总结归纳了创意产生的基本过程。

(1) 收集资料。尽可能多地收集与文案主题相关的资料,这些资料包括原始资料、一般资料和特定资料。创作人员掌握的原始资料越多,就越容易产生创意。

(2) 整理并理解所收集的资料。创作人员应该对收集的资料进行仔细整理,理解并掌握这些资料的主要内容。

(3) 认真分析和研究资料。利用各种方法,通过不同的角度对资料进行分析,尝试把相关的两个事物放在一起,研究它们的内在关系的配合性。划出重点,提出问题,尽可能全面地观察产品或品牌,积极地解决问题。

（4）放松自己。更换思维方式,放松自己,去做一些自己喜欢的其他事情,比如打篮球、听音乐、看电影等,使自己彻底放松。这种方式看似毫无意义,实际上是激发想象力和潜意识的最有效的方式之一。

（5）创意的出现。在经过前面的四个阶段之后,创意会在不经意之中产生。物理学家阿基米德就是在极度疲劳、放开思维的情况下,在洗澡后离开浴盆时发现了用排水量来计算水中物体重量的方法。

（6）对突发的创意进行修改、完善。一个突发的创意,在其创意形成初期都不是很完善,需要通过不断地修改、测试、细化处理,才能达到最佳的效果。

3. 好创意的特征

文案有创意才会有生命力,才能给人留下深刻印象。好的创意能将产品的魅力展现得淋漓尽致,让消费者眼前一亮,从而产生惊人的销售力。

（1）创意要简单。好的创意一定是简单易懂,便于消费者理解的。消费者浏览电商文案的时间可能只有几秒钟,所以展示创意的时间也只有几秒钟。文案创作者要用最简短的文字与最直白的图片表达产品独特而真实的信息。

简单的宣传文案背后也包含着文案创作者智慧的结晶和辛苦的付出。例如,文案创作者在创作文案之前,一般都需要对产品、品牌、竞争对手的产品及其弱点等各种信息进行收集与分析处理,包括对产品性价比数据、消费者各种情绪等的分析。最后将这些分析结果与产品相结合形成创意,进而完成文案创作。由此可见,"创意要简单"是要求文案的表达要做到简短、精练、深刻,能够迅速吸引消费者的注意力。

① 倒金字塔结构模式。广告文案要按照先主后次的顺序来安排内容,即把最重要的信息放在最前面,根据重要程度依次递减的顺序来排列其他信息。从心理学的角度来讲,人们都倾向于从整体认识事物,更喜欢首先看到的是对事物核心的、完整的描述。因此,文案创作者在描述创意或观点时,采用倒金字塔结构模式,可以优先提炼核心内容,用"精准、深刻"的语言阐述创意或观点,便于消费者在最短的时间内获得自己需要的信息。

② 蜜柚式思维模式。蜜柚式思维又被称为类比的思维,即让文案内容与消费者熟悉的事物产生联系。由于消费者通常都是凭借自己的经验去理解一个新事物或一个新观点,因此,文案创作者在阐述创意或观点时,应该充分利用消费者现有的知识经验和认知水平,让消费者快速理解和认同该产品,从而使该产品获得更多消费者的青睐。

（2）创意要意外。创意不仅要简单,还要出乎消费者的意料,这样才能吸引消费者的注意。意外就是创意或观点要与众不同,在人们的意想之外。为什么生活中很多信息、创意、观点没有引起我们的注意,原因就是这些信息、创意、观点都没有什么新意。只有制造出意外的事物,才能让消费者印象深刻。

① 打破常规。打破常规就是打破固有的规章制度。文案创作中的打破常规是要求文案创作者尽可能通过不同寻常的表达来彰显文案的创意,这也是吸引消费者注意力最常用的方法之一。

② 制造缺口。制造缺口就是利用消费者想要规避风险的自我保护意识,去制造紧张感和不适感,从而打开消费者的心理缺口。简单来说,就是先告诉消费者某些他们需要知道的问题,从而制造焦虑,再引出解决问题的创意或观点。

（3）创意要具体。创意无论是简单还是意外,其作用都是吸引消费者的关注,但想让消费者记住并且理解该文案的创意,则需要更加具体的描述。因为对事物的细节描述、场景化的表达,以及对情境的营造都会给人留下深刻的印象。比如,讲解一些抽象的理论或学术词汇是非常乏味的,并且不容易让人理解,但如果将这些理论或词汇用有趣的、具体的案例来进行讲解,消费者就很容易理解,并且记忆深刻。因此,要想让文案的创意或观点能够快速传播,就必须将抽象的名词用具体的、有画面感的以及有场景代入感的语言进行描述。

(4) 创意要可信。消费者可以被文案的创意或观点吸引,并理解文案的内容,但并不一定会相信这些内容。因此,需要在创意和消费者之间建立信任。

① 权威代言。权威通常会带给人一种信任感和安全感,消费者为了减少错误成本、节约精力,一般会倾向于相信权威。权威代言不仅可以提高产品的关注度和知名度,还可以增加消费者对品牌的信任度和喜好度。因此,商家选择明星代言或邀请专家来介绍自己的产品,其实质就是利用明星或权威人物的知名度,将他们与具体产品联系起来,以达到产品营销的目的。

② 相信数据。添加一定的数据更具有说服力,这就是消费者都喜欢查看产品的销售数据的原因。例如,某款冰丝裤产品的文案,以销量作为创意,向消费者展示产品的销量,以吸引消费者的注意力,让消费者相信,有这么好的销量,该产品的质量肯定不错。

③ 消费者亲自验证。百闻不如一见,消费者更愿意相信自己看到的事物,希望能够亲自验证产品是否达到自己的预期效果。例如,可通过试用、试吃、试听等方式来验证,这样做也非常有利于企业扩大品牌影响力。

(5) 创意要"走心"。好的创意能够激发消费者的情感,这种能激发出情感的创意,往往能给人留下特别深刻的印象。文案创作者要想让自己创作的创意文案被更多的消费者关注,其创意一定要"走心",要努力地调动消费者的情绪,使其不自觉地与产品进行互动,从而对产品产生认可。

(6) 创意要生动。最好的创作方法就是讲故事,生动的故事会潜移默化地影响消费者的态度,促使消费者产生购买行为。正能量的故事往往都具有激励作用,可以影响消费者对产品的认识。但是故事必须是真实的,因为不可信的故事是不能被消费者记住的。真实的案例会让消费者在大脑里产生激励自己的虚拟模型,从而产生购买行为。对于电商文案来说,最多也最容易吸引消费者的就是心灵鸡汤式的故事设计。

① 挑战情节。挑战情节通常讲述的是挑战者如何战胜苦难取得成功的故事,也就是我们通常所说的励志故事。

② 联系情节。联系情节就是围绕人与人之间的各种社交关系而展开的故事,涉及人与人之间的亲情、爱情、友情,甚至是陌生人之间的关系。

③ 创造力情节。创造力情节就是讲述创造者是如何突破各种困境从而解决难题的故事。比如牛顿、爱迪生等名人故事就属于创造力情节的故事。好的创意文案大多要通过讲述生动的故事去感染消费者,最终促使消费者产生购买产品的行为。对于电商企业而言,讲好故事不仅可以促进产品销售,还可以很好地树立自己的品牌形象。

(7) 巧用数据,更有说服力。如果能提炼出一些有用的数据,并在文案标题中使用,这样做会达到不错的宣传效果。例如,某款除螨虫仪器的文案标题为"只需3分钟,轻松去除被窝里98%的螨虫",因为标题中加入了数据,使得整个文案看上去更加形象,也更具有说服力和吸引力。

3.1.2 构思——创意得以实现的平台

产出优秀的、成功的创意文案是每个文案创作者的追求。创意不是文案创作者坐在那里凭空想象就能实现的,而是要经过专业的学习和训练,运用奇妙的构思才可能实现的。

1. 构思和创意的方式

经研究发现,大量的创意需要进行规范化的构思才能实现,而构思创意时通常有五大方式,巧妙地使用这五大方式可以让电商文案大放异彩。

(1) 形象类比

形象类比就是把某个具有象征性的物品添加到产品上,以此来更加形象地突出该产品的某种特性的一种构思方式。产品文案往往表达的是一个抽象的概念,比如"轻薄""安全""快捷"等,而人们对抽象的概念大多都没有直观的感受。因此,文案创作者需要为这个抽象的概念寻找一个"象征物",并且把这个象征物与产品的某个特性联系起来,从而为产品打造出一个富有创意的、具有吸引力的新形象。例如,为了突出笔记本电脑"轻薄"的特性,可以首先确定一个象征物品,比如羽毛就可以是"轻薄"的象征;然后,将产品与象征物品联系起来,即思考产品的哪个方面(如产品的标志、重量、形状等)可以跟"轻薄"的象征物品(如羽毛)联系起来;最后,创造一个富有创意的新形象,将产品与象征物品联系起来——将笔记本电脑的重量与羽毛联系起来,再结合相应的文字和数据展示,带给消费者一种"该产品很轻薄"的感觉。

(2) 夸张手法

夸张手法就是在某种情景下,利用夸张的手法夸大产品的某一特点或卖点的一种构思方式。例如,某品牌箱包的文案,为了突出"箱包容量大"的特点,通过夸张的文字"装得下,世界就是你的",再结合夸张的图片展示"该箱包能装下一头大象",生动形象地向消费者展示了该箱包容量大的特点。

(3) 展示后果

展示后果就是向消费者展示使用产品过程中有可能会发生的某些极端后果的一种构思方式。这种后果可以是正面的,也可以是负面的。并不是所有的文案都一定要直接地展示产品的优点,有时候从另一个角度出发,向消费者呈现一些因为产品的优点而导致的负面后果,通过这种从侧面展现产品优点的方式来撰写文案,也可以增加消费者对产品功能的认可。例如,某款手机为体现其"超薄"的特性,在其产品的文案中表示:"手机太薄了,一不小心就容易掉到下水道里。"虽然表面是在描述使用产品的负面后果,但实际上却是在向消费者展示产品"超薄"的特性。

(4) 制造竞争

制造竞争就是通过将文案中宣传的产品与其他类型的产品进行对比的形式,来突出该产品优势的一种构思方式。例如,某款运动鞋产品以"为跑而生"为主题的文案,配上代言运动员穿着这款运动鞋与跑车赛跑的图片,展示出竞争的场面,以此来突出运动鞋的卓越性能。

(5) 互动实验

互动实验就是让消费者在购买产品后根据文案的描述进行实验,从而验证产品功效的一种构思方式。图3-2所示为海飞丝洗发水的产品文案,在文案配图中展示了产品包装中搭配的头屑测试卡,让消费者在使用产品后用这个头屑测试卡亲自观察自己头发上头屑的变化情况。该文案可以有效地展现产品的去屑效果,让广大消费者信服。

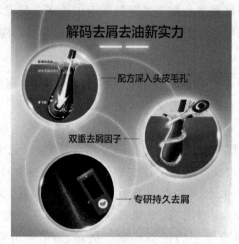

图 3-2　海飞丝洗发水产品文案

2. 创意与构思在新媒体中的体现

电商文案创作完成后,除了在电商平台进行展示和传播以外,还可以借助微博、微信、视频网站等新媒体平台进行展示和传播。每个文案传播平台都有其独特的传播方式,在进行电商文案传播时,文案创作者要观察不同平台的特征,根据不同平台的特征进行文案的创意与构思。与传统的电商平合相比,新媒体平台上电商文案传播的链条不再是单向的"引发阅读兴趣—阅读文案",而是双向的"引起关注→参与互动→二次传播"。基于这一变化,文案创作者针对新媒体平台进行电商文案的创意与构思时,应该着重考虑以下问题。

（1）有趣性

对于电商文案创作者而言,其创作出的文案的首要特点就应该是有趣。几乎没有人会愿意去关注一篇篇幅很长,内容又无趣的文案。但如果文案的内容足够有趣,即使文案篇幅较长,也可以吸引不少消费者阅读。创作有趣文案的方法有很多,比如讲述一个好玩又趣味十足的小故事,或者借鉴网络流行用语进行创作等,但也不能过度依赖流行语,否则全被认为是在"玩烂梗"。

（2）互动性

有趣的文案内容可以吸引消费者进行阅读,但这并不是通过新媒体平台传播电商文案的最终目的。在新媒体平台中,吸引消费者参与互动,实现文案的二次传播才是文案传播的最终目的,这也是文案创作者进行文案创意和构思的方向。要想通过文案吸引消费者进行互动,文案的创作者在进行文案的创意和构思时,就得考虑如何去制造和引发话题。

总之,在新媒体平台上进行电商文案的创意与构思时,不仅要考虑如何吸引消费者的阅读兴趣,还要让消费者在阅读完文案后能够参与互动,主动将文案分享给他人,实现文案的二次传播。

任务实施

七喜汽水将文案标题"你过去到现在一直用一种方式思考吗？现在可以改变了。"改为"七喜,非可乐"。请以七喜汽水的文案创意为例,具体分析创意思维在文案创作中的体现和营销价值,并完成表 3-1 的填写。

表 3-1　七喜汽水广告文案创意分析

文案中用语	创意分析	营销价值分析
"一种思考方式"		
"一直"		
"非可乐"		

任务 3.2　实现电商文案创意

任务导入

图 3-3 所示生鲜超市文案中,"瓜目"与"刮目","茄而"与"锲而",同音不同义,以谐音文字梗取代了色彩精致、品类齐全、欢乐购物的场景图片,用极具治愈效果的蔬菜表情增加了选购菜品的情趣。

图 3-3　生鲜超市文案

任务目标

1. 掌握实现电商文案创意的策略和方法。
2. 培养创意思维,创作创意丰富、能够吸引消费者的文案。

知识准备

3.2.1　电商文案整体构思的内容

整体构思是文案写作的第一步,是写作之前的准备,其主要包括以下几方面。

1. 确定诉求点

诉求点是电商文案为了实现广告目标,通过语言文字所表达出来的核心思想。具体而言,电商文案诉求点通常可以分为产品诉求点、消费者诉求点、品牌诉求点、企业诉求点四类。

(1) 产品诉求点。产品诉求点是指电商文案的核心思想集中在产品上,主要表达产品的品质、特性、功效、附加值、价格、工艺、技术、材质等内容。这一类电商文案通常采用直白的方式来展现,让消费者可以迅速了解产品,了解的内容包括产品品质和产品价格。由于现在网购方式已成为主流,所以很多消费者没有办法接触产品,只能通过更多的产品细节信息来了解其品质。产品价格是影响消费者购买行为的重要因素。通常,降价对于消费者有着难以抗拒的吸引力。

(2) 消费者诉求点。消费者诉求点是指电商文案站在消费者的角度,挖掘消费者的需求,表达消费者的情感和态度,展现产品带给消费者的实际利益,使得消费者产生代入感。要做到这一点,首先要聚焦消费者需求,多方位满足消费者需求是提升产品价值,使得消费者更容易产生购买行为的有效方法。其次是挖掘消费者心理,在消费行为或者产品本身中,挖掘出对消费者的价值、意义和关联性的思想等,借此将消费者的人生态度、生活方式、信念、理想等表达出来,与消费者产生共鸣,甚至能够成为他们的观念代言人。例如,OLAY 面向年轻群体发布的视频广告《"90 后"只能洗洗睡》,对"90 后"这一代人"被标签化"的现象进行了思考,表现了"90 后"独立、个性的一面。

(3) 品牌诉求点。以品牌作为诉求点,针对品牌名称、品牌个性、品牌文化、品牌 Logo、品牌理念、品牌代言人等展开,可以使品牌得到更高的知名度、认可度和忠诚度。

① 品牌理念。品牌理念的建设需要长期投入,它除了能够体现企业的追求和产品的特性外,对于消费者的认知也可以生产非常重要的影响。近年来,企业通过社会公益活动表达品牌理念是常用的手法。"实际行动+理念",表明这种理念并非口号,而是企业真实信奉的内容。

② 品牌代言人。选择品牌代言人是表达品牌理念和扩大品牌影响力的常用手段之一。品牌通常会选择与品牌理念、品牌气质接近的知名人物,一方面,知名人士代言品牌本身就是一个网络事件,会得到广泛关注;另一方面,对于该代言人有好感的粉丝会更支持该品牌,积极购买该品牌产品。

(4) 企业诉求点。电商文案可以选择与企业相关的内容,如企业历史、企业文化、企业领导人等,作为主要的展现内容。这也是获取消费者认可的一种方式,即通过企业本身的特质来影响消费者,使得他们对企业产生好感和信任感,进而对企业推出的产品产生兴趣。

2. 确定风格

文案的风格就是指文案所呈现出来的气质。电商文案的气质设定通常需要与企业形象、品牌气质和目标消费者的精神面貌相一致。例如,某历史悠久的国产知名高档白酒的文案,通常会采取深沉的风格,这是因为企业地位较高,形象较为稳重,消费者也大多是中老年男性,大多在商务场合饮用该白酒。文案的风格通常有以下几种类型。

(1) 平实。平实风格能够带给消费者亲切的感觉,通常比较适合与日常生活紧密相关的产品或者品牌。这类风格的文案通常会表现普通人的生活、情感、经历等。

(2) 温情。温情风格同样适合一些与消费者日常息息相关的产品,或者一些主打温情路线的品牌,以触动消费者内心的情感,引导消费行为。

(3) 热烈。热烈风格主要适合年轻群体以及关注消费者个性、活力的品牌和产品,如饮料、运动产品等。

（4）幽默。幽默风格具有强烈的共通性，可以跨越年龄、性别，普适性很强。当今的网民非常偏爱幽默风格，因为这种风格非常符合网络文化调侃、轻松的特点。不少新媒体电商文案喜欢将历史人物改造成与历史故事迥异的形象，既符合年轻人挑战传统的思想，又通过强烈的形象反差，引发了独特的娱乐效果。例如，百雀羚的《四美不开心》，对古代四大美人进行重新塑造——王昭君砸了琵琶烧火撸串，杨玉环拿着荔枝弹珠，貂蝉爱情对象改变，西施与东施尬舞——这些都表达了对于"快乐"的极致追求。

（5）深沉。深沉风格通常会被一些形象稳重，定位于中老年、高端市场，以及一些侧重思想性、强调内涵的产品或品牌采用，使得电商文案与消费者定位、品牌定位、产品定位吻合。例如，2017年豆瓣推出广告《最懂你的人，不一定认识你》。这是一则风格深沉的广告，展现了豆瓣作为一个精神沟通社区的基本特征，用户在其中能够获得特有的精神共鸣。

（6）超脱。超脱风格会被一些追求独特价值的品牌采用，主要内容是表达品牌的特立独行，不流俗的文化追求、精神气质。这种风格与其他风格可以明确区分，容易引起消费者的关注和追随。例如，无印良品一直追求大道至简的价值理念，倡导自然、俭约、质朴的生活方式，并且有配套的美学体系。

（7）另类。另类风格是指电商文案会采用与众不同的风格，让受众产生出乎意料、叹为观止等感受，从而留下深刻的印象。这种风格大多会被中高端服装品牌采用，它们会通过具有冲击力的视觉内容、听觉内容或者文字，让人耳目一新。例如，2017年Gucci的老科幻电影风格广告视频，再现了20世纪五六十年代科幻电影中的"未来世界"。该广告充满科幻气息和星际迷航、星球大战的踪迹，背景音乐出自1975年的电影《太空：1999》。这样的广告大片凭借其艺术表达的实验性，成为一时的话题。当然，这种风格广告的重要目的就是引发讨论，成为话题。

3. 确定诉求方式

文案的诉求方式主要分成感性诉求、理性诉求和情理结合三种类型。诉求方式的选择通常会根据产品特征、消费者行为特征以及竞争策略等来决定。

（1）感性诉求。感性诉求是指通过感情的渲染让消费者的心灵产生波动或者反应，从而促使消费者购买产品的广告方式，即"以情动人"。感性诉求主要是影响消费者的情感、情绪，引起他们的心灵共鸣，进而使得他们产生认同感。感性诉求主要使用的元素有情感、氛围、格调、哲理等。感性诉求又分为正向情感诉求和负向情感诉求。

① 正向情感诉求。正向情感诉求是指利用人的正面情感，如爱情、友情、亲情、乡情等进行诉求，这些情感会带给消费者愉悦的情绪，激发他们树立积极的人生态度。

② 负向情感诉求。负向情感诉求是指利用人的负向情感，如恐惧、哀伤、忧愁等进行诉求，这些情感会带给消费者复杂的情绪，冲击消费者的心灵，引起他们的共鸣。

（2）理性诉求。理性诉求主要是指通过摆事实、讲道理等方式为消费者提供购买产品的理由，从而促使消费者购买产品的广告方式，即以理服人。理性诉求通常聚焦产品本身的特征以及功效，它会借助科学原理、专业数据、专家解读、效果对比等方式来呈现。理性诉求要求文案能够传递准确、客观的信息，逻辑性强，并且偏重于产品的实用性等。

（3）情理结合。情理结合是指既采用感情渲染来触动消费者的心灵，又结合事实和道理来说服消费者的广告方式，双管齐下，即所谓的"动之以情，晓之以理"。理性诉求容易让人感觉枯燥、生硬，感性诉求又容易影响有效信息传递，因此情理结合的诉求方式巧妙地结合了二者的优点，应用范围更为广泛。

4. 设计切入点

切入点的设计,相当于选择电商文案的叙述主路线,虽然已经设计好了文案的诉求方式,但是切入点相当于一根能够将这些内容全部贯穿的绳子,没有这根绳子,这些内容将是分散的。好的切入点,可以起到事半功倍的效果;文案创作者可以利用这根绳子,进一步推动文案创作朝着落实的方向前进。

(1) 跟随热点。跟随热点是指电商文案借助当下的信息焦点和热点话题的影响力,以及受众近期对这一类话题较为敏感的状况,结合热点进行有针对性、延展性的文案创作。这样,可以省去大量的文案传播工作,因为凭借热点的关键词可以让文案吸引更多关注。

(2) 权威证言。权威证言和专家视角写作法基本一致,主要利用专家的权威性为产品证言,让消费者更为清醒地认识到产品的可靠性和购买、使用产品的必要性。

(3) 知名艺人代言。如今,中国的"千禧一代"成为消费主力,知名艺人"带货"已经成了众多品牌吸引年轻用户群体最为行之有效的途径之一。青春偶像、年轻演员都是各大品牌青睐的人选,品牌寄希望于通过他们的影响力来改变形象,提升销量。

(4) 编织故事。故事是打动受众的常用方式。文案的本质是沟通,而故事就是一种好用又有效的沟通方式;利用故事,更容易感染受众的情绪,使受众产生情绪投射。

(5) 挖掘新奇。消费者总是有一个惯常经验或者惯常思维,惯常之外的事物、观点、思想,都会立刻调动起他们的好奇心。挖掘新奇是不少电商文案常用的手法。

(6) 关注现实。作为个体,在生活中时时刻刻会遇到问题,如何妥善解决这些问题,是个体无法回避的。电商文案可以借助人们对于现实问题的关注,激发他们的危机感和解决问题的决心。

(7) 设计"爆点"。制造"信息爆点"(通常为一个"梗"或者一个话题)吸引消费者的注意,并激发广大网友积极参与互动和转发,是一些电商文案的选择。

(8) 制造事件。事件营销在传统媒体时代就存在,进入新媒体时代后,制造事件吸引受众注意成为很多企业热衷的手法。跨界联合、首店首发、概念店打卡、自黑炒作、企业领导人言行出位、制造反差、饥饿营销、合作产品等,这些事件常常会在网络上掀起热潮,吸引众多消费者的关注、参与、线下打卡、在私人社交媒体上转发等,满足了人们追求新奇,凸显自己,紧跟潮流的心理。

电商文案的切入点,是进一步明确电商文案采用的素材和元素,其中也包含了对传播的考虑。切入点的选择,需要更为灵活地参考社会文化流行趋势,网络文化热点,以及特定群体的关注点等。能否选择良好的切入点,在很大程度上决定着电商文案的成功与否。

3.2.2 文案创意策略与方法

1. 文案创意策略

(1) 立于真实。文案必须真实,真实是文案的生命。从文案创意这个角度来看,必须坚持"诚实的文案才是最好的文案"这一信念。在表达文案真实性的广告创意中,实证文案便是重要的一种方法,具体做法如下。

① 现场演示。通过现场演示,即试用、试穿、试饮,让消费者亲身感受以建立起信任感。

② 现身说法。通过消费者的亲身经历来证实产品的质量。

③ 真凭实据。文案中的说法都需要确保真实。例如,是银奖不能说成金奖;是省优不能说成部优;是内销产品不能说成出口产品;只出口到一个国家不能说成畅销全球;是对于某

种疾病有效,不能说成包治百病;等等,文案中的说法都得拿出真凭实据来。许多文案都是现实生活中的文案,给用户的感觉是真实、有趣。

(2) 突出个性。文案创意要解决的问题很多,核心问题只有两个,即"我是谁"和"谁是我"。如何为一个产品写文案呢?首先,我们必须清楚该产品的最大优点是什么,这一优点同其他同类产品相比较,独特的优势在哪里?总之,就是要让自己与众不同,让消费者从众多的同类产品中把自己识别出来。

(3) 以小见大。所谓以小见大,就是在文案创意过程中,捕捉一些关于事件、事实或情景描述的细节,通过针对这些细节的"特写",突显企业产品的优势与独到之处。引起消费者的关注,达到"一滴水可以见太阳"讲的就是这个道理。

(4) 删繁就简。文案用语贵在精练,言简意赅,意尽言止,不说废话。这正如郑板桥的诗中所写:"删繁就简三秋树,领异标新二月花。"美国广告专家马克斯·萨克姆也说:"广告文稿要简洁,要尽可能使你的句子缩短,千万不要用长句或复杂的句子。"简洁文案的效果比啰唆文案的效果要好。例如,耐克的"伟大的反义词不是失败,而是不去拼",知乎的"认真你就赢了",JEP的"大众都走的路,再认真也成不了风格"。这些简洁明了的文案,都能让人印象深刻,过目不忘。

(5) 注重文采。写文章要有文采,写文案更要有文采。没有文采的文案是枯燥乏味的广告。枯燥乏味的广告吸引不了人,也就达不到文案传播的目的。

(6) 以情动人。文案创意必须强调有情有义。只有"情如春雨细如丝",才能使人在潜移默化中受到美的感染。正如在前面"情感思维"中所提出的那样,要充分用好热情、激情、爱情、亲情、友情、抒情与移情等关键词,使文案创意能够以情动人。

(7) 意在言外。高明的文案创意不是明言直说,而是旁敲侧击,剑走偏锋。或是寄寓想象,或是借助形象其往往是欲擒故纵、避实就虚,总之,贵在含蓄,即"言犹尽而意无穷",不要把什么都说"白"了,而是留下一个"空白地带",把没有说出来的话借助特定的意境让消费者自己去领会。例如,戴比尔斯钻石的文案"钻石恒久远,一颗永流传"。该文案紧扣钻石纯洁、珍贵和永久的特征,引申出情侣所拥有的如钻石一样纯洁、完美、永恒的爱情境界,钻石在此变身为爱情和幸福的结晶。这种"以情动人"的手法不仅可以弱化文案的商业味道,还可以拨动人们心中敏感的琴弦,引起无限遐想。

(8) 出奇制胜。文案创意是一种创造性的劳动。它以标新立异、推陈出新作为自己的特点。有时候出奇、爆冷的广告文案可以引起消费者的注意,给他们留下深刻的印象。文案创意时常会针对人们普遍存在的逆反心理与好奇心理,刻意求新,不落俗套。当别人的文案说"做女人挺好"时,你千万不能学说"做男人也挺好",因为"嚼别人吃过的馍——不香"。在实际操作中,广告文案人员常常运用对比、夸张、悬念、悖理、意外、反向、变异等手法达到出奇制胜的效果。

2. 文案创意方法

(1) 垂直思考法。垂直思考法又称直接思考法或逻辑思考法。这是一种十分理性的思考方法,它是按照一定的方向和路线,运用逻辑思维的方式,在一个固定的范围内向纵深(垂直方向)进行的一种思考方法。这种思考方法就是传统的深思熟虑,至今仍然是我们进行文案创意时最经常使用的、最基本的思考方法。垂直思考法的重点是思考的深度而不是广度,要求思考问题时目标集中,用心专一。例如,某款手机的文案就使用了垂直思考法(图3-4)。

用垂直思考法写的文案不一定科学,但具有说服力。例如,老舍在《黑白李》中写道:"黑李并不黑,只是在左眉上有个大黑痣,因此他是'黑李';弟弟没有那么个记号,所以是'白

> **真正的光芒，需要一点点时间**
>
> 我们看到的太阳发出的光需要 8 分钟；
> 我们看到海王星辰反射出的光需要 4 个小时；
> 我们看到银河系边缘的光至少需要 2.4 万年；
> 我们看到宇宙中距离我们最近的那颗星星发出的光需 139 亿年。
>
> **所有的光芒，都需要时间才能被看到。**

图 3-4　某款手机产品的创意文案

李'"。《国家地理》用垂直思考法写的文案，曾获得了国际电视宣传与营销联合会和电视设计者联合会颁发的最佳文案奖。

（2）水平思考法。水平思考法与垂直思考法具有的思维惯性不同，不是向上或向下的逻辑思维，而是与某一事物相关联的其他事物（甚至毫无关系）进行分析比较，另辟蹊径，寻找突破口，是一种多方向、多出口的思维方式。例如，一篇关于某书店搬家的文案就采用了水平思考法（图 3-5）。

> 卡缪搬家了。马奎斯搬家了。卡尔维诺搬家了。莫内搬家了。
> 林布阑搬家了。毕卡索搬家了。瑞典 KOSTA BODA 彩色玻璃搬家了。
> 英国 WEDGWOOD 骨瓷搬家了。法国 HEDIARD 咖啡搬家了。
> 金耳扣大大小小的娃娃也要跟着人一起搬家了。

图 3-5　某书店搬家的创意文案

运用水平思考法写文案需要敢于挑战占主导地位的观点，通过多方位思考，对问题从不同角度给出解释，避免盲从、盲目抢热点。摆脱垂直思维定式，务必注意偶发的机遇，不错过每一个小心思、新构思。

垂直思考法和水平思考法这两种思考方法都是文案创意中最基本的、最常用的方法，对于电商文案创作者来说，混合使用这两种方法会带来更好的宣传效果。

3.2.3　构思创意文案的技巧与注意事项

1．熟悉产品与市场调研资料

在熟悉产品与市场行情的前提下，用 20~30 个字来描述产品的特点、功能、目标消费对象、精神享受四个方面的内容。

2．必须给消费者承诺

承诺很重要，没有承诺就不会有消费者的购买。承诺越具体越好，例如，"为你节约钱"不如"让你节约 20 元钱"的宣传效果好。另外，承诺要清楚、有保证，不要让消费者不相信你的承诺，必须在文案中说清楚你承诺的内容是什么。

3．文案标题写得好，文案就成功了一大半

一个有创意的文案标题应该具备以下三个基本特性。

（1）故事性。要让人看一眼标题就觉得文案的内容中肯定有一个很吸引人的故事，这样才会有消费者愿意进一步去阅读其内容。例如，"一只奶牛的成长史"这个标题就很具有故事性，能够引起众多消费者的阅读兴趣。

（2）新奇性。文案标题一定要有新奇性，一个能够引发人们好奇心的标题能激发更多消费者的阅读兴趣。比如某款降火凉茶的文案标题"给身体清凉一'夏'"就非常符合新奇性这一特点，消费者一看到这个标题，可能就会产生好奇，想要看一看在炎炎夏日中这款凉茶到底怎样让自己感受到清凉，进而继续阅读该文案的内容。

（3）新闻性。很多人都爱看新闻，如果文案标题写得像新闻一样，自然能引起不少人的注意。比如某款瓷器的文案标题"宋代鼎盛时期的异彩盏，800年后成功复原了"，此标题就具有很强的新闻性。

 任务实施

小组讨论，评价和体会以下支付宝电商文案的创意，完成表3-2的填写。

1. 今年的账单上，90%的付款记录是为了我。爱别人前，我想先学会爱自己。

——为悦己支付，每一笔都是在乎

2. 坐过55小时的火车，睡过68元的沙发，我要一步步丈量这个世界。

——为梦想付出，每一笔都是在乎

3. 千里之外每月为爸妈按下水电费的"支付"键，仿佛我从未走远。

——为牵挂付出，每一笔都是在乎

表 3-2 电商文案创意分析

文案	创意之处	迎合诉求之处	营销价值分析
1			
2			
3			

 项目总结

创作文案是一项非常复杂而又困难的工作，文案创作者需要根据产品的生产类型、复杂程度以及企业的品牌文化等精心组织，才能构思并创作出有创意的文案。实践证明，文案的创意构思越多，推广和宣传的产品就越容易获得消费者的青睐。本项目中涉及的电商文案整体构思的步骤和方法，以及创意策略，为文案创作者提供了构思文本和加强内容创新性的基本方向和方法，学生应在掌握的基础上加以灵活应用。

项目测试

1. 简述电商文案构思和创意的方式。
2. 简述好电商文案创意的特征。
3. 简述电商文案创意的逻辑思维。
4. 简述电商文案创意的策略与方法。

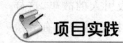 项目实践

1. 实践任务

"倍香好米"项目的负责人考虑到在互联网上的推广首先需要在互联网上进行产品的宣传造势,使"倍香好米"的潜在客户群能够从更多渠道立体化地了解产品,并能快速寻找到产品的购买渠道。因此,他决定首先将一篇产品的文案在多个渠道的互联网媒体平台上进行分发,在产品的宣传文案落笔之前,他需要做一系列的产品文案策划与构思工作。

2. 实践步骤

(1) 分析盘锦蟹田大米的相关宣传文案写作的背景,完成表3-3。

表3-3 盘锦蟹田大米文案策划分析

分 析 内 容	分 析 结 果
描述主体背景	
写作目的/类型	
消费者特点	
竞争者特点	
……	

(2) 打开百度指数首页,在搜索框内输入"盘锦蟹田大米",分别查看"需求图谱""人群分析"。

(3) 结合用户的购买场景及动机构建可能的用户购买场景,将设计的场景描述出来,完成表3-4。

表3-4 盘锦蟹田大米场景描述

购买心理/动机	场 景 描 述
商务会议	
节假日送礼	
自用	

(4) 融合步骤(3)中的多个购买心理及场景描述,按照文案内容设计呈现顺序,完成表3-5。

表3-5 盘锦蟹田大米文案内容设计

主题			
创意			
结构	内容规划	内容设计	配图说明
开头	产品介绍		
第一部分	生长环境		
第二部分	产品卖点		
第三部分	产品用途		
第四部分	同类对比		
第五部分	细节展示		
第六部分	客户反馈		
结尾	引导转化		

3. 实践要求

综合本项目各任务中学习到的知识,从产品销售的角度出发,分析产品的目标客户人群、宣传的目的、用户的心理、确定产品宣传文案的主题和结构,为后续产品文案的写作打好基础。

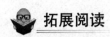

拓展阅读

拓展阅读:水平思考法文案

项目 4

电商文案创作过程

吸引只需一瞬间,短平快是制胜的根本。电商文案,寥寥几十字、十几字,甚至是几个字,既要浓缩商品的信息、消费者的需求以及企业的价值观念,又要迅速引起消费者的注意,这样的文案写作过程绝不是创作者将文字简单组合。精炼掩不住厚重,精彩彰显出创意,对于创作者来说,商品市场的调研分析、企业价值观念的凝练、商品信息的充分认知、同行产品的资料收集、受众群体的全面剖析等皆为创作前必要的功课。要遵循逻辑严谨的过程,创作具有针对性和吸引力的文案,以实现预期效果。

职业素养目标

1. 能根据自身企业文化、产品特点及优势,结合消费者痛点,进行商品或服务的市场需求分析,找准商品或服务的卖点,正面策划电商文案,丰富创作思路,创作极具营销价值的电商文案。

2. 了解电商文案创作者承担着传承社会主义主流价值观和网络文化的重要责任,要自觉抵制通过捏造、散布不实消息等不正当竞争手段突显自己产品优势的行为,形成实事求是、遵纪守法的价值取向。

典型工作任务

1. 做好创作者的前期准备。
2. 分析商品或服务市场需求。
3. 挖掘商品或服务卖点。
4. 打开创作思路。

任务 4.1 认知商品

任务导入

熟悉商品是电商文案创作者提笔创作的前提,也是创作一篇能够深入人心的好文案的必要基础。创作者对商品的了解和熟悉程度越高,文案中体现商品特点、挖掘出商品与众不同卖点的可能性才越大,吸引消费者的成功率就越高。图 4-1 所示为屈臣氏饮用水广告文案。

图 4-1　屈臣氏饮用水广告文案

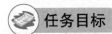

1. 充分做好电商文案创作工作的前期准备。
2. 丰富商品知识，提高学习能力。
3. 突出商品卖点，传播优秀文化。

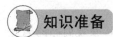

4.1.1　了解商品分类

市场中越来越丰富的商品种类和品牌使消费者有了更加广阔的选择空间，为找到企业商品的目标消费群体，商家需要明确自身商品在市场中的定位，做好商品的分类。商品分类是指为了一定的需求，根据商品的属性或特征，选择合适的分类标志，将商品划分门类、大类、中类、小类、品类或品目，以及品种、花色和规格等。国内的大多数门户网站采用 UNSPSC 商品分类标准（第一个应用于电子商务的商品及服务的分类系统，每一种商品在 UNSPSC 的分类中都有一个独特及唯一的编码），电子交易市场参照《商品名称及编码协调制度》，还有一些电子交易市场使用自编的商品分类系统。因此，并没有一个统一的电子商务市场的商品分类规范，但从中基本可以归纳出以下商品分类方法。

1. 按商品用途分类

商品是为了满足人们生活和工作的需求而被生产出来的，因此商品的用途既是直接体现商品价值的标志，也是进行商品分类的一个重要依据。按照商品用途进行分类可以对相同类型的商品更好地进行区分。例如，将日用品按照用途进行分类，可以分为器皿类、玩具类、化妆品类和洗涤用品类等。

2. 按原材料分类

商品的原材料因为成分、性质和结构等的不同，会使商品具有截然不同的特征。按原材料对商品进行分类，可以从本质上反映出商品的性能和特点，适合于原材料来源较多，且原材料对商品性能起决定作用的商品。但类似汽车、电视机、洗衣机等多种原材料组成的商品则并不适用。例如，将纺织品按照原材料进行分类，可以分为棉、麻、丝、化纤和棉织品等。

3. 按生产工艺分类

对于相同原材料的商品,可以通过生产加工方法来进行分类。例如,将茶叶按照不同的生产加工方式进行分类,可以分为红茶、绿茶、乌龙茶、白茶、黄茶和速溶茶等。

4. 按商品主要化学成分分类

化学成分往往对商品的性能、质量和用途起着决定性的作用,特别是对于主要成分相同,但包含某些特殊成分的商品,可以使商品的质量、性能和用途完全不同。例如,玻璃的主要成分是二氧化硅,但由于某些特殊成分的添加,可以将玻璃分为铅玻璃、钾玻璃和钠玻璃等。

5. 其他分类方式

除以上分类依据外,商品的外观形状、生产产地、生产季节和流通方式等都可以作为商品分类的标志。例如,苹果按照产地和流通方式可分为烟台苹果、新西兰进口玫瑰苹果、富士苹果和美国加利福尼亚蛇果等;茶叶按照采摘季节可分为春茶、夏茶、秋茶和冬茶等。文案人员要在充分了解商品分类的基础上,准确判断出商品分类的依据,并将此依据作为商品文案写作的参考内容之一。其中,商品用途、原材料、生产工艺是商品详情页文案中比较普遍的内容;商品特色,如产地、外观等具有特殊代表性的元素则常出现在商品标题文案中,文案人员要根据商品自身的属性来合理选择书写的方法。

4.1.2 熟悉商品属性

商品属性是指商品本身所固有的性质,是商品所具有的特定属性。例如,服装商品的属性包括服装风格、款式、面料、品牌等,这些属性可以看作商品性质的集合,用于区别不同的商品。文案创作者写作文案前要熟悉商品的属性,找出自身商品与其他商品的差异,突出自身特点,这样才能吸引更多消费者点击并浏览内容,以增加成交机会。

按照电子商务平台的标准商品单元(standard product unit,SPU),可以将商品属性分为关键属性、销售属性和其他属性。文案创作者也可以通过对以上属性内容的分析来确定商品的价值,包括使用价值和非使用价值。在写作商品文案时,既要体现商品的使用价值,又要体现其非使用价值,这样才能提升商品对消费者的吸引力,以获得更加可观的收益。图4-2所示为商品名称文案中的商品属性。

图4-2 商品名称文案中的商品属性

4.1.3 掌握商品文化

商品作为一种满足消费者需求的物品,既具有物质属性,又具有文化属性。文化属性的附加可以提升商品的价值表现,使商品既可以作为一种物质交换而存在,又可以作为一种精神文化的交流,潜移默化地改变消费者的价值观念、思想意识和行为。因此,商品文化是商品价值的一种表现。掌握商品文化可以拓宽文案创作者对商品价值的认识和理解,使其写出更具有感染力的文案,加深消费者心中对商品的印象,进而形成独特的文化烙印,增加消费者与商品之间的联系,最终形成良好的品牌效应和忠实的消费群体。

商品文化一直存在于商品交换的过程中,随着消费者消费能力的提升,消费者对商品除实用性的要求外,更加注重精神层面的文化享受。不同的商品,由于地域环境、社会习俗、文化环境等的不同,会具有不同的商品文化;同样类型的商品,也可能由于生产地、制作工艺等的不同,而产生各异的风格。因此,不同的商品文化容易形成商品之间的差异性,使商品之间产生区别,进而影响消费者的消费决策。

熟悉商品文化后,文案创作者即可对商品文化进行包装和优化,写出具有文化气息和情感氛围的文案,使之与消费者的需求相吻合,从而建立起商品与消费者之间的深度联系,形成消费者的品牌偏好。广告文案、商品说明文案、品牌故事等,就是典型的依靠商品文化而写作的,满足消费者精神需求的文案。图4-3所示为茶之韵广告文案。

图 4-3 茶之韵广告文案

4.1.4 分析商品生命周期

和每个人的生命一样,所有商品都会经历从萌芽到衰退的过程,电商在创作文案时,必须根据商品所处的生命周期,采取不同的创作方式和创意技巧,有针对性地创作文案。商品的生命周期可以分为萌芽、成长、成熟和衰退四个阶段。

1. 萌芽期

商品开始销售前3~6个月至商品开始销售是商品的萌芽期。这一时期的商品通常没有销量,更没有评价,也不容易在网上被搜索到,甚至付费进行推广都不会有太大的营销效果。在这一时期,创作文案的主要目的是吸引消费者的注意,提高商品的知名度,使商品迅速进入市场。创作电商文案时可以使用一些具有时尚感和新奇感的语句,通过夸张的排版和颜色等,突出商品的新特点和功能,强调卖点。

2. 成长期

商品上市至商品上市后6~12个月是商品的成长期。这一时期商品的销量和销售额都在慢慢增长,商家的主要工作就是进一步优化商品,扩大市场和销量。在这一时期发布电商文案主要是为了增加消费者对商品和品牌的好感度,因此创作的文案应该更具针对性和说服力,文案创作者可以在文案中加入一些能够促进消费者产生实际购买行为的信息。

3. 成熟期

成熟期的商品已经在市场中销售了一定的时间了,市场竞争相对激烈,商品的价格开始慢慢下降,商品销量也开始慢慢减少。这一时期的文案创作的主要目的是促使消费者持续、重复购买商品。因此,文案创作者需要把握商品的各种促销时机,想办法维持消费者对商品和品牌的忠诚度,通过文案内容来塑造和展示品牌形象,刺激消费者持续、重复购买商品。

4. 衰退期

衰退期的商品销量大幅下降,商家需要清理库存,推出新的商品。因此,在这一时期商家通常不需要在文案创作上投入太多,只需简单创作一些关于打折促销活动的文案即可。

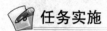任务实施

1. 编写商品属性文案

以小组为单位商定编写文案涉及的商品品类,明确其关键属性、销售属性及其他属性(自定义)等含义,结合相应商品,编写能够增强购买吸引力的商品属性文案,完成表4-1。

表 4-1 商品属性文案编写

属性类别	含 义	举 例
关键属性		
销售属性		
(其他属性)		

2. 创作商品文化文案

以小组为单位,对表4-2中所列商品的文化内涵进行学习和交流,从提升商品精神感染力、加深商品独特的文化烙印的角度创作商品文化文案,完成表4-2。

表 4-2 商品文化文案创作

商 品	文 化 介 绍	文 案 创 作
景德镇瓷器		
茅台酒		
旗袍		
……		

3. 试写产品不同生命周期文案

以小组为单位商定编写文案涉及的商品1~2个,根据其不同生命周期的特点编写相应文案,完成表4-3。

表 4-3 生命周期文案试写

商品生命周期	生命周期广告文案
产品销售萌芽期	
产品销售成长期	
产品销售成熟期	
产品销售衰退期	

任务 4.2　分析市场需求

任务导入

随着人们环保意识的增加,越来越多的人开始关注空气污染问题,选择用戴口罩的方式来保护自己的健康。尤其是城市人口,他们更为关注空气污染问题,因此随着城市化进程的加快,防雾霾口罩的市场需求呈现出逐渐增加的趋势。此外,在一些特定的人群中,如因工作需要长时间接触有害气体的人员,因为职业病防治意识的加强,防雾霾口罩需求也在增加。图 4-4 所示为口罩商品文案。

图 4-4　口罩商品文案

任务目标

1. 学会商品市场分析的方法和步骤。
2. 能够对商品做出市场分析。
3. 能够对消费目标人群做出购买分析。

知识准备

4.2.1　市场分析

市场分析就是对商品投放的市场或文案面向的市场进行分析,包括市场的规模、特点、性质等,大多数电商文案都是根据这些要素进行创作的。这些要素与市场的成熟度息息相关,市场的成熟度表示的是在未推出该商品时,市场上有多少相似商品,相似商品越多,代表竞争对手越多,商品所在的市场就越成熟。

1. 市场成熟度分析

市场成熟度可做以下划分。

(1)原生市场。原生市场是市场成熟度的最初阶段。在这个阶段,市场上没有其他相似的商品,也就是没有竞争对手,相当于这是一个对于受众来说未知度很大的商品,这时的文案需要全面展示商品的内容,说服消费者购买。

(2)中度成熟的市场。中度成熟的市场是市场成熟度的第二个阶段。在这个阶段,市场上可能有一些相似的商品,而消费者也对那些商品有所认识。在这个状态下,撰写文案前应该观察一下竞争对手在做什么,他们采用了什么样的手法。要明白他们如何描述商品,从哪个角度入手,用什么样的营销方式。然后,在竞争对手的策略上进一步优化。例如,各大电商平台中竞争最火热的女装市场,大部分人会以为这是一个非常成熟的市场,机会很少,其实在网络购物日益成熟、年轻人成为电商消费主力的今天,人们对商品的挑选更加细化,如年龄的细化(小童、大童、中年、老年)、尺码的细分(短式、中长式、长款)等,如果能找出合适的细分市场切入,机会也不少。

(3)重度成熟的市场。重度成熟的市场是市场成熟度的第三个阶段。在这个阶段,市场上有非常多类似的商品,俗称"标品市场",消费者也很难去发现新的商品。不过市场永远都有新受众,市场也会自己去旧换新,在技术水平有了提高和更新后,还会进行原有商品的更新换代,或是出现新品牌或商品,但这种市场环境下的消费者对已有品牌的依赖性很大,因此在撰写这类商品的文案时,一定要注意突出品牌的影响力,增加消费者的信任感。例如,家用电器市场是一个非常成熟的市场,因为知名品牌数量并不多,但是消费者的家用电器随着时间的流逝需要更新换代。同时,随着技术水平的提高和更新,还出现了一些新的品牌或商品。很多时候,文案写作所面对的市场都是成熟度较高的市场,这对文案的要求比原生市场要高,因此就要设计具有竞争力的文案,要结合市场特征,从同行业竞争对手的商品出发,对自身商品的卖点进行提炼。对市场分析得越深入,所获取的信息就越多,对商品就越了解,就越能写出优秀的文案。若是对商品所处的市场不了解,对竞争对手不了解,那么就很难使文案在众多竞争者中脱颖而出。

2. 市场细分格局分析

市场细分就是企业按照某种标准将市场上的顾客划分成若干个顾客群,每一个顾客群构成一个子市场,不同子市场之间的需求存在着明显的差别。通常采用的细分依据有地理、人口、心理、行为要素等。在市场细分的基础上,企业同行会围绕不同消费群体的需求推出不同的商品。表4-4所示为宝洁旗下洗衣粉的不同价格区分。

表4-4 宝洁旗下洗衣粉的不同价格区分

品 牌	定 价	突 出 功 效	市 场 份 额
碧浪	高价	衣服不会被洗旧,满足高收入人群	5%
汰渍	中价	强去污能力	15%
熊猫、兰香	低价	洁净力很强、不伤手、低温泡洗	30%

(1)单一变量法。单一变量法是指选择影响消费者或用户需求最主要的因素作为细分变量,从而达到市场细分的目的。这种划分相对较为粗放。例如,玩具市场需求的主要影响因素是年龄,乐高针对不同年龄段开发不同的商品;某洗面奶企业依据性别,开发出了女性商品和男性商品。

(2)多变量细分法。多变量细分法是指选择两种或两种以上影响消费者需求较大的因素作为细分变量,以便市场细分更为准确。这是一种为弥补单一变量法的不足而采用的市场细分方法。例如,某运动服品牌采用年龄与性别两个变量来细分市场。

(3)多层次变量法。多层次变量法是指从粗到细将整体市场分为几个层次,逐层细分,并确定该层次的样本市场,最终层次的样本市场就是企业将全力投入的目标市场。例如,某品牌的目标市场就是先按照区域进行划分,然后按照消费档次进行划分,最后按照年龄标准进行划分做最终确定。

（4）心理细分法。心理细分法是指按消费者的心理进行市场细分。当客户的需求多元化和复杂化,特别是心理、情感因素在购买中越来越具有影响力的时候,市场将从有形细分向无形细分(目标市场抽象化)转化。例如,可依据消费者的个性、购买动机、购买态度等指标来细分,购买动机可以划分为求美动机、求廉动机、喜新动机、地位动机、跟风动机等。

（5）动态细分法。动态细分法是指按照商品生命周期的不同阶段(即市场的萌芽期、成长期、成熟期和衰退期)进行市场细分。

商品市场分析还应对商品市场的营销环境进行调查和分析。因为对于电商企业来说,营销环境是企业无法直接控制的因素,其会对商品销售产生巨大的影响。所以电商文案创作者在进行文案创作前,需要对商品的营销环境进行分析。常见的影响营销环境的因素有政策、经济、技术、社会文化等,企业通常利用图 4-5 所示的 PEST 分析法对这些因素进行分析。

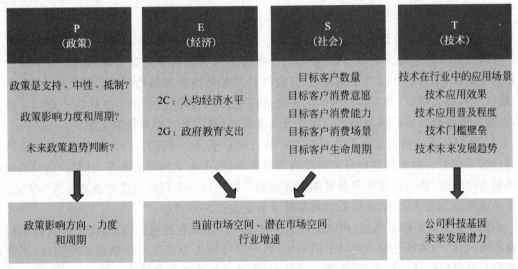

图 4-5　PEST 分析法

4.2.2　目标人群分析

目标人群不同,文案写作所采取的方法大不相同,文案写作的侧重点也不同。因此在写文案时,要对文案所面对的目标人群进行划分,根据不同人群的特点拟订不同的方案。目标人群的划分可以从以下几个方面进行。

1. 社会角色分析

每个人都有自己的社会角色,按职业可分为工作族、学生等。工作族可按工作种类划分为医生、律师、教师、清洁工、服务员等;按性别又可分为男性与女性。社会角色向来都不是单一的,而是多种角色的叠加,但很多时候这些角色又能进行整合。例如,追求高品质生活,拥有高收入的人群;追求便宜实惠商品,收入一般的人群等。对社会角色的划分能帮助文案创作者迅速找准商品定位。例如,轻奢鞋包、化妆品、职业套装、高跟鞋等面对的就是职业女性;西装、皮带、领带等面对的就是男性。商品不同,针对的目标人群也不同。撰写商品文案,最重要的是找准商品所对应的目标人群,摸清这些人的消费特点,这样才能写出针对性强的文案。另外,文案的叙述方式也要因为每个商品所针对的社会角色不同而不同。在确定目标人群时,需要具体问题具体分析。例如,在销售婴幼儿用品时,文案面对的销售对象其实是婴幼儿的父母,所以写出的文案得抓住父母的购买心理。还有一些外部因素会影响目标人群的划分,如受众的经济状况,是否负债或可支配收入是否充足等。同一收入阶层,因可支配收入不同会进行不同的商品选择;在不同的生活阶段,受众的需求也不同,如结婚或买房时,受众就会购买平时不会买的昂贵家具,这时,受众就从一种商品的目标人群转化成另一种商品的目标人群。

2. 目标人群购买意向分析

购买意向是基于消费者态度的一种指向未来的购买行为。消费者对商品产生积极、支持的态度,就可能产生购买该商品的明确意向。购买意向是消费者选择某种商品的主观倾向,表示消费者愿意购买某种商品的可能性,是消费者购买前的一种消费心理表现。如在直播平台中,消费者可以在观看直播的同时直接购买商品,这比传统视频营销结束后告知消费者通过何种渠道进行购买便利得多。

3. 目标人群购买心理分析

在对目标人群进行分析时,对其心理的分析必不可少。电子商务文案的写作从本质上来说是为了销售,不管是什么类型的文案,其最终目的都是增加商品的销量。因此,在文案写作中,确认了目标人群后,就需要对他们的心理进行分析,了解他们是出于怎样的心理购买商品的,并据此展现商品或品牌与购买心理契合的部分,打造出具有针对性的文案。

(1)好奇心理。好奇是人们普遍都会有的一种心理,但不同的人好奇程度也不同,会产生不同的购买行为。对于那些好奇心旺盛的消费者来说,市面上出现的新奇、时髦的商品对他们的吸引力比较大,所以这类人是各种潮流商品的常客。这一类型的消费者通常是青年人,他们不在乎商品是否经济实惠,比较看重商品能否满足自己的好奇心。

如图4-6所示的创意书签,树叶变色温度计是一款比较有创意的商品,能充分勾起人们的好奇心理,它的外观虽然是一片叶子的形状,但不仅可以作为温度计来测量环境温度,还能作为装饰品点缀房间或用作书签,既美观又特别,很受青年消费者欢迎。

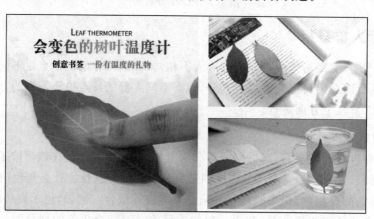

图4-6 创意书签广告文案

(2)从众心理。通常人们所说的"随大流"就是从众心理,它是指个体在社会群体或周围环境的影响下,不知不觉或不由自主地与多数人保持一致的社会心理现象。特别是在当下,很多消费者都希望与自己所在的圈子保持同一步调,不愿落伍于他人。因此,有这种消费心理的消费者也很多。对于这一类型的消费者,商家可以通过宣传商品、增加商品热度的方法来打动消费者。例如,在文案中表明该商品是当年的流行款或颜色是当年的流行色,该商品销量特别大或很多地方已经卖断货等。

(3) 实惠心理。有求实惠心理的消费者追求的是商品的物美价廉,即商品功能实用且价格便宜。他们一般看重商品的功能和实用性,对价格低廉、经久耐用的商品很感兴趣,且购买能力十分惊人。如果商品定位于这样的消费群体,那么可以通过对商品高性价比的介绍来吸引他们,如展示商品的效用和功能,或在适当的时候进行有奖销售、赠送赠品等,这样可以吸引更多这一类型的消费者。

(4) 炫耀心理。炫耀心理是指消费者向他人炫耀和展示自己的财力、社会地位、声望等的心理,且往往超过了他们追求商品实用性的心理。有炫耀心理的消费者经常购买名贵或时髦的商品,而且这类消费者也更追求品牌效应,喜欢购买大牌商品,认为越贵越大牌的商品越能彰显自己的身份地位。所以在面对这类消费者时,一定要注意打响品牌名声。

(5) 攀比心理。与炫耀心理相比,有攀比心理的消费者更在乎自己是否也有某种商品,特别是对于别人购买了的商品,他们会出于"你有我也要有"的心理来购买。商家可以通过与这种消费者参照群体的对比来吸引他们。例如,在售卖某款针对职业女性的高跟鞋时,可以设置如"每个职场女性都拥有一双这样的高跟鞋"或"这些女孩穿上这双鞋后变得干练又时髦"这样的文案,激起这类消费者的攀比心理与购买欲望。

(6) 习惯心理。很多消费者在购物的过程中会养成一定的购物习惯,形成一定的购买倾向,如偏向于购买某个品牌的商品,只购买价格不超过某个范围的商品,只购买曾消费过的店铺的商品等。这一类型的消费者比较念旧,且不愿有太大的改变,一般会在自己心中设定一个"心理预期"。只有当原品牌商品的实际价格或功能不能满足其要求或超过其预期时,消费者才会选择其他品牌商品。若是抓住了这类消费者,商家就相当于找到了一个长期的客户。

(7) 名人心理。名人心理来源于名人效应,是指因为某位名人而引起的关注度,或强化事物、扩大影响的效应,或通过模仿名人的某些行为或习惯而获得满足的现象。因此,可以将拥有名人心理的消费行为看作消费者对名人效应的推崇。因此,邀请明星、行业权威人士或拥有广大粉丝群体的人进行商品的宣传是针对有名人心理的消费者比较有效的方法。在各大电商平台中,都有很多专门卖名人同款商品、名人推荐商品的商家。

4.2.3 竞争对手分析

对市场进行调研后,电子商务文案的写作分为两种情况,一种是没有直接的竞争对手(在现在市场饱和度较高的情况下,没有竞争对手的情况很少),这时文案是为新商品服务的,若文案能详细介绍商品特征,全方位展示商品,体现其独特性与"新"的特点就足以吸引受众;另一种是有竞争对手的情况,需要对竞争对手进行详细分析,反思自己的情况。可以根据对方做了怎样的文案,有什么特点,思考该如何回应、策划,才能让自己做出的文案与对方的文案平分秋色,甚至更胜一筹。可以从竞品入手,站在商品、价格、销量等直观的角度来分析对方,也可以从对手的基本情况入手分析,快速定位竞争对手,明确文案写作的方向,扩大自身的竞争力。

1. 从竞品入手分析

(1) 根据商品进行定位。以商品作为定位竞争对手的条件,需要明确自身商品与竞争对手商品间的异同,通过个体化差异来突出自身的优势。要通过商品的具体属性来对竞争对手进行筛选,然后从筛选结果中找到与自身商品差异化最明确的竞争者。以女装为例,在淘宝中直接搜索女装商品可以发现该商品数量非常多,如果加入商品属性和特点作为筛选条件,如款式、风格、品牌、材质、购买热点等,就会相对精确地筛选出具有相同商品属性的竞争对手。例如,在淘宝中以关键词"女装裙夏装"搜索的结果有一百多页,而添加了"尺码:L""服装款式细节:系带""风格:通勤""裙长:中长款""裙型:不规则裙""腰型:松紧腰"等筛选条件后,最终结果会比较精准。

(2)根据价格进行定位。价格是决定商品销量的一大因素,卖家在进行商品定价时要根据全网商品的价格进行分析,并结合自身情况进行定价。确定价格后就要在该价格可承受范围内选择合适的竞争对手,一般来说,建议价格浮动范围不超过20%。

(3)根据销量进行定位。在商品和价格的基础上,需要综合考虑销量并进行定位,根据自身店铺商品的平均销量,选择几家和自己店铺客单价(平均交易金额)或销量相近的卖家作为竞争分析的对象。此时可以把销量作为最终的筛选条件,通过自身店铺所在的排名来圈定与之接近的竞争对手。

2. 从竞争对手的基本情况入手分析

分析竞争对手是制定竞争战略的重要基础,竞争对手基本情况的分析可以通过以下两个分析方法进行。

(1)确定市场位置。可以通过数据分析、战略分析、职能分析、业务目标分析来掌握竞争对手的发展战略、营销战略、研发战略、生产战略和财务战略等。按照竞争对手在市场上的地位,可以将其分为四种,分别为市场领导者、市场挑战者、市场追随者、市场补缺者。对于电商文案创作者而言,除了关注竞争对手的地位之外,也需要关注竞争对手的营销战略。

① 市场领导者。市场领导者是指在某一行业的商品市场上占有最大市场份额的企业。一般来说,大多数行业都存在一家或几家市场领导者,它们处于行业的领先地位,其一举一动都直接影响到同行业其他企业的市场份额,它们的营销战略会成为其他企业挑战、仿效或回避的对象。例如,宝洁公司是日化用品市场的领导者,可口可乐公司是软饮市场的领导者等。它们在营销战略上会更为注重品牌和商品共同推进,会强调自己一如既往的优势,强化消费者的忠诚度。

② 市场挑战者。市场挑战者是指在行业中处于次要地位(第二、第三甚至更低地位),但又具备向市场领导者发动全面或局部攻击的企业。例如,高露洁是日化用品市场的挑战者,百事可乐是软饮市场的挑战者等。市场挑战者往往试图通过主动竞争扩大市场份额,提高市场地位。这一类竞争对手在营销中会注重与市场领导者的比较,对自身品牌、商品特征进行不断强化。

③ 市场追随者。市场追随者是指在行业中居于次要地位并安于次要地位,在战略上追随市场领导者的企业。现实市场中存在大量的追随者。市场追随者的主要特点是跟随。这一类企业在营销过程中,通常会紧跟大企业的营销趋势和消费潮流的变化,通过价格来凸显商品具有相似功能但是更实惠的优势。

④ 市场补缺者。市场补缺者多是行业中一些相对弱小的中小企业,它们专注于市场上被大企业忽略的某些细小部分,在这些小市场上通过专业化经营来获取最大限度的收益,在大企业的夹缝中求得生存和发展。这一类企业的营销策略大多针对某一特定市场,会结合特定消费群体的特征进行营销传播。

(2) 确定竞争策略。确定企业的竞争策略可以借助如图4-7所示的SWOT分析模型Ⅰ，将行业状况、竞争对手状况以及自己的状况进行整理，分配到优势、劣势、机会、威胁四个模块，然后将各个模块的内容进行组合，形成相应的战略。

在明确了四个矩阵的内容后，可以顺势得出企业的营销策略。将优势和劣势、机会和威胁进行组合，形成如图4-8所示的SWOT分析模型Ⅱ中的四种策略。

	优势(S)	劣势(W)
机会(O)	(SO策略) 把握机会， 发挥优势	(WO策略) 利用机会， 克服弱势
威胁(T)	(ST策略) 把握机会， 避免威胁	(WT策略) 克服弱点， 避免威胁

优势(S)	劣势(W)
机会(O)	威胁(T)

图4-7 SWOT分析模型Ⅰ　　　　　图4-8 SWOT分析模型Ⅱ

任务实施

1. 列举电商文案创作前对商品进行市场分析的主要内容，完成表4-5。

表4-5 电商文案创作市场分析

市场分析内容	分析原因	分析方法

2. 运用PEST分析法对校园咖啡厅的经营进行市场分析，完成表4-6。

表4-6 校园咖啡厅PEST分析

分析要素	分析结论
P(政治、法律)	
E(经济)	
S(技术)	
T(社会文化)	

任务4.3　提炼商品卖点

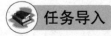

图4-9所示为立白洗洁精广告文案，在文案的11个字中，有没有最能吸引你的眼球，并且唤起你购买欲望的表述呢？作为一款厨房清洁类商品，人们需要考虑它的清洁能力；作为一款商品，人们需要考虑它的价格，然而这两点在该文案中并没有被突显出来，反而是"不伤手"成了人们关注的焦点。同时，"不伤手"也成了当下立白系列商品的代名词。文案的创作者为什么会将"不伤手"放在最为显眼的位置？这样做有什么作用呢？

图 4-9 立白洗洁精广告文案

任务目标

1. 了解商品的常见卖点。
2. 掌握挖掘商品卖点的思维方法。
3. 掌握呈现商品卖点的表现方法。

知识准备

作为电商文案创作者,一定要在熟悉商品的基础上开展文案创作,这样才能使文案符合商品的特点,并展示出商品与众不同的卖点,进而吸引有相应需求的消费者。

电商企业和传统企业有很大的区别,电商企业中 20% 的商品可以贡献大约 80% 的销售额,这 20% 的商品被称为"爆款",也就是通常说的热销款。一个"爆款"可以成就一个品牌。现在电商市场中同类商品太多,而成就一个"爆款"通常靠的就是一个独特的卖点,比如"充电 5 分钟,通话两小时"这个卖点成就了 OPPO 手机,"励志的情怀"这个卖点成就了褚橙,同样如前文所述,"不伤手"这个卖点成就了立白洗涤系列商品。

4.3.1 认识商品卖点

1. 商品卖点的含义

所谓"卖点",是指商品所具备的一些其他商品不具备的特点。这些特点来源于两个方面:一是商品与生俱来的;二是通过文案创作者的想象力和创造力生产出来的。不论商品的卖点从何而来,企业都需要将其落实到电商营销战略中,使消费者能够接受和认同商品的卖点,促成购买行为,进而提升购买忠诚度,这也有利于企业打造品牌营销策略。

2. 商品卖点的特点

呈现出商品卖点的广告文案都会让消费者明白,购买文案中的商品能够获得具体的、其他商家所没有的利益。首先,卖点应能向消费者表明明确的利益。例如,"不伤手"表明了可以保护皮肤的利益点;"怕上火,喝王老吉"明确了可以去火降燥的利益点。其次,这个利益点必须与商品关联密切,且必须是本商品独具的、竞争对手不能或不曾提出的。例如,甘甜是山泉水的特点,但只有农夫山泉首先提出了这个卖点。另外,这个利益点必须有利于销售,是消费者所需要的,要通过突出的利益点提高对消费者的影响。

3. 商品核心卖点

商品的卖点可以迅速吸引消费者眼球,那么什么样的卖点不仅能够迅速吸引眼球,还能够使消费者久久不能忘怀呢?那就是核心卖点。核心卖点通常具备以下特征。

(1) 超级卖点。超级卖点是核心卖点的一个重要表现形式,也是核心卖点的主要特征之一。超级卖点即跟同行相比竞争力明显占优、超越同行一个层级的卖点。通俗地说,超级卖点就是能超越同类商品的卖点。超级卖点必须具有超越同行的竞争力,而不是仅仅具有竞争力,只有竞争力明显高于同行的卖点才能称为核心卖点。超级卖点能够比同行的卖点层次更高,从商品竞争上升到品牌竞争,乃至理念竞争。

(2) 独家卖点。独家卖点是某个商品本身所拥有的,而其他同类商品无法具有的唯一卖点。独家卖点是客户对某个商品的唯一识别点,即在客户心中这个卖点就代表这个品牌。一般来说,核心卖点往往会被打造成独家卖点,如果某商品拥有独家卖点,那么它必定拥有不可复制的行业壁垒,别人不会轻易具备,因此它的竞争力就是独一无二的。除了商品本身以外,独家卖点还包括以下两种形式。

① 独家软实力:软实力通常是指企业的品牌价值、品牌故事、团队、某种独家工艺、某种独家配方、某种专利技术等,这些通常难以被同行复制和模仿。从企业的软实力中寻找的卖点具有唯一性,往往很容易成为独家卖点。

② 独家垄断认知:认知垄断的卖点即无法复制、有一定行业门槛和竞争壁垒的卖点。独家卖点一旦找到,消费者就会对品牌形成强烈的关联认知,所以说独家卖点具有其他卖点无法比拟的核心竞争力。图 4-10 所示为苏泊尔的"球釜"电饭煲,是一种能够做出柴火饭的电饭煲,这个卖点就是"球釜"电饭煲的唯一认知。

图 4-10 苏泊尔电饭煲广告文案

(3) 新卖点。所谓的新卖点就是与同类商品的卖点相比要有所不同,具有明显的差异化特征,独树一帜,让人耳目一新。新卖点主要有以下三种表现形式。

① 提法新颖：新卖点在提法上是新颖的，是消费者第一次听说或极少见过的。

② 认知新颖：新卖点在认知上是新颖的，可以填补消费者认知上的空白。

③ 表达新颖：卖点即便不能填补客户思想认知上的空白，其在表达方式上也要新颖，同一个卖点可以换一种方式来表达。

例如，白加黑的文案"白天吃白片不瞌睡，晚上吃黑片睡得香"。这则文案为消费者提出了一种崭新的理念，即感冒药可以分时间服用，明确告诉消费者有办法解决上班与治病的矛盾，白天上班的时候吃白片不会瞌睡，不影响工作。晚上吃黑片会睡得很香，更易恢复体力。这就是一个具有爆发力的新卖点。

4.3.2 电商文案的常见卖点

常见的商品卖点有很多，可以是实质性的，比如商品的材质、外观、工艺、功能等，也可以是虚拟的，比如理念、概念和情怀等。电商文案创作者需要从商品的众多卖点中挖掘和提炼出最能够体现商品核心竞争力的一个卖点，让消费者瞬间记住这个卖点，从而体现商品的竞争力。

对于文案创作者而言，常见的电商文案的卖点有外观、概念、产地、材质、特色、情感、感觉、情怀等，但文案创作者想要创作出优秀的文案，更重要的是分析自家的商品，并结合这些常见卖点，挖掘出自己商品的独特卖点。

1. 外观

外观是对商品最显性的表达，也会影响消费者对商品最初的印象，利用外观挖掘出的独特卖点更容易体现差异化，并给消费者留下独特的印象。在质量相同的前提下，那些外观精美、包装较好的商品往往更具有市场竞争力，也更容易得到消费者的喜爱（图4-11）。

图4-11 商品外观精美的电商文案

2. 概念

概念是商品卖点的一种表现形式，文案创作者挖掘出的商品概念，通常能够对销售起到很好的促进作用。因为概念是一种"只可意会、不能感知"的卖点,概念卖点能带来新的消费标准、独家的核心技能和无法复制的竞争力。

3. 地域

产地优势通常是体现商品"出身"的最好卖点,因为产地具有不可移动性和唯一性。比如阳澄湖大闸蟹、西湖龙井、北京烤鸭、贵州茅台、宁夏枸杞、文山三七、青海虫草等,这些商品的产地往往承载了消费者对商品的个性化记忆,也体现了消费者对商品品质的高度认可。以产地特点作为该商品的品牌标签,更容易获得消费者的认可,吸引消费者购买。

4. 材质

大多数消费者都认为好的材质可以生产出好的商品,所以对于消费者而言,商品的材质就是一种独特的卖点。因此,很多文案创作者在进行文案创作时,都会将商品的材质描写成该商品的独家卖点,从而实现差异化营销。图 4-12 所示的木质地板广告文案,通过对材质的描写,让消费者对该商品有一个充分的认识,从侧面展示了该商品的材质与其他同类商品的区别,从而使该商品变得更有竞争力。

5. 权威

专业权威人士制作的商品必定更专业,这种想法在消费者心中是根深蒂固的,所以,专家的权威观点就是卖点。很多品牌文案都会借专家之口来修正消费者的原有认知,植入新的认知,甚至直接以权威专家作为品牌名字,如王老吉凉茶、葛洪药膏、铜师傅、王木匠等。

6. 情感

情感卖点简单来说就是将消费者的情感差异和情感需求作为商品的核心卖点,通过情感促销、情感广告、情感包装、情感设计等策略来实现电商商家的经营目标。

7. 感觉

简单来说,感觉就是商家通过商品或服务,带给消费者的一种心理舒适与精神满足。在商品销售的过程中,这种心理舒适与精神满足往往是消费者最渴望得到的东西。图 4-13 所示为可口可乐广告文案。在该文案中,商家希望通过文案的内容,给消费者带来一种心理与精神的"享受",以此来激起消费者的"享乐"心理,最终促使消费者购买该商品。

图 4-12　木质地板广告文案

图 4-13　可口可乐广告文案

8. 情怀

如今,越来越多的商家将情怀作为商品的卖点,因为情怀能够把商品人格化,能够让消费者感受到人情味,让消费者觉得自己不是在消费一件商品,而是在与高尚的精神、高尚的品格、高尚的价值观交流。图 4-14 所示为一直强调匠心情怀的褚橙品牌所创作的文案,既展现了品牌创建者独有的价值情怀,又赋予了品牌匠心精神,这使得褚橙成为不少消费者眼中的"匠心传橙"。

图 4-14 褚橙广告文案

9. 时间

需要花费时间来成就的商品最为珍贵,时间能代表商品的来源、状态、特种属性,所以时间也是策划文案卖点的最好来源。时间是十分神奇的卖点,既能表达古老,也能表达新鲜;既能表达工业速度,也能表达工匠精神。时间甚至可以赋予商品更深层次的底蕴和精神。在文案中用时间做商品的卖点,是让商品更加情感化的有效方式。

10. 数字

最好的卖点是用数字来表达的,因为数字最容易被人记忆,而且最容易传播。从营销效果的角度来看,文案中写 1000 个文字,不如打开 1 张图片;而给消费者看 1000 张图片,不如告诉消费者 1 个数字,所以数字是能够最简单、最直接被消费者感知到的差异化卖点。

4.3.3 电商文案展现商品卖点的角度

不同文案的创作人员在介绍同一种商品时,由于方法不同,其侧重点也不同,因此其转化效果也不相同。通过分析可知,能够吸引消费者购买商品的文案往往能够准确表达商品独特的卖点,这种文案能从商品的众多特点中提炼出商品最关键的卖点,激发消费者对商品的好感,从而产生购买行为。商品卖点是传递给消费者的最重要的商品信息,它可以向消费者传递某种主张或某种承诺,告诉消费者购买该商品后会得到什么样的好处,并且这种好处是消费者能够接受和认可的。在进行商品卖点剖析时,要注意其卖点不能太多,2~3 个即可。因为卖点太多可能导致单个卖点的含金量下降,进而引发消费者的质疑,反而适得其反。

1. 卓越的商品品质

商品品质是消费者决定是否选购商品的主要因素。只有保证商品品质,才能让消费者对商品更有信心。

2. 显著的商品功效

不同的商品拥有不同的功能,消费者购买商品实际上是购买商品所具有的功能和商品的使用性能。例如,汽车可以代步,冰箱能够保持食物新鲜,空调可以调节室内温度等。如果商品的功能与消费者的需求相符,且超出了消费者的预期,就会给他们留下商品质量良好的印象,从而得到他们的认可。图 4-15 所示为一款防护眼镜的广告文案,对其抗蓝光功能进行了展示。通过这一卖点很好地将其与其他商品区分开来,让它在众多同类防晒商品中独树一帜。

3. 知名的商品品牌

品牌不仅能够保障商品的质量,还能给消费者带来更多附加价值,使他们产生一种心理上的满足感,特别是名牌商品更能激起消费者的购买欲望。如果你的商品具有有利的品牌形象和市场占有率,那么在进行商品卖点展示时,就可以将商品品牌作为主要卖点。

图 4-15 展示商品功效广告文案

4. 高性价比

性价比就是商品的性能价格比。商品的性价比越高,消费者越趋于购买。因为这代表消费者可以花费较少的钱来购买较好的商品,不管出于什么角度都是一个很好的卖点。小米手机就是性价比较高的商品,且一直以高性价比著称。图 4-16 所示为红米 Note8 Pro 手机的广告文案,红米 Note8 Pro 采用了 6.53 英寸 FHD+全高清护眼屏、联发科 Helio G90T 处理器、双卡双待、4500mAh 大容量电池、6400 万像素四摄像机等高配置硬件,但售价仅为 1399 元,是性价比非常高的一款机型,这些参数在文案中得到了突出。

图 4-16 红米 Note8 Pro 广告文案

5. 商品的特殊利益

特殊利益是指商品在满足消费者本身需求的情况下所具有的某些特殊性能,如"好学生"针对青少年学生设计的渐进多焦点镜片,其功能是减缓佩戴者的视觉疲劳,控制其近视发展速度,对于重视保护孩子视力的家长有很大的吸引力。

6. 完善的售后服务

售后服务就是在商品出售以后所提供的各种服务。随着人们消费观念的不断成熟,消费者开始将售后服务作为一个判断商品是否值得购买的前提条件。售后服务完善的商品更能吸引消费者购买,甚至会直接影响消费者的购买行为。

其实,售后服务也是促销手段的一种,商家通过售后服务可以提高商品的用户体验和企业的信誉。

4.3.4 挖掘商品卖点的创意思维方法

1. 九宫格思考法

九宫格思考法是强迫创意产生的简单练习法,很多人都常用这种方式构思文案的策划方案或演讲 PPT 的结构等。九宫格思考法的操作步骤如下。

(1) 拿一张白纸,先画一个正方形,然后将其分割成九宫格,如图 4-17 所示,将要进行创意思考的主题(商品名等)写在格子内。

(2) 将与主题相关的联想任意写在旁边的八个格子内,尽量用直觉思考,不用刻意寻求"正确"答案。

(3) 尽量将八个格子的内容扩充完整,鼓励反复思维、自我辩证,先前写的内容也可以修改。

1	2	3
4	5	6
7	8	9

图 4-17 九宫格

① 九宫格的填写方式。九宫格有助于人的思维扩散,用九宫格思考法创作电商文案时,要把商品名写在正中间的格子内,再把由主题所引发的各种想法或联想写在其余八个方格内。对于电商文案创作,可以依顺时针方向填写,即按照顺时针方向把自己所想到的要点填进方格,循序渐进、由浅入深地对商品进行挖掘。也可以从四面八方填写,将自己所想到的要点填进任意一格,不用刻意思考这些点之间有什么关系。

② 填写九宫格的注意事项。如果八个方格填不满,可以尝试从不同角度进行联想。如果八个方格不够填,可以继续绘制九宫格图,进行补充填写。在填完九宫格后,可以对所填内容进行整理,分析每个要点的主次,并做出取舍。对于不明确的要点,也可以重新修改。九宫格思考法的好处是可以让文案创作者尽情进行思维发散,对每一项要点进行思考、细分和扩展,达到一步步完善文案内容的目的。

对于电商文案来说,很多时候并不能直接把商品的所有优点都表达出来,通常需要对其进行多重包装和强化。如果某一商品的优点太多,最好的方法就是强化其中一个或几个突出的功能,这样就更容易让消费者记住文案。对消费者记忆点的使用要因地制宜。例如,文案如果用在海报或者推广图上,其记忆点最多不要超过三个,但如果文案是在详情页上使用,则要尽可能地展示出推广商品的重点优势。如图 4-18 所示,可通过九宫格思考法将空气净化器的优点列举出来并一一进行分析,再将其与市场上的同类商品文案进行比较,创作出一个有吸引力且与众不同的文案。

创作一款迷你空气净化器文案

通常,空气净化器越大,其净化能力就越强,而迷你空气净化器的特点就是体积小,与平板电脑差不多大,但是其空气净化能力与一台普通卧式空调大小的空气净化器相当。除此以外,该空气净化器配有两套防尘系统,还有语音功能、LED 显示屏,售价是普通空气净化器的一半,可见,这款空气净化器无论是功能、配置、价格,都是同类型商品中的佼佼者。另外,这款空气净化器还摒弃了千篇一律的海量流水线制造规则,采用"定制"方式。对该款空气净化器的特点总结如下。

- 迷你空气净化器,主机后侧面积仅比平板电脑略大,单手即可托起。

- 两套最新防尘系统,吸力永不衰减,终身无须更换耗材。
- 无级调速划钮,根据空气质量好坏,自动调节功率。
- 一键除尘,滤网和尘桶可直接用清水冲洗。
- 5英寸大屏幕LED显示,直接触控,也可以遥控,使用方便。
- 瑞士可水洗医疗级除螨过滤装置,并具备空气加湿功能。

了解了空气净化器的上述特点之后,即可使用九宫格思考法提取卖点。

体积小	定制	一键水洗
噪声低	空气净化器	除螨加湿
技术先进	两套系统	自动智能

图 4-18　九宫格创作一款迷你空气净化器文案

2. 要点延伸法

要点延伸法是将商品特点以要点的形式排列开来,再针对要点进行展开叙述,丰富文案的素材、观点,为文案提供资料来源。要将商品的要点展开,需要有深刻的商品使用体验和商品认知。如果说九宫格思考法引发的是对商品卖点的思考,要点延伸法则更像是对商品卖点的内容扩充,它能够将卖点简明、扼要地描述出来。

3. 五步创意法

五步创意法是美国著名的广告大师詹姆斯·韦伯·扬创造的,顾名思义,这种方法需要用以下五个步骤来完成文案创意的创作。

(1) 收集原始资料。原始资料分一般资料和特定资料。一般资料是指人们日常生活中所见所闻的令人感兴趣的事实;特定资料是与商品或服务有关的各种资料。文案创作所需的要素大多从这些资料中获得,因此要想获得有效的、理想的创意,原始资料必须丰富。

(2) 内心消化。思考和检查原始资料,对所收集的资料进行理解性的吸收。

(3) 放弃拼图,放松自己。在这一阶段,创作者不用做任何努力,尽量不要去思考有关问题,一切顺乎自然,简而言之,就是将问题置于潜意识之中。

(4) 产生创意。詹姆斯·韦伯·扬认为,如果创意人按照上述三个步骤,认真踏实、尽心尽力去做了,那么,灵感就会自然而然在没有任何先兆的情况下突然出现。换言之,创意往往是在竭尽心力、停止有意识的思考后,经过一段停止搜寻的休息与放松后出现的。

(5) 修正创意。一个新的构想不一定很成熟、很完善,它通常需要经过加工或改造,才能适合现实的情况。

4. 三段式写作法

三段式写作法比较适合简短文案的创作,因此常用于氛围图的配文或页面横幅的引导。三段各自的内容如下。

第一段:一般是将浓缩商品信息、商品优点等的销售语言表达出来。

第二段:解释销售语言中的卖点或将销售语言延伸开来。

第三段：点明前面阐述的商品销售语言或者卖点能给消费者带来什么直观的效果。

其中，第三段是最为重要的，这一段当中要把消费者使用商品之后的场景、效果直接表达出来，让消费者产生购买欲望。

5. 头脑风暴法

通过挖掘商品卖点创作的文案可以为商品和品牌披上了一层新的"外衣"，让消费者能愉快地接受这些事物，这便是文案创意在发生作用。文案的创意是文案重要的元素，而头脑风暴法是有效、常用的创意产生方法。头脑风暴法是现代创造学奠基人亚历克斯·奥斯本提出的一种创造能力的集体训练法，它鼓励人们打破常规思维，无拘束地思考问题，从而使人们在短时间内批量产生灵感，甚至能有大量意想不到的收获。头脑风暴法的具体过程如下。

（1）围绕主题进行联想。头脑风暴法的第一步是审读主题，并围绕主题进行联想。思考的时候可以天马行空，但是不能跳出主题所构建的范围。在此基础上再进一步仔细思考和联想，可以寻找该事物不同的特点，发现不同的思考方向，根据每个特点和方向罗列相应的两三个关键词，分别打开新的思路。可将内容填写在如表4-7所示的头脑风暴联想内容表中。

表4-7 头脑风暴联想内容表

方向特点	特点1	特点2	特点3	特点4	……
方向A	1A	2A	3A	4A	
方向B	1B	2B	3B	4B	
方向C	1C	2C	3C	4C	
方向D	1D	2D	3D	4D	
……					

表4-7中共有16种创意组合，对关键词进行搭配时，可以对同一个特点方向的关键词进行搭配，此时会出现不同场景下的关键词组合，这是创意来源的一种方式。也可以随意组合不同特点与不同方向的关键词，再对搭配出来的关键词进行画面联想。关键词搭配组合成功后，在联想的过程中可用笔在白纸上勾勒出想象中的图，随意表达对关键词的想法，而这些不同的组合又会给予我们不同的灵感创意。

（2）确定文案的风格。文案的风格多数取决于所要描绘的商品，情怀、有趣、温馨、实在、华丽、无厘头、好玩、高大上等，这些都是文案涉及的风格样式。例如，宜家家居的文案走的是清新温馨的路线，它为用户营造出家的感觉，并时刻提醒消费者什么是有质量的生活。所以作为文案的作者，需要先了解文案有哪些风格，然后再确定使用哪一种。

（3）理解文案的主题。文案创作者要认真思考：文案的主题是什么？应该在哪里使用？为什么消费者会使用和接触商品？一般在什么时间点会用得比较多？对其使用效果进行了怎样的评价？思考完这些，就能对这个商品或品牌有一些明确的想法，便于进一步确定文案的主题。

（4）更换角度搭建场景。向别人抛出一个商品或者问题时，要先假设自己正在使用某商品或做某件事，换一个角度，站在第三方的立场来看待这个问题，根据一些决定性因素思考别人可能会有的想法，会遇到什么需要改进之处，把自己当成消费者来搭建使用场景。场景被搭建出来后，应将这个场景具体化成生活中容易理解的事。例如，香飘飘奶茶"一年卖出七亿多杯，杯子连起来可绕地球两圈"。

（5）参考外部信息。在撰写文案前，需要参考各种外部的信息进行综合整理，如已完成的案例、各种外部素材、流行热点等。

① 已完成的案例：从中寻找各个案例中的异同点，判断其价值，再去寻求差异化，从而完善这次案例。

② 外部素材：如在看微信热搜排行榜和热门微博时，可以从微信和微博搜索栏中搜索关键词来寻找参考。

③ 流行热点：结合时下热点，借热点带来的流量，在结合商品的基础上搜索和参考同行业的个性化风格。

（6）修改并确定文案。进一步修改文案的内容，考虑文案可行与否，有没有向消费者明确地传达出商品的特点和亮点，文案想要表达的卖点是否吸引人，是否能够触碰到消费者的痛点，这些都是文案修改过程中需要重点关注的问题。在条件允许的情况下，可以把文案初稿展示给其他人，让他们进行讨论和评价。最后再确定文案的内容，并对其进行最终的审查。

（7）多角度制造创意。除了以上方法可以促进头脑风暴外，还可以通过听歌、变换地理位置和进行记录等方式来获得文案的灵感。

① 听歌：头脑风暴有时需要一点外部刺激，例如听一些歌曲，让这些歌曲催化灵感，使自己处于一种听到音乐更容易产生灵感的状态。

② 变换地理位置：变换不同的地点进行思考，不同的地点会刺激大脑在分泌激素时产生差异，从而使得从大脑溢出的想法也会不同。例如，一个喜欢宅在家里的文案人员，去野外进行一次旅行，可能会产生不同的心境和感悟，文案的主题也许会从"一屋不扫何以扫天下"改变为"一次无悔的青春，一次无怨的勇往直前，一次次，无怨无悔"。

③ 经常记录：很多时候创意和灵感来源于生活中的灵光一现，在生活中当我们看到或听到一些有意思的东西时，及时记录下来就会成为一个新素材。平时细心观察各种大小事，从观察到的现象中进行思考、联想和挖掘，这些都可能成为文案创作时的灵感源泉。

任务实施

1. 请针对智能整体居家产品进行目标人群设定，并对不同目标人群进行购买需求分析，完成表4-8。

表 4-8 目标人群购买需求分析表

产　　品	目标人群	购买需求分析要点	广告文案
智能整体居家产品			

2. 根据所学知识，从多个角度为一款实木、环保达标的地板提炼卖点。

项目总结

精彩的电商文案不在字数的多少，而在于投入精力的多少。一句看似简单的商品文案可能只是几个字，但其创作背后可能承载着文案创作者一系列的工作，包括查找资料、储备知识、市场调查、购买分析、竞争分析等。一个看似简单的卖点可以成就一件商品、一个品牌、一个企业，甚至一个行业。把握电商文案创作过程，培养和锻炼创作思维，挖掘商品卖点，是做好电商

项目测试

1. 简述电商文案创作过程。
2. 简述商品市场分析的主要内容。
3. 简述商品文案的常见卖点。
4. 简述商品核心卖点的表现形式。
5. 简述商品文案卖点的展示角度。
6. 简述九宫格思考法的运用步骤。

 项目实践

1. 实践任务

以小组为单位按表4-9的项目要求为校园专升本培训机构策划文案。

表4-9 策划文案项目

序号	项目内容	分数	完成程度评价
1	能正确认识商品特点	10	
2	能通过大数据分析商品的目标受众	10	
3	能根据受众人群特点分析购买心理	15	
4	能根据购买心理准确分析用户购买场景	15	
5	能通过文案提纲完成整体文案的结构设计	50	
…			

2. 实践步骤

（1）充分复习所学知识点和技能点内容。

（2）小组成员分工，策划文案内容，反复推敲，修改完善。

3. 实践要求

（1）小组成员积极参与。

（2）遵循电商文案创作过程进行创作，记录创作实施步骤及成员分工。

（3）规定各步骤完成时限，及时检查成员工作，保证实践任务完成时间。

 拓展阅读

拓展阅读：描述核心卖点的黄金法则

项目 5

电商文案策划与写作

消费者在电子商务平台上选择商品时,往往都是依品类进行浏览。一款商品能够在众多的同类商品中被消费者选中,多数情况下是受到了电商文案的影响。电商文案与普通文章的写作不同,电商文案首先要符合网络阅读的习惯,要具备网络文化的特色,同时与普通文章相比较又要文字精练。标题、主图、正文、结尾,都要以各自的方式吸引消费者,还要浑然一体,相得益彰。

职业素养目标

1. 在创作电商文案时自觉维护品牌形象和企业声誉,提升调查分析市场环境的能力,理解产品策划意图,为电商文案策划提供创意和素材。

2. 学会根据不同人群受众的需求,精准找到痛点,对市场信息进行初步分类,运用电商文案的创作技巧撰写富有创意的文案。

典型工作任务

1. 提炼电商文案标题。
2. 创作电商文案开头。
3. 设计清晰、严密的电商文案主体结构。
4. 撰写精彩而令人印象深刻的电商文案结尾。

任务 5.1　电商文案标题写作

任务导入

2020 年 10 月 30 日,华为在 Mate 40 手机的发布会上发布了新一代的旗舰产品,同时配以如图 5-1 所示的题为"在一起,就可以"的品牌宣传片。片子呈现得很简单,但内容却很深刻。

生活就是这样的现实,每一个人,每一个企业随时都有可能被推到最前线,主动或被迫地接受最为严峻的考验,然而,面对逆境,人们选择了在一起,努力解决问题。2020 年是个多灾多难的年份,新冠疫情在全球肆虐,华为也遭到了美国无理的全面制裁。华为将视线聚焦在了每一个遭受生活重压和挑战的普通人身上,行业不同、年龄不同、身份不同……尽管我们有无数分歧,但只要走在同一条路上,就可以催生出强大的力量。

图 5-1　华为产品文案

"在一起,就可以",简单的六字标题,展现了纵使有无数分歧,但我们只要走在同一条路上,就可以催生出强大力量的信念。再华丽的语言、再丰富的场景变换,也抵不过一个"带来振奋与感动"的标题的吸引。

任务目标

1. 明确电商文案标题的作用、类型及特点。
2. 掌握提炼电商文案标题的原则和技巧。

知识准备

广告教父奥格威曾说过:"阅读标题的人数是阅读正文人数的 5 倍。除非你的标题能帮助你出售自己的产品,否则你就浪费了 90% 的金钱。"

5.1.1　电商文案标题的含义及特点

1. 电商文案标题的含义

电商文案的标题是居于文案开头的简短语句,用来表达主题内容、主旨思想以吸引受众。

(1) 标题是简短的语句。文案标题的表述不宜过长,它只是向外界传递一个方向,对标题的解读应属于文案主体范畴。

(2) 标题应当表达文案的主旨思想。文案标题主旨鲜明有利于迅速筛选出有意向的消费群体,提高买卖双方的交流效率。

(3) 标题要具有吸引力。文案得以将其中的信息进行宣传和推广的前提首先是受人关注,那么这就需要标题具有一定的吸引力。由吸引产生关注,由关注引发兴趣,进而增加文案的阅读量、提高文案的曝光率,最终达到宣传推广的目的。

2. 电商文案标题的特点

无论是哪种形式的电商文案,受到关注是文案信息得到认同的起点。而文案能否受到关注在一定程度上取决于其标题。正所谓"秧好一半谷,题好一半文",这充分说明了文案标题对整篇文案的重要性。一个好的标题,务必身兼数职——能概括全文的内容,能体现全文的思路,能传递全文的主旨,可以快速吸引眼球,激发继续仔细阅读的兴趣。

(1) 能吸引消费者的注意力。文案中是否有满足消费者需求的信息源于消费者看到文案标题的瞬间。消费者能够从标题中迅速地判断出其内容于己的价值性,并决定接下来的行动。因此,一个好的电商文案一定要将"吸睛原理"奉为首要原则,要不遗余力地打造文案标题的吸引力。

能够吸引消费者注意力的文案标题,通常具有以下几个特征。

① 有好处。在电商文案的标题中要让消费者直观地看到与之需求相契合的好处,或者明显优于其他同类产品(服务)的亮点。抑或是能够提供让消费者摆脱长久困扰的方法。这里所说的"好处"也可以理解为消费者一直以来期许的结果。文案标题将消费者期许的结果表达其中,实质上就是向消费者传递了这样的信息——购买的不只是商品,更是结果。试想,如果商家只是站在自己的角度谈商品,原材料是多么的优良、制作过程是多么的严格、价位是多么的实惠……却只字不提使用商品的结果,又怎么能促成消费者的购买行为呢?因此,对于电商文案来说,提高标题吸引力的有效写作方式就是直接向消费者承诺购买商品(服务)的好处,以及其能够解决消费者的什么问题。图 5-2 所示为一则让消费者直接看到好处的祛痘产品文案标题。

② 有实惠。"只买对的,不买贵的"是植入大多数消费者头脑中的购买原则。商品的性价比是消费者做出消费决策的关键因素。因此,最直接的价格优惠、服务增值等会比较容易激发消费者的购买兴趣。即使对于有些没有购买计划的消费者,这送到手边的"实惠"也是不忍错过的,这就使其产生了购买欲。迎合"求实惠"的消费心理需求,诸如"免费""仅此""限时""折扣"等关键性词语来表达产品的实惠,极易达到吸引消费者注意力的目的(图 5-3)。

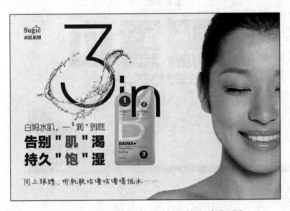

图 5-2 表述商品使用结果的文案标题

图 5-3 打折商品文案标题

③ 有亮点。互联网时代,消费者往往通过搜索关键词来了解、圈定和选择商品,如果电商文案标题中不含有体现商品特色的亮点,消费者就不易找到该商品。亮点也可以理解为卖点,是使商品畅销、建立品牌效应的重要因素。对于对商品品类熟悉的消费者来说,标题中的亮点有利于将商品进行横向比较,以追求新意。对于不是很熟悉商品品类的消费者来说,标题中的

亮点则会引发好奇心，以追求新知。

④ 有创新。新媒体技术下的创新是多元的。创新可以是事物本身发生、发现的创新。如"发现""最近""创新""预售"等词语都是表现"新"的常用词语，在标题中添加这些词语会让标题更有吸引力，消费者也更容易因为好奇而产生购买行为。创新也可以是宣传推广形式的创新。如将视觉、听觉甚至是触觉综合调动起来，形成创造性的融合，让文案动起来、立起来、活起来。通过充分调动受众的感官，还原现场，让消费者有身临其境之感。

新媒体的内容创新、形式创新、手段创新必不可少，其中内容创新是最重要的。在内容同质化的时代，真实而富有个性化的受众体验才是制胜法宝（图5-4）。

（2）直接划分消费者人群。概括主旨是文案标题的特点之一，文案的主旨指的是文案内容要告诉消费者的事情或道理，简单地说就是撰写文案的目的。如果这里的"事情"或"道理"是消费者想要或者认同的，那么购买行为就会随之发生。对同一类事情或道理认同的人就可以被看作同一类消费群体。因此文案标题所体现的主旨很自然地将读者进行了划分。如果文案标题所表现出的产品风格很明确，那么对这类产品风格感兴趣的消费者自然会点开文章来阅读，这样不仅能帮助消费者节约时间，还能筛选出目标消费人群。例如，"征服雪山"这一文案标题，显然消费群体指向滑雪爱好者，或者尝试学习这项运动的人（图5-5）。又如，某洗发水的文案"去屑，就是这么简单"，目标群体一定是想要兼具洁发和去屑功效的产品的人们。那么想要购买修复发质功效洗发水的消费者则会自动绕行。

图5-4　文字新颖文案标题

图5-5　消费人群明确的文案

（3）完全展示产品特点。由于网络上的信息太多，很多消费者为了节约时间，往往只看标题。这时，如果标题能够直接展示产品的特点，或者产品的最大卖点，那么就能够达到非常不错的宣传推广效果。如图5-6所示，某笔记本电脑产品的文案直接在标题中突出了"轻薄"这一特点，对于笔记本电脑不离手的商务人士来说可以有效实现减轻负重或者节省空间的效果，那么这款产品就会引起他们的关注，产生阅读兴趣。

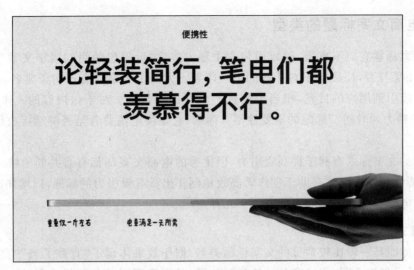

图 5-6　商品特点鲜明的文案

（4）引导消费者阅读正文。正如前文所说，文案的标题可以通过重点词语比较准确地将消费群体区分开来，提高效率。同时，要满足作为生产或销售商希望开发新消费客户这一需求，首先要让不分群体特征的读者能有兴趣进一步看到文案的主体内容，即从标题中产生继续阅读的兴趣。文案创作者通常可以通过吊胃口、提问、提供奖励、提供有用信息等方式来激发消费者继续阅读的兴趣，再通过文案主体内容引导读者成为支持者或购买者。如图 5-7 所示的电动牙刷文案。

图 5-7　电动牙刷的文案

5.1.2 电商文案标题的类型

电商文案标题宜简不宜繁,简短而包含主题内容、主旨思想的语句居于文案开头醒目位置,其受众接受与否,往往始于对标题的第一印象。大卫·奥格威有一句经典名言:"如果你的标题没有吸引到用户的目光,相当于浪费了80%的广告费。对于做内容的人来说,你就浪费了80%的精力和时间。"标题的重要性不言而喻,它是决定消费者是否继续接收信息的前提条件。

个性化的文案标题有利于提高吸引力,但优秀的电商文案却都有着共同的特点和写作模式,掌握其特性和写作模式有助于创作者高效地创作出具有吸引力的标题,以增加文案的阅读量。常见的电商文案标题类型主要有以下几种。

1. 直言式标题

直言式标题是一种比较常见的文案标题类型,创作效果体现了"直截了当""直奔主题"的特点,直接展示创作意图,阐述产品的特征和效果,让消费者明确其获得的利益。直言式标题不玩文字游戏,不用隐喻或双关语,可以用于活动促销文案、观点展示文案等,如图5-8所示。

图 5-8 直言式文案标题

直言式文案标题可以采用列数字、准新闻报道和直宣效果等表现形式,如表5-1所示。

表 5-1 直言式文案标题范例

表 现 形 式	典 型 案 例
列数字	"全场八折,一件不留"
	"满299减99"
	"50% SALE"
准新闻报道	"电商时代,我们的目标只有一个:成交"
	"一条电商路,众乡去致富"
	"网购消费你我他,维权举证保安全"
直宣效果	"奇度,带给您满意"
	"碰碰购,一碰忘不了"
	"网购就选当当,买书就到新华路"

2. 提问式标题

提问式标题，顾名思义就是在电商文案标题中包含一个或几个问题，问题的答案往往是消费者期待的产品或服务的效果。提问式文案标题也可以称作悬念式标题，因为问题的本身就是悬念。越是能够营造神秘气氛的悬念，越能激发消费者的好奇心，从而使其对文案的具体内容产生强烈的兴趣。从这个层面来理解，引发消费者思索答案的过程就是说服消费者的过程，解开问题谜底的答案往往就是商家对产品效果做出的承诺。如图5-9所示。

提问式标题的"提问"可以有多种方法，如反问、设问、疑问或明知故问等，如表5-2所示。

图 5-9　提问式文案标题

表 5-2　提问式文案标题范例

表现形式	典型案例
反问	"不香吗？"
设问	"你没用过？＋超值好处！"
疑问	"为什么这样装修客厅能省5000元？"
明知故问	"停车一把入位，你想不想帅？"

提问式标题在创作时要把握好两个尺度：①文案标题中的问题设置不宜太简单。问题过于简单则达不到引起消费者注意，进而引发思考的目的。就文案标题中的问题而言，不假思索就能获得答案，产品或服务的含金量会使消费者不屑一顾。②问题的表述不宜复杂。虽说文案标题中的提问要能引发一定的思考，但语言表达不能晦涩。问题是清晰的，答案是引发思考和引起共鸣的，这样的提问式标题才能恰到好处。

3. 命令式标题

命令式标题通常带有一定的祈使意味，其通过在标题中运用具有明确意义的动词对消费者提出要求，但并不生硬，从而促使消费者阅读文案内容。命令式标题直接对用户强调某种行为的必要性，并用这种方式完成转化，范例如下。

> "注意！不懂色彩，可能会毁了一幅好作品"
> "从装修到入住，这19个装修流程你必须知道"
> "带我回家！"
> "不见不散"
> "人手必备"

4. 证明式标题

证明式标题就是指以使用者的身份来阐释产品的好处，增强消费者对产品信任感的文案标题。这里的使用者可以是专家、权威、消费者，通过这些人的证明，让消费者的信任感大幅提升。列举调研数据也是经常采用的一种有效的证明方式，数据摆在眼前，让人觉得具有相当的可信度。用证明式标题的方式突出产品或服务的性能或效果的，可以考虑启用行业、社会知名人士，通过"亲测好用""自留款"等语言表达来提高可信度。

证明式标题的创作要以事实为依据，切不可妄图借助名人力量使人盲从。基于产品或服务的实际优势,名人效应起到锦上添花的作用。随着法治观念的增强,知名人士在承接产品或服务宣传时,秉着对个人名誉、社会大众负责人的态度,也会对信息的真实性进行求证,这本身就为商品或服务质量加了一道屏障。证明式文案标题的范例如表5-3所示。

表5-3 证明式文案标题范例

表现形式	典型案例
自证	"亲测!这可能是我用过的最好用的电动牙刷了!"
	"自留款!让你靓丽一整夏!"
他证	"据说穿了就可以去除脚臭的袜子!"
	"让40岁年纪女人尖叫的连衣裙!"

5. 恐吓式标题

从心理学角度看,面对同一件事情,人们逃避痛苦的渴望往往大于追求本事件可能带来的快乐。因此,通过对生活方式、消费习惯的一些负面效果、隐性危害等的重点描述,尤其能够产生吸引存在类似忧患的消费者的效果。

恐吓式标题利用语句给予消费者一定的心理暗示,引起他们的共鸣。需要注意的是标题中呈现的信息必须科学准确,不能胡编乱造,不能恶意中伤,否则容易造成不正当竞争,引起消费者的厌恶情绪。恐吓式文案标题范例如下。

"人类失去想象,世界将色彩不再!"
"千万不要再这样使用拖把了!"
"网购的必备产品,不用将失去网购的乐趣!"

6. 指导式标题

指导式标题主要是对某一具体问题提供解决的建议和方法。这种标题常使用"怎样""更""解决"等词语来突显问题,以吸引具有相同疑惑的消费者的注意,为寻求方法的消费者提供一个清晰、明确的解决方案,属于"雪中送炭"型。为消费者排忧解难自然容易引起消费者的关注,如表5-4所示。

表5-4 指导式文案标题范例

表现形式	典型案例
答疑解惑	"如何解决肌肤干燥问题?"
	"怎样避免网购时犯下大错误?"
提供方法	"两步去除污渍。"
	"摆脱过敏鼻炎的苦恼——某某洗鼻器。"

7. 反差式标题

有些电商文案会选择具有强烈反差的标题来突出产品的效果,通过对大众惯有认知提出挑战的内容,以"不合理"冲击消费者的认知,这种反其道而行之的方法使得这一类标题能够在海量信息中夺得"C"位。反差式文案标题范例如下。

"大口吃肉,瘦身根本停不下来!"
"近墨者未必黑!"
"在家里带孩子也能拥有创业的好机会!"

电商文案创作者应提炼产品的特点,在实践中不断尝试设计多种类型的文案标题,这样才能形成自己的独特思路。

5.1.3 创作电商文案标题的技巧

创作离不开创意,但创意并不意味着天马行空,对创意的理解、感受、启发始终依赖于人们的认知规律和原则。文案标题的创作效果能否实现,关键还是取决于标题直接所传递出的,或者引导读者所想到的信息是否符合或激发了用户对其价值的期待。因此,为了使文案的标题能够在充满创意的同时又能得到认同,在创作标题时,创作者不仅要站在消费者的角度去理解标题,还应了解和运用文案标题撰写的技巧。

1. 恰当选取关键词

关键词简单来说就是消费者在电商平台购物时,在搜索框中输入的用于搜索产品的文字。很多消费者在网上购买产品时,往往只有一个大体的目标,所谓"货比三家",正是在这个"大体目标"之下对多个产品进行比较的过程。用来描述这个"大体目标"的词语就是关键词。关键词语可以是描述产品的类别,如"儿童鞋""防滑鞋";可以对产品的特征做更进一步的描述,如"粉色女童鞋""老年防滑鞋";还可以是品牌和参数的明确描述,如"××牌30米防水手表"。关键词可以是任何形式的词语,消费者可以通过选择输入关键词,精确地找到满足自身需求的产品。相反,如果在商家产品文案的标题中没有与众多购买者经常搜索的产品某些方面相匹配的关键词,店铺中的产品就很难被消费者搜索到,自然也就无法达到销售产品的目的。因此,关键词的设置非常重要,是电商文案创作过程中最基本、最重要的一步,也是进行电商文案创作的基础。

创作者确定关键词时,首先要考虑的就是能否将产品的功能和特征表述得清晰、完整,即首先确定与产品推广内容相关的关键词。其次要学会将热词植入关键词中,所谓热词就是指当前用户所关注的热点话题或热门事件衍生出来的关键词。将合适的网络热词和与推广内容相关的关键词组合起来,从搜索引擎中得到的搜索结果会更好,收录排名也会更高,文案也容易获得更多的曝光和流量。

2. 突出消费结果

消费者在购买电商的商品之前,其最大的期许和疑问是三个字——结果呢?也就是消费者想要知道这个商品能带给他什么样的结果。因此电商只有通过文案,特别是文案的标题,把消费者所期许的结果提前告诉他,才能真正打开购买的第一道"阀门"。明确消费者想要的结果也可以这样理解,成交的不是商品,而是消费者要买的结果,只要电商销售的是消费者想要的结果,就能吸引消费者的关注。例如,消费者买美白面膜的目的是为了让自己的面部皮肤变得更白,"美白"就是消费者想要的结果,美白面膜只是帮助消费者实现这个结果的桥梁;消费者不是在买口香糖,而是为了获得"健康清新的口气"这个结果,但这个结果需要通过吃口香糖来实现;消费者不是在买单反相机,而是为了获得"清晰的画面,美好的景象,快乐的时光和对回忆的珍藏"这个结果,但他们需要单反相机来实现这个结果。如果消费者在看了文案后没有意愿购买商品,首要原因可能是因为该商品的商家只是站在自己的角度介绍商品,而没有告诉消费者使用该商品能给他们带来什么结果。因此,商品如果要实现销售,必须先站在消费者的角度思考,了解消费者最想要的结果是什么,然后再明确地告诉消费者,该商品能帮助他实现这个结果。对于电商文案来说,有效的标题写作方式就是直接向消费者承诺购买商品的利益,或者直接说明某商品或服务的好处，介绍如何解决某个问题等。

3. 突破常规思维

如何才能吸引消费者关注文案宣传的商品？如何在叙述过程中维持对方的兴趣？这要求文案必须打破人们的期待，违反直觉、出人意料、令人惊讶，一旦在标题上实现这一点，就会为商品带来极大的关注量。例如，爆米花是一种高热量食物，摄入过多对人体有害，则文案可以出奇制胜，利用人们的惊讶来提升警觉性和关注度。不过，单靠惊讶并不能持久，要让关注延续下去，必须激发消费者的兴趣和好奇，例如，可以写"××爆米花是一种不含油脂的健康爆米花"。

在文案标题中制造惊讶有以下几种方法。

（1）进行逆向思维：例如，情人节到了，给××项链买一个老婆吧。

（2）故意制造迷雾：例如，24小时后，本商品停止销售。

（3）反用俗语，打破人们的惯常思维和心理预期：例如，××皮鞋，舒服得让你天天向下。

4. 善用符号、数字

（1）符号效用

标题中的符号可以定义为以下几种类型。①真正意义上的符号——感叹号或问号。从汉语表达的习惯来看，当使用感叹号或问号时往往是作者要加强表达的内容，通常会容易引起人们的注意或引发思考。②符号化的词汇，这些词汇可以在第一时间让消费者知道该文案传递的信息，快速吸引消费者的关注，例如，"强烈推荐""震惊""警惕""当心""神奇"等。这类词汇可以使消费者产生非常强烈的感受，也可能会使其产生危机感或好奇心，在标题中使用这类词汇是一种较常用的文案标题撰写技巧。例如，某家具品牌的促销活动文案标题为"限时半价购"。在该文案标题中"半价购"就是一种符号，告诉消费者可能有巨大的折扣。类似的符号包括"大促""狂欢节""购物节"等。③运用"最"这样表示极端化的字眼。例如，"口碑炸裂！中国观众给这部电影打了史上最高分！"

符号能给人强烈的感官刺激，激发受众点击的欲望。当然在使用符号时一定要避免夸大其词，不然很可能被认为是标题党，从而影响口碑。

（2）数字效用

① 强烈吸引。"我如何把网络课程卖出1000万元？"在这个标题中，最吸引你的词语是什么呢？相信多数人都会对这课程"1000万元"的销售额感到咋舌。如此高的销售额通常会跟大型企业或单品价格较高的商品相联系，而成本较低的网络课程能达到千万级的销售金额绝对会吸引消费者，甚至商家的眼球。无论受众看到这一数字的第一想法是理解、是信任，或是质疑，这都无关紧要，重要的是它确实引起了人们的注意。

② 增强严谨性。数字会给人一种严谨的感觉，在标题中使用数字可以使标题变得更加可信，也更能促使消费者进行购买。例如，某蚕丝被文案的标题为"100％桑蚕丝被"。文案创作者正是通过"100％"这个数字来向消费者证明产品的优良品质，从而增加消费者对产品的信任度。

③ 数字表现方法。常用的巧用数字的方法有反差数字法和阿拉伯数字呈现法。形成反差的数字更能给用户带来冲击，进而引发其对文案内容的好奇。例如，"这款精品丝袜为什么1年能卖出1.5亿双""这款8秒卖50万袋的虾条为什么与众不同"。

从汉语的表现习惯来看，文字和阿拉伯数字都可以表达数字，在听觉上没有区别，但其视觉效果却大有不同。一则招聘广告中的薪酬表述为"月薪三千元"和"月薪3000元",哪种呈现数字的方式更让人一目了然呢?显然阿拉伯数字更容易将文案信息明显地显露出来,因此在文案标题撰写的过程中,特别是对于总结性的数量、销量、折扣、时间、排名等数据,使用数字会比使用文字更容易产生震撼的效果,也更容易让消费者记住。

对身处信息繁冗的互联网时代而又试图迅速查找干货的受众,这样抢眼的数字自然有利于提高人们的办事效率,让自己更快捷地接收到信息。善用数字能够激发受众打开文章获取信息的欲望,而且这样的文章很容易给人一种信息全面且权威的感觉。将人们对数字的敏感性运用于文案标题的创作是非常实用的技巧。

5. 融入对比、类比

(1) 类比。所谓类比,就是根据两个对象的某些相同或相似的性质,推断它们在其他性质上也可能相同或相似的一种推理形式。它是一种主观的不充分的似真推理。类比这种方法非常神奇,运用得好不仅能让人快速明白文案要说什么,而且还能让人对文案的标题和内容产生熟悉感和阅读兴趣。例如,中华豆腐的文案标题"慈母心,豆腐心",松下电器的文案标题"静得让你耳根清净",有时候将产品类比到某些情怀上时能达到触及受众心灵的效果。

(2) 对比。在文学作品或艺术作品中,对比是一种常用的手法,通过比较可以给予人们深刻的印象。在电商文案中,对比式标题就是将文案中推广的产品的某个特性与类似的产品进行对比,从而突出推广的产品或服务的优势所在,以增强消费者对该产品的印象,加深对该产品的认知。

正所谓有对比,才突出。通过对比找出差异,才能更加刺激人的感官,引起人的重视。准确找到不同产品或服务间能够引起消费者重视的可对比之处,可大大增强标题的表现力,进而引起受众阅读,产生好奇心。同时,经过严格对比而发生的消费有利于提高消费者的满意度。例如:"历经无数的奢华,最为珍贵的还是那碗艇仔粥""吃过这枚凤梨酥,其他的都是将就""看过世界更爱中国"。

6. 巧用故事导入

文案的本质是沟通,而能打动受众的故事就是一种好用又有效的沟通方式。故事情节的转折可以勾起人的好奇心和阅读欲望。文案创作者利用故事性标题,暗示一个引人入胜的故事即将开始,更容易感染受众的情绪,使受众产生情绪投射。

例如,2019年,vivo和新世相联合推出了微电影《一辈子活在夏天》,用四个在夏天发生的故事描绘了四组年轻人的青春印记。具体的故事情节如下。

> 即将上完人生最后一节课的老师翻看由毕业生填写的"梦想手册",从而引出不同年龄段的其他三个夏日故事。
> 故事一:高三学生夏小天和君君的夏天。横着高考这座大山,面对夏夏模拟考的失败闺蜜君君安慰支持。18岁的夏天,是在低谷时不放弃对未来的憧憬,是"赢了一起狂,输了一起扛"的友情。
> 故事二:都市白领小虎的夏天。因工作不顺陷入人生迷茫,在最艰难的时候,女友小冉带着他去看落日夕阳,重拾希望。25岁的夏天,是哪怕在黑暗时刻,仍坚信明天的太阳一定会升起。小虎的梦想是去北京打拼出一片天地。

> 故事三：旅行团乐队的夏日故事。源自他们的真实经历。2017年,旅行团事业面临危机,乐队濒临解散,对音乐梦想的坚持,让他们创作出了《永远都会在》这首经典作品,也帮助他们走出危机。他们的毕业梦想,是成为中国的披头士。
>
> 当老师翻过一届届毕业生们的梦想卡片时,他也在翻看自己的青春。其中某明星作为特邀嘉宾出现在片尾讲述自己大二夏天的故事。

7. 语言受众面广

文案标题语言受众面广是指标题的提炼应使用受众熟悉的且有新意的语言写作,让受众从直觉到内心都接受、认可文案及产品。总结起来就是标题要通俗易懂,简洁明白,不要太专业,让大多数人能看得懂,以免受众因觉得与他们的联系不大而丧失阅读兴趣。也就是通常所说的"接地气"。

例如,某锂电池的广告文案的标题为"全气候电池革命性突破锂电池在低温下性能的局限",在使用接地气的语言进行修改后则为"我们发明了不怕冷的锂电池",后一则标题将锂电池人格化,更加容易理解,展现了新锂电池的特点——不怕冷,让受众一下就明白了该文章想要表达的内容,相比前一则标题更能提起受众的兴趣。所以标题要遵循这种将复杂描述简单化、通俗化的"接地气"原则。

8. 加重悬念色彩

悬念式标题就是利用消费者的好奇心来激发消费者的阅读兴趣。好奇心是引发兴趣的最好源头,好奇心一旦被引发,究根问底的心理便能促使消费者带着疑问去阅读文章,并试图在阅读的过程中逐渐找到问题的答案,进而使消费者顺着作者的思路思考下去,直至读完全文,正中作者下怀。设计一个能够引发好奇心又简短醒目的标题,不妨尝试将悬疑色彩渗透在标题中。

当然,对于电商来说,这种类型的标题一般不会出现在商品销售网页中,而是出现在商品或品牌推广的文案中。这类标题在写作时要注意以下两点。

(1) 注意悬念的尺度。悬念的设置要紧密围绕商品或服务的主体。要将事实与悬念的线索融会贯通,标题既要隐蔽答案,不使用太暴露的话来提示消费者,又不能天马行空、故弄玄虚、脱离主体。悬念终究是能够在主线上找到使人豁然开朗的答案的,而不是让读者展开无限的猜测和想象。总之,设置悬念时要把握好一定的尺度,既要保持一定的神秘感,又不能隐藏得太深,否则会让消费者失去探究的兴趣。

(2) 标题内容简明而新颖。悬念式标题一定要有新近发生的、能让人感到既熟悉而又新鲜的事件。如果电商文案使用这种令人充满好奇的标题,文案的点击率就会显著提高。当点击率增加时,通常情况下商品的销售额也会随之增长。据统计,在标题中使用"惊人"这个词的文章,比标题内容相似、但没有这个词的文章的阅读量和转发量更多。还可以将热点事件或独特的言论前置,再通过设置悬念引起用户的好奇心。例如,"乔布斯的iPhone设计团队几乎全数离职,苹果是如何逼走设计师的?""她靠写作被上百位专家夸赞:未来3年前途光明的职业是什么?"当然,利用好奇心撰写标题并非在所有情况下都有效,需要根据实际情况进行选择。

任务实施

1. 谈谈你对初见"任务导入"中文案标题"在一起,就可以"的理解。在大家的理解中你得到了什么启发?填写表5-5。

表 5-5 标题的理解与启示

组员 1 观点	
组员 2 观点	
组员 3 观点	
组员 4 观点	
组员 5 观点	
受到的启发	

2. 在小组内阐述对该标题的分析与评价,填写表 5-6。

表 5-6 标题分析与评价

组　员	标题类型与特点	标题优势与不足
组员 1 观点		
组员 2 观点		
组员 3 观点		
组员 4 观点		
小组讨论的结论		

任务 5.2　电商文案开头写作

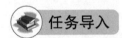 任务导入

图 5-10 所示的茶叶文案标题配以图 5-11 所示文案,很好地引起了人们喝茶的欲望。

图 5-10　茶叶文案标题

- 一杯清茶,品尽人生沉浮
- 好茶不该入愁肠
- 点茶,最极致的生活品味
- 山水,在自然里,也在茶里
- 一书,一茶,一整天

图 5-11　茶叶文案

如果说优秀的文案标题可以引发消费者点击的兴趣,那么优秀的文案开头就可以使消费者停留在商品页面。约瑟夫·休格曼曾这样总结:"文案标题的作用是让人阅读正文的第一句话,正文第一句话的作用是让人阅读第二句话,后面的以此类推。"

电商文案的开头,是消费者阅读完标题、点开全文之后接触到的第一部分文案内容,因此,开头应当与标题形成衔接,延续之前消费者已经形成的兴趣点,并进一步加强消费者的兴趣、好奇心以及消费意愿,使得消费者能够继续阅读。否则,如果消费者觉得文不对题或者认为文案粗糙、无聊,必定会失去阅读文案的兴趣。只有完整地看完商品全部文案,才能实现销量的转化。

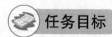

任务目标

1. 明确电商文案开头对消费者产生的影响。
2. 了解电商文案开头的类型。
3. 掌握策划和写作电商文案开头的策略。

知识准备

电商文案的开头与标题一样具有相当重要的作用,它奠定了整个文案的基调,也是带动消费者愿意花更多的时间和精力去阅读、接收信息的关键,如果开头能够引起消费者的注意,那整个文案就成功了一半。创作者要像写标题那样去写正文的开头,这样才能引起消费者的好奇,引发共鸣,引起共情。

5.2.1　电商文案开头的作用

1. 引发好奇

引发好奇,即利用图片、文字等内容吊足消费者的胃口,使消费者产生继续阅读的兴趣。当消费者点击标题进入文章后,如果开头索然无味,便会直接关闭页面。所以,开头写不好,会浪费精心设计的标题。

2. 引入场景

不同的文案有不同的场景设计,因此需要在开头就把消费者引入场景。通过故事、提问等方式,使其了解本文要表达的情感、环境、背景等。

5.2.2　电商文案开头的方式

1. 故事型

没人爱听大道理,最好讲个小故事。从受众的角度考虑,读故事是最没有阅读压力的。故事型开头,直接把与正文内容最相关的要素融入故事,让受众有兴趣读下去。示例如图 5-12 所示。

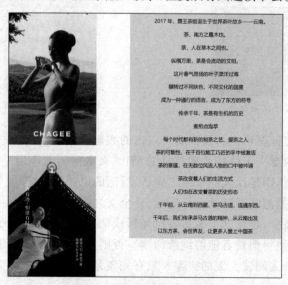

图 5-12　霸王茶姬故事型文案

2. 图片型

正文以一张图片开始,可以吸引眼球,并增加文章的表现力,使用一张好的图片,可以极大地增加消费者目光的停留时间,并提升消费者的阅读欲望。图片的存在给了文案更好的表现形式。

3. 简洁型

如果标题已经写得很明白,那么开头可以一笔带过,一句话点题即可。示例如下。

> 标题1:中国哪所大学校区是5A级景区?
> 开头:广西师范大学王城校区是5A级景区。

> 标题2:我今晚在抖音直播,你约吗?
> 开头:晚上9点,我又要进行抖音真人直播了!

4. 思考型

思考型开头通常会以问句的形式,通过向消费者提问,引导消费者带着问题阅读后文。示例如下。

> 标题:为什么只有5%的人可以用个人品牌赚钱?
> 开头:网红时代,究竟什么样的草根适合在网上打造个人品牌?
> 没有基础的人工作之余在网上赚钱,需要哪些特质?
> 都在谈"互联网+",企业网络营销的方法能否被个人所用?
> 有人说:"成功的方法有很多,而失败的原因却很相似。"最近勾老师和一些曾经信誓旦旦打算做个人品牌的同学进行了深度沟通,发现导致大家无法进行下去的原因,总结起来无非以下五个。

5. 金句型

发人深思、一针见血的句子,被称为"金句"。在文章开头放入金句,可以直击人心,最能抓住人。示例如下。

> 标题:你迷茫个鬼啊,还不如去学PPT。
> 开头:年轻人经常把一个词挂在嘴边:迷茫。
> 我不喜欢自己的专业,我好迷茫啊!
> 我不是名校背景,我好迷茫啊……
> 没有迷茫过的青春不是正常现象,唯有通过迷茫的挣扎才能找到真实的自我。
> 问题是有些同学以迷茫为借口,拒绝回到现实。
> 我的建议是:迷茫的时候,不妨去学点什么。
> 学点东西,心里就踏实一点儿,就像在攒钱似的,万一哪天真的被命运踢到深渊里,谁一定会救你?不知道。只有脑子里的知识,也许可以让你编成绳索,带你脱身。
> 道理是懂了,可我该怎么确定自己"该学点什么"呢?
> 送给你五个原则,简称"两点两线一个面"。

5.2.3 电商文案开头策划与写作技巧

1. 开门见山

所谓开门见山就是直截了当、直奔主题,毫不拖泥带水,直接说明某商品或服务的好处,或介绍如何解决某种问题等。这种写作手法主要围绕商品本身的功能或特性来展开,同时还要结合消费者的情况,以引起消费者的共鸣。

2. 悬念开头

新媒体电商文案通常是在开头部分设置悬念,而不是直接把答案告诉消费者。这样做一方面可以使消费者保持耐心,接收更多的营销信息;另一方面能继续延展消费者的好奇心,使消费者对于后面揭晓的答案更为重视。示例如下。

> 必去理由:
>
> 　　　　北京老牌日料店
> 　　一碗鳗鱼饭火了10年
> 　　　　新仔的宝藏店铺
> 　　如今从五道营开到了西单
> 　　看看你们有没有打卡过

文案的开头部分罗列了必去理由,进一步强调了该日料店的特色和打卡的必要性,让消费者对这个店铺的美食更为期待,更愿意迅速去探店。但是,由于不知道店铺的名字和地址,只能继续阅读接下来的文案。

3. 引入故事

文案的开头可以借助一个故事引导消费者继续阅读。故事的特点是生动有趣,情节代入感强,普适性强,能够有效引起共鸣。以引入故事作为文案开头时应注意故事编排或引用得当,要与消费者的实际需求紧密结合。常用的故事主要有以下几种类型。

(1) 励志故事。励志故事是指那些通过故事帮助人们提升自我意识、激发人们的积极行动和独立思考能力的故事。这类故事效果往往能够激发动力、鼓舞人心、增强意志,教育人们勇于面对失败。通过故事的正能量引导消费者感悟并产生共鸣,进而将产品的价值取向植入人心。

例如,SUV品牌WEY通过八个车友"前行不止"的故事,表达了品牌的理念。文案以第一个车友的故事作为开头。

> 方兴,VV6车主,武汉光伏发电项目副总经理。带着在异乡打拼的积蓄,他买下这台车,一年内他开了十万公里,为三百多个村庄带去光芒与希望,轮胎被磨平,他的内心反而坦荡。

广告视频不断闪出方兴奔波在村庄、道路上的场景,配以这样一个普通人的励志故事文案,很难不打动人心。

(2) 情感故事。情感故事是以爱情、友情、亲情等作为主要元素的故事,这一类故事的普适性非常强。通过情感展现企业或者品牌的价值取向,是该类文案惯用的手法。示例如下。

2020年,蒙牛影业在中秋之际推出微电影《背后》,影片讲述了一场不远万里的相会,描述了父母和儿女之间的亲情,具体文案如下。

> (一对老夫妇拖着一堆行李艰难地走上台阶,互相抱怨)

> 老年男性:叫你不要带这么多东西!
> (镜头切换成女儿在街头一边打电话一边走)
> 女儿说:怎么满足?这不是一拍脑袋就能想出来的!
> 电话里传出声音:客户有客户的需求
> 女儿说:那你们告诉我怎么办吧!

影片开头切换了两个场景,展现了父母和女儿的状态,虽然是故事的铺垫部分,还没有进入对手戏的阶段,但是消费者知道时逢中秋,这应该是一个探讨当代亲情的故事,会愿意继续观看。

(3) 反转故事。反转故事指在故事中呈现一种强烈的前后情节反差。某品牌螺蛳粉的视频广告《致一切误会背后的美好》,通过几个反转故事来展现生活中的"误解",借此延伸到自己的产品,传递了消费者不能只看表面,而是要品尝之后,才能够看到产品的"真相"这一信息。具体文案如下。

> (监狱里)男犯人对女律师说:你把我弄出去,你开个数。
> 字幕:她握着法律的武器,却为了魔鬼在辩护。
> (教室里)女教师走到一位男同学面前,批评他:你怎么还在写这一题啊!还错?上课讲了多少回啊?你怎么还不会做啊?
> 字幕:她被誉为蜡烛,却只有少数人会温暖。

消费者看到这个文案的标题之后,再看这个开头,应该知道这是一个会发生反转的故事,但是并不知道怎么反转。字幕部分代表了当事人或者旁观者的抱怨,进一步酝酿了故事的反转效果。

(4) 幽默故事。新媒体电商文案可以通过设置一个幽默的开头,吸引消费者出于娱乐目的而愿意继续欣赏。但此类文案需要将产品的特点与幽默故事准确连接、组合,使得消费者在获得愉悦的同时,对产品推广没有排斥感。耐克的视频广告《新年不承让》将"过年长辈强塞红包"这一饱含年味儿的中国式习俗作为主要内容,通过长辈拼命塞红包、晚辈拼命躲红包的搞笑桥段,来推广"新年不承让"系列产品。视频开头文案如下。

> (热热闹闹的家族聚会中,姑姑递给小女孩一个红包)
> 姑姑说:新年快乐!
> 小女孩说:我妈说不能收。
> (推来操去之后)
> 姑姑说:已经放你兜里了。
> (小女孩一脸无奈)

该视频广告的视频色彩、演员表演、对话等原汁原味地还原了日常生活,让每个消费者看完都不禁莞尔,感同身受,不由得想看情节将往哪里发展。虽然开头没有任何搞笑意味,但是消费者大概能猜出接下来的内容会比较搞笑。

4. 提问式开头

提问式开头是指文案在开头部分通过提问的方式来进一步引发消费者明确消费问题,了解产品特征和功效。示例如下。

> 某网络知识课程的文案标题为"用故事讲透全球史,解答你对人与世界的好奇",在开头部分依然继续提问,具体如下。
>
> 人类从诞生以来,就在思索这样的问题:人生的意义是什么?
>
> 从屈原的《天问》,到尼采的《查拉图斯特拉如是说》;从苏东坡的旷达人生,到叔本华的悲观主义;从奇异的三星堆,再到神秘的金字塔……
>
> 千百年来,在文学、哲学、宗教等各个领域里,都有一代又一代的人在不断探索。
>
> 到了今天,现代人已经坐拥灿烂的人类文明,那为什么我们一想到人生的意义,还是会心存困惑,依然止不住地追问呢?

文案开头提出了一个问题,就是为什么人类从古到今都在追问人生的意义。这样提问,会使得每个消费者迅速产生认同感,那么自然而然地就愿意继续欣赏这则文案。

5. 名言式开头

名言式开头是指文案在开头部分,借用名言警句等来吸引消费者。名言警句通常简练且内涵深刻,加之其出自名人之口,使其具有权威性。

例如,《"北京第一剧"〈四世同堂〉,演活中国人的"平民史诗"》是一则话剧推广文案。文案在开头部分借用了作者老舍的原话:"我从事写作以来最长的、可能也是最好的一本书",使得消费者对该剧的价值能有更为深入的认识。

6. 热点式开头

热点式开头是指新媒体文案借助社会热点、网络热点作为话题切入点,然后逐步展开文案主题。由于这些热点是消费者当时的信息背景,也是他们的关注重点,所以他们会不由自主地去接收与此相关的信息。例如,某公众号为了推介《巴黎烧了吗?》一书发布的文案《这才是巴黎最动人的故事,与爱情无关》。在文案的开头部分通过谈论近期热门电影,与受众拉近距离,接下来文案开始推荐"同样关注小人物,并且特别会讲故事"的好书。

7. 案例式开头

案例对于消费者而言具有重要的示范效果,文案开头借助案例的示范效果,可以让消费者联想使用某种产品的状况,从而意识到购买该产品的必要性。例如,某公众号的文案开头如下。

> "某某,完全契合'肤白貌美'描述的人,这么多年气质和颜值都在线,43 岁出来录个综艺,也依旧是白成'反光板'一样的存在,当之无愧的合影杀手,用气质和发着光的白皮碾压在场所有女明星。"

接下来文案就自然过渡到了美白产品的介绍,由于前面案例的示范效果,消费者对产品的关注度和购买兴趣会大幅度上升。

8. 修辞式开头

消费者常常会被文案本身的文采所吸引。一些新媒体电商文案会在开头进行妙趣横生的文字描写,借助一些修辞手法,让消费者在欣赏文案的同时,愉悦地接收广告信息。例如,2020年飞猪发布的"双 11"视频广告的文案《好久不见》的开头,采用了排比的修辞手法,增强了文案的吸引力。具体文案如下。

> 好久没有在博物馆入口排长队了
> 好久没有在晴空塔上拍照发朋友圈了
> 好久没在国际航班上失眠了
> 好久没在现场听见球迷的欢呼了

9. 新闻报道式开头

以新闻报道的方式来撰写文案的文案开头,可以增加文案的可信度,进一步增强营销的效果。新闻报道写作最难的就是开头,开头既要唤起消费者的阅读兴趣,也要为整篇报道定下基调,这是很费思量的事。

撰写新闻报道式的文案开头,需要以媒体的方式、新闻的手法对某一商品、事件或品牌进行报道,有的企业为了增加可信度,甚至会聘请真正的记者来撰写。由于这种新闻报道类文案的开头完全是用新闻体组织的,所以很多非专业人士会将其作为真正的新闻来阅读。

10. 诱惑性短句式开头

"诱惑性"的文案开头就是将受众视为无意注意者,创新文案表达形式,选择新颖内容,以"诱惑性"为导向,创作能够吸引受众注意、点击以及深入参与的文案。在电商文案中,"诱惑性"主要指以下三种。

（1）诱之以"利"。消费者都有重实惠的心理,电商销售商品的价格一般都比较便宜,本身的价格优势就比较明显。因此在电商文案中"诱之以利"是非常必要的,如"抢到888,就得500元""说句话,赢大奖""免费笔记本等你来拿"等都是点击率较高的文案短句。

（2）诱之以"情"。消费者对有关爱情、友情、亲情的文案会格外关注,因为这3类情感人们在日常生活中经常遇到,而文案可以利用消费者心中的情感或困惑,在文案中对他们的情感需求做出某种回应。例如,某征婚网站的文案第一句话就是"明天我要嫁给你啦",以"爱情"为"诱饵",吸引消费者点击,效果非常好。

（3）诱之以"趣"。如果文案能抓住消费者喜爱阅读具有娱乐性的文案这一特征,让文案充满情趣,具备娱乐的气质,读起来比较有意思,文案的点击率将会明显提高。这里的"趣"包含两层意思,一是文案语言读起来充满情趣,二是让受众感觉到阅读的方式有趣。

任务实施

1. 根据相关内容收集不同类型的电商文案标题及开头,填写表5-7。

表5-7 电商文案标题及开头评价

文案标题	文案开头	归属类型	标题与开头衔接(划√号)		
			非常匹配	一般匹配	不匹配
原因分析					

2. 针对表5-7中的评价及原因分析,运用所学电商文案开头策划与写作技巧,经小组讨论对其"不匹配"的评价条目提出修改建议。

3. 技能实践,完成表5-8。

表 5-8　电商文案开头策划与写作

自定义标题	文案标题类型	文案开头
	开门见山	
	悬念开头	
	引入故事	
	提问式	
	名言式	
	热点式	
	案例式	
	修辞式	
	新闻报道式	
	诱惑性短句式	

任务 5.3　电商文案正文写作

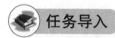任务导入

华为影业为 Mate 50 系列手机制作了两则广告，分别是《冰淇淋篇》与《猫篇》。既有趣又充满反转，还有萌宠出镜，在当时引起了一波讨论热潮。下面一起来看看其中的《冰淇淋篇》吧！

女生刚从冰淇淋店出来，边走边和闺蜜视频，却没看见快速跑过来的狗，女生吓到同时把冰淇淋和手机摔下（图 5-13～图 5-15）。

图 5-13　华为手机广告镜头 1

图 5-14　华为手机广告镜头 2

女生眼疾手快，还是接住了冰淇淋。而手机没摔坏，仍然保持和闺蜜的视频通话（图 5-16～图 5-20）。

图 5-15　华为手机广告镜头 3

图 5-16　华为手机广告镜头 4

图 5-17　华为手机广告镜头 5

图 5-18　华为手机广告镜头 6

图 5-19　华为手机广告镜头 7

图 5-20　华为手机广告镜头 8

日常摔手机是我们心痛又无可奈何的一件事。Mate 50 采用昆仑玻璃,具有超级"耐摔"的特点,广告需要突出此特点。当手机和其他东西一起摔下,我们会尝试先救手机。但是为了突出华为手机的耐摔和让广告出现反转,广告中的主角选择了不救手机。

任务目标

1. 熟悉电商文案正文的写作结构。
2. 掌握策划和写作电商文案正文的技巧。
3. 保证电商文案正文语言使用规范、准确。

知识准备

在快速消费时代,商品或服务的广告文案已经成为最重要的消费刺激手段,一篇好的文案不仅能带来流量,还能带来真正的销量。然而并不是每名消费者都有耐心来领悟文案中的信息,要掌握消费者的浏览习惯,将页面与文案更好地进行融合,才是正确的方法。

5.3.1　架构文案正文结构的策略

1. 总分总式正文结构

总分总式正文结构是电商文案应用非常广泛的一种结构。第一个"总"是用来表明主要观点的;"分"的部分则是为了说明观点的合理性,具体要通过不同的论据来支撑;第二个"总"是最后的总结,与最初的观点形成呼应。

(1) 总——表明观点。这类文案通常会在开头旗帜鲜明地表达观点,直接而明确,在消费者心中建立一个明确的印象,具体会阐明产品特点、产品功效、消费问题解析、生活方式等。某公众号在《这款200多的洁面仪,凭什么秒杀千元机?》这一文案中,首先提出洁面仪的原理不复杂,然后直接推荐了产品,并在接下来的部分,从几个角度介绍了产品强大的功能。

"总"的部分文案如下。

> 洁面仪的原理并不复杂,主要是通过高频振动的方法快速拍打皮肤,清洁皮肤纹理、毛囊口的污物和油脂,相比用手清洁,洁面仪可以更省力、更高效地清洁皮肤。因此,用洁面仪洗脸≠过度清洁,洁面仪的品质不达标或者使用频次过多才会导致过度清洁。一般来说,尽可能选择温和的材质,"大油田"每周使用2~3次就够了,干皮和敏感皮需要根据个人习惯谨慎选择。今天好物馆就给大家介绍一款性价比高、材质非常温和、功效媲美大牌、颜值和设计还获得德国设计大奖的DOCO甜甜圈洁面仪套盒。

(2)分——罗列论据。在接下来的正文中,该文案开始从产品的四个特点来详细论证其优秀性能。这四个特点包括"双马达高频微振专利,让温和清洁不再是噱头""0.6mm精细毛刷、0.45mm间距,温和清洁脸部的每一寸肌肤""强大又贴心的定时提醒功能,避免出现过度清洁的情况""智能管理,1~99档无级调速,总有最适合你的清洁强度"。这样清晰、明确的产品特征和详细介绍,对消费者可以产生良好的说服效果。

以第一个特点为例,具体文案如下。

> 一款洁面仪好不好用,首先看它的振动效果能否做到温和且有力。为了做到这一点,研究手机出身的设计团队秉承对智能设备的极致追求,历时半年,不停地调测声波,终于研发出了市面上非常少见的"双马达高频微振"设计。(专利号:CN2018××××××××)在整齐精密的洁面仪内部,有2个小马达。当它们同时轻微且高频地振动时,2个横向振动的力可以相互抵消,使洁面仪保持纯粹的垂直击打,从而减少洁面仪左右晃动对皮肤造成的刮擦。振动速度快,但摩擦力小,水纹细腻,可以说是很优秀了!而且,有一个细节非常贴心。在2个马达同时振动时,洁面仪手握处的振感会相互抵消,振感很弱,但是毛刷部分的振感会相互叠加,体验感满分。

(3)总——总结观点。在正文的结尾部分,通常会进一步总结观点,呼应开头提出的观点。一方面,是为了表明产品的可信性;另一方面,是为了进一步强化消费者对产品的印象,促使消费者产生购买的想法。(1)、(2)中提及的文案在结尾部分就采用了消费者的好评、反馈来进行总结,呼应开头的观点。

2. 递进式正文结构

递进式正文结构就是指在文案的正文中通过层层推进的方式,不断地论证观点,推介产品。这样的论证相当于循序渐进地说服消费者,能够渐渐地化解消费者的各种疑虑,较为自然地接受产品。递进式正文结构大致可以分为三种:①从现象入手,逐渐深入地分析本质、提出观点,进而推出产品;②在开头直接阐述一个观点,在正文部分逐渐进行深入论述;③按照"提出问题、分析问题、解决问题"的顺序进行,即先说"是什么",再谈论"为什么",最终总结"怎么办"。例如,某公众号发布的文案《千古难题:孩子到底要不要补钙?看这一篇就够了!》以常见的家长忧虑的问题——孩子到底要不要补钙开头。这样的问题非常具有普遍性,以此开题自然能够吸引大家的注意力。具体文案如下。

> 补钙,一直都是家长们最头疼的事。
> "孩子3岁了,晚上总睡不踏实,总磨牙有时还抽筋,是缺钙吗?"
> "去医院体检后医生说孩子缺钙,要补吗?"

"老人觉得孩子不长个,瘦小,得补钙,是这样吗?"……

有这些疑惑太正常了,毕竟父母都希望孩子健康成长。我们都知道,钙对孩子生长发育起着不可忽视的作用。但是到底补还是不补?哪些孩子需要补?是食补还是用补充剂呢?今天咱们就好好说一说。

在接下来的正文里面,该文案首先提出"钙比想象中重要"的观点,并且介绍了"钙对孩子的重要性"和"缺钙可能带来的问题"使得"钙比想象中重要"这个观点更为可信。

钙比想象中重要

1. 钙对孩子的重要性

钙是骨骼和牙齿的重要组成元素,人体中99%以上的钙,都分布在骨骼和牙齿中。正处于生长高峰的孩子要每日摄入足量的钙,才能更好地生长发育和促进骨骼形成。一方面,钙是提高骨强度的关键因素,也是孩子骨骼成长的基础;另一方面,足量的钙可以帮助牙齿钙化得更好。因为牙本质、牙釉质、牙骨质这3种组织都是经过钙化的硬组织。

2. 缺钙可能带来的问题

中国居民营养与健康状况监测(2010—2012年)显示,我国96.6%的人钙摄入不足,平均摄入量仅为364.3mg/日,低于中国营养学会推荐的摄入量。如果在膳食中摄取的钙量不足,孩子可能会出现发育迟缓和抽筋(血液中钙离子浓度下降,会导致神经组织过度兴奋,触发肌肉收缩,即抽筋)等问题。注意:如果发现有上述情况,各位家长不知道如何处理,可以找医生进一步检查,判断孩子是否缺钙。另外,每次说起钙,我们还会提到维生素D。如果孩子长期缺乏维生素D,会出现维生素D缺乏性佝偻症,导致骨骼发育不良。

在完成关于钙的一般性论述之后,文章聚焦于特定群体——儿童群体,来探讨补钙问题。这使得接下来的论述更具有针对性,且更为深入。这个部分的主题是"哪些孩子需要补钙?",具体分为三个部分,一是"钙的推荐摄入量",本部分通过图表的形式,展示了不同年龄段的孩子所需要的钙量;二是"哪些孩子需要补钙?",强调有某些特征的孩子需要额外补钙。三是指出要特别注意的事项,即"在补钙的同时,最好搭配维生素D",这样孩子才能有效吸收钙。

哪些孩子需要补钙

1. 钙的推荐摄入量

3岁以上的孩子,每日推荐钙的摄入量已经和成人一样,有时甚至超过成人。我们想要给孩子补充足量的钙,必须注意合理饮食,保证营养均衡,必要时,可考虑为其添加营养补充品。

2. 哪些孩子需要补钙?

如果孩子正处于生长高峰期,出现以下情况,家长们就要注意了。①挑食偏食,导致对富含钙的食物摄入不足;②因乳糖不耐受、牛奶过敏,导致无法进食乳制品(乳制品中富含丰富的钙);③营养摄入不均衡;④医生诊断缺钙,需要补钙。此时可以考虑额外给孩子补钙。

3. 注意:补钙的同时,最好搭配维生素D

维生素D能够有效地提高钙吸收率。从理论上讲,晒太阳可以补充维生素D,但实践起来有很多问题。想通过晒太阳补充维生素D,要保证阳光充足、皮肤暴露范围足够大、暴露时间足够长,最好不涂防晒产品,否则会影响效果。但这不仅要考虑季节、天气、出门时间,还要考虑孩子皮肤晒伤晒黑的问题。所以,靠晒太阳补维生素D,有一定的困难。

在简述完这些基础健康知识之后,接下来自然就过渡到了很多家长关心的"挑选钙片"的问题,文案也旗帜鲜明地提出了四点建议,给了家长非常有建设性的指导。具体如下。

> **如何挑选钙片**
>
> (1) 看有没有权威机构批准的安全认证,如美国FDA认证、澳大利亚TGA认证等。在澳大利亚,TGA对促进医疗药品市场规范运行有非常关键的作用。所有生产的处方药、非处方药、营养补充品和草本植物类传统药品等,都需要得到TGA严格的审核和许可才能进入市场。
>
> (2) 看含钙量。含钙量并不是越多越好,因为一方面孩子每天都会从饮食中摄取一定量的钙;另一方面,人体的吸收能力有限,少量多次补充,比一次性大量补充效果更好。建议钙剂每片含钙量在200~300mg即可。
>
> (3) 看配料。钙片中应有有益于钙元素吸收的维生素D,无额外添加的香精、色素等食品添加剂。
>
> (4) 看剂型。针对2岁以内的孩子,可以优先选液体或软胶囊形态的,以免因卡喉导致窒息;针对2岁以上的孩子,还可以选择咀嚼类型的钙补充剂,以帮助孩子锻炼咀嚼能力。结合以上挑选方法,家长们可以根据孩子的需求选择。

接下来,文章结合指导意见,推出了一款产品,并对产品的特征进行了详细的说明。

> 某某儿童钙是一款通过TGA权威安全认证的钙片。每片的含钙量达200mg,为了便于钙的吸收,每片里还加了300IU维生素D。此钙片成分安全,不添加乳糖,所以乳糖不耐受的孩子也可以放心吃!其在为孩子补充营养素的同时,也守护了孩子牙齿健康。配料中不含麸皮、酵母、鸡蛋和人造香精,家长可以放心给孩子食用。本品为天然香草味,深受孩子们喜欢。2~8岁的孩子,每天吃一片就可以;9~12岁的孩子,可每天食用2~3片。

这篇文案采用递进式正文结构,通过层层推进,将补钙的重要性进行了充分说明,进而介绍补钙产品的选择要点,最后推出自己的产品,使受众更容易被说服。

3. 转折式正文结构

转折式正文结构是指在电商文案的正文中,先抛出一种现象或者观点,再对这种观点、现象进行否定,然后正面提出自己的观点。首先,由于正文具有一定的冲突性,使消费者在阅读的过程中,能够感受到更多的趣味性;其次,由于是从一种比较流行的现象或者观点入手,消费者的接受度较高;而随着正文有理有据地提出了新观点,消费者比较容易接受。例如,某公众号的文案《当代成年人的崩溃,都从一句"习惯了"开始》,在文案的第一部分提出现代人的一个生活态度就是"习惯了",这种态度表达了现代人的无奈,对生活带来的压力默默忍受,不愿改变。然后,文案提出了应该改变和怎么改变。第一部分的正文文案如下。

> 前几天,办公室日常聊起生活。
> 一个实习生突然感叹说:"我真的很怕,自己到最后习惯了2020。"
> 我们采访了身边的朋友,问问这一年,大家都"习惯了"些什么。

在接下来的正文部分,该文案提出习惯的"消极性",即"比伤痛本身更令人心疼的,是习惯了伤痛",点明这种状态不佳,具体如下。

> 比伤痛本身更令人心疼的,是习惯了伤痛。

有的人,将"忍"变成了习惯。

"哎,公司又裁员了,幸好名单上没我,什么朝九晚十,什么创业公司文化,让人抓狂,算了,特殊时期,求稳,咬牙忍。""毕业一年了,还是不习惯早起,要指纹打卡!要开早例会!骂骂咧咧发泄一通之后还是习惯性地在手机上定18个闹铃。"

之后,该文案正文提出"让自己和世界变得更好,才是我们该习惯的事。"明确反驳"习惯了"这一生活态度,具体提出从一件小事入手,改变并不难,文案如下。

让自己和世界变得更好,才是我们该习惯的事。

也有人,试着为更好的生活做出改变。

"大病初愈,我变得更懂得珍惜了,对和身边人一起做的每一件平凡小事都会认真对待,以前吃饭时习惯各自玩手机,现在会花时间一起下厨房做一顿有仪式感的晚餐,这成了我们之间的新习惯。"

"开始习惯不把'多喝热水'当耳旁风了。"

在正文的结尾,该文案提出了将关注健康养成一种新习惯和好习惯,顺势提出了接种流感疫苗的倡议,文案如下。

让接种疫苗这件对于成年人来说有些遥远的记忆,重新成为热搜话题,被广泛提及。对抗流感,目前已有成熟的疫苗可供接种。

这个冬季,预防流感,为自己和爱的人接种流感疫苗,成为表达爱的新习惯。

更好地去爱,从改变习惯开始。

电商文案的正文结构策略,既决定了正文内容的组织方式,也决定了文中观点的表达方式,也就是说服消费者的方式;因此,设计正文结构时应该考虑消费者的信息接收习惯、理解习惯和逻辑思考习惯等。

5.3.2 文案正文的策划和写作技巧

1. 简单直接

电商文案是为了提高页面传达效果,提升用户体验,将关键信息传递给消费者而撰写的,所以文案的内容应该简单直接,直击消费者内心。电商文案大部分是与商品页面相结合的,调查显示,消费者浏览商品页面的耐心不超过2秒,如果文案表达不清晰,就容易在2秒内丢失潜在消费者,所以"快""准""狠"的传达极为重要。消费者需要靠文案去了解商品,所以文案对商品的描述越是简单直接,消费者对商品越容易产生深刻印象,如图5-21所示。

农夫山泉的营销文案比较出名,包括"有点甜""我们不生产水,我们只是大自然的搬运工"等,这些文案简洁地描述了商品及其特点,能让人第一时间知晓商品优势:商品为山泉,味道甜甜的,是自然的产物。其广告简单易懂,并能提升消费者对商品的信任感,引起他们的共鸣,增加他们的购买欲望。

2. 制造悬念

文案可以借助悬念引爆关注,使营销效果最大化。对于电商文案来说,制造悬念就是要提炼一到两个核心卖点,并按照一定进度慢慢展现。简单来说,悬念即是从设疑到推疑再到解疑的策略构思过程,制造悬念要学会"卖关子"(图5-22),其过程可分为以下三步。

图 5-21 简单直接的文案

图 5-22 制造悬念文案

（1）设疑。要设置疑点，吸引消费者关注，切记不要过早点明结局。所谓悬念，就是要让一些神秘的东西悬而未决，一旦神秘的面纱被揭开，那就起不到吸引人的作用了。

（2）推疑。要充分重视消费者的感受，并根据消费者的期待发展情节，充分发挥消费者的主观能动性，从而提高消费者对商品的关注度。

（3）解疑。在设疑和推疑之后，要不断深化冲突，在将故事情节的悬念推向高潮时揭示真相。制造悬念难，能够不断深化冲突更难，只有做到这点，悬念文案的营销才算成功。

悬念文案的营销可以借助自媒体，如在微信、微博等社交平台进行前期的预热（设疑），通过制造悬念吸引用户关注品牌店铺，引发用户参与互动、分享传播（推疑），并引流到线上店铺，最后在店铺主阵地揭示真相（解疑），这样就顺理成章地完成了一个悬念文案营销的全过程。

3. 礼品促销

如今电商营销最常见的做法就是送消费者各种"礼品"，以最大的促销让利刺激消费者在最短的时间内下单，从而提高店铺的整体销量。每年的"双11"购物节就是最好的例子（图 5-23 和图 5-24）。撰写这类文案时直接在文案正文中注明促销的内容即可。

图 5-23 天猫购物节文案

图 5-24 天猫购物礼品促销文案

"双11"购物狂欢节是目前影响最大、范围最广、销量最高的电商促销活动，其最早源于淘宝商城（天猫）2009 年 11 月 11 日举办的促销活动，当时参与的商家数量和促销力度有限，但营业额远超预期,于是11月11日便成为天猫举办大规模促销活动的固定日期,并逐渐发展为全民购物狂欢节。

4. 情感动人

"言有尽而意无穷"是古诗词的语言描述能达到的最高境界,对于电商文案来说也一样,电商文案要尽可能使用精练的语言,抓住消费者的内心需要,从而达到最好的营销效果。创作电商文案的正文,最重要的也就是用心,只要用心,即使是简单的词句,也能深入人心,打动消费者。

每一个词语都蕴含情感,每一个词语都能代表一份真诚。在打动消费者这点上,逻辑有时反而不太有用。例如,"如果你并不十分满意,就在30天内退还商品,你会得到迅速的、周到的退款。"退款周到?这个逻辑不通,但这段话传达给消费者的信息就是:这是一家非常尊重客户、服务周到、退款迅速的公司。

一个词组、句子或段落,在语言组织上可能存在瑕疵,但只要它能真诚地、富有感染力地传递信息,它的作用就能体现出来,而且它会比注重理性诉求的信息更容易让人接受。

好的文案都是词语的情感流露,很多词语都能给人以直观的情感信息。例如,农民给大家的印象就是勤劳、淳朴;学者给大家的印象就是知识渊博、素质高。使用这些词语的时候,就要想一下它们能创造出怎样的富有感染力的信息,可以给人们留下什么样的印象。掌握了词语的情感要素,就掌握了文案写作中一项重要技能。

以情感来销售商品,以理性来诠释购买。人们往往因情感而购买商品,又因逻辑而使购买行为显得合理化。所以,在销售中文案负责打动人,而优质商品负责使用户的购买行为合理化。

5. 剑走偏锋

商品多种多样,有些文案的写作方式适用于大多数的商品类型,但对于一些特殊类型的商品则需要特别的文案写作方式。如何进行特殊商品文案的创作,这就需要剑走偏锋,从另一个角度来进行解读。对于这一类商品,可以通过故事来进行文案创作,也可以使用各种手段来包装这个故事,在讲故事时可以诙谐一点、幽默一点,以达到吸引消费者的目的。例如,"大米买得好,老公回家早!"这句广告文案用诙谐的语言从侧面描述了商品的美味。图5-25所示为洽洽节气海报,将各类瓜子化身为各种大自然的生物,返璞归真,这种借势的创作方式生动巧妙地再现了各个节气独有的特征,场景与产品塑性融合,惊喜与情怀并存。

图5-25 剑走偏锋创意文案

轻松、愉悦、押韵、对仗、双关、拟人、比喻等，都是这类文案的常用表达方式，只要角度新颖、立意明确，就很容易吸引消费者的注意。

6. 层层递进

电商文案之于商品，就像餐厅里的招牌菜，举足轻重。想要让自己的商品在众多竞争者中脱颖而出，那么文案的描写就必须与众不同，有感染力。文案和商品描述的关系，是血与肉的关系。因此，文案的描写必须逻辑清晰、层层递进、环环相扣，从小到大一步步地实行，每一层都有吸引消费者的实质内容，这样才能激起消费者的购买欲。示例如下。

<table>
<tr><td align="center">南京山河水别墅</td></tr>
<tr><td>
• 第一阶段：我看得见世界，世界看不见我。冷泡新工艺，茶味别样浓。
• 第二阶段：山河水，不在南京。冷泡新工艺，好喝到飞起。
• 第三阶段：曾经风云，如今笑谈风云。
</td></tr>
</table>

第一阶段描写的"我"，站在一定的高度上，历经沧桑而洞明世事，并"隐居"在了某处，所以世界会"看不见"。简单两句，别墅的形象跃然而出。第二阶段初看令人费解，但细细琢磨之后才明白过来更深的意思：山河水虽然就在南京浦口，但它的高度已经超越了一个城市的范畴。因此，山河水在中国，在世界，而不仅仅是在南京。这一阶段继续拔高了山河水的高度，言语上仍旧平淡，却有了高昂的姿态。第三阶段用这样一句看似云淡风轻，实则"大权在握"的文案，营造秘而不宣的情绪，塑造了一个低调尊贵的成功人士形象。文案层层递进，调动了消费者的情绪，吸引了消费者的注意力。

7. 诙谐幽默

幽默的文案能够留住消费者，让目标客户变成消费客户。在这个人人都面临各种压力的社会中，幽默是缓解压力最好的方式之一。例如，一个消费者在某个店铺使用信用卡被拒绝了，遇到这种情况，这个消费者很有可能就不会再在该店铺中购买商品了，但如果设计这样一条自动回复："往好处想想吧，至少不是你的护照被拒了。"用幽默的方式安抚和缓解消费者的情绪，可能就会达到挽回消费者的目的。一个著名的电商文案大师曾经说过："你可以缠着消费者推销，也可以通过幽默的方式卖东西给他们，我选择后者——特别是通过幽默感，因为它简洁明快，效果无可比拟。"图5-26所示为幽默文案的案例。

图5-26 诙谐幽默文案

看到这则语意双关的文案，很多人都会会心一笑。不管出于任何原因，如果一段文案能让人们笑出来，消费者就会想："你真懂我。"这不仅拉近了商家与消费者的距离，也对消费者的消费行为起到了促进作用。

以下是"小茗同学"饮料的海报文案。统一企业最新推出的全新品牌"小茗同学"冷泡茶锁定的是"95后"消费群体，品牌命名和传播结合"小茗同学"的话题，创造了"认真搞笑，低调冷泡"的品牌形象，其文案内容提倡年轻人要有颗进取的心，对待挫折要学会诙谐、幽默和自嘲，会用冷幽默调剂疲惫的生活，文案商品一经上市就获得了大量的关注和热捧。具体文案如下。

小茗同学的饮料文案

- 认真搞笑,低调冷泡。
- 混出 WOW 滋味。
- 青柠撞红茶,清新有混搭。
- 小茗一下,看我的。
- 好喝要冷泡,sei 喝 sei 知道。
- 冷泡新工艺,茶味别样浓。
- 冷泡新工艺,好喝到飞起。
- 缤沏一下,看我搭。

任务 5.4 电商文案结尾写作

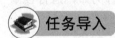 **任务导入**

"男孩和女孩是初高中同学,非常要好,却一直没有明确彼此的关系,因为想着要好好学习,考同一所大学。可是她考上了,他却名落孙山。他们再无联系,直到她的婚礼两人才又见面,他交给她一个手机后就转身离开了。

文案的结尾:

她打开手机,手机上的软件正在播放节目,她细细听,细细查看时,那每一条收藏的声音都是他们学生时代曾反复收听的电台节目,每一首歌都是记忆的引子。她泪流不止,突然意识到,这个软件就是喜马拉雅 FM。喜马拉雅 FM 是国内最大的音频分享平台之一,2013 年 3 月手机客户端上线,在其创立的这两三年时间内,喜马拉雅 FM 已有超 1.5 亿的用户,每日仍有近百万量级的用户在持续新增,平均每位用户每天收听 90 分钟……"

这是国内最大的音频分享平台之一喜马拉雅 FM 的推广软文文案。文案的开头以一个初高中同学因为高考结果的不同而失去联系。文案结尾是再一次联系上听着电台里的每一首歌都是记忆的引子,导出这个电台就是喜马拉雅 FM。

任务目标

1. 了解电商文案结尾的类型。
2. 掌握策划电商文案结尾写作的技巧,并能灵活运用。

知识准备

电商文案的结尾有两个重要的作用。首先,结尾是文案的重要组成部分,它是对整篇文案的总结、提炼和升华,通常是影响消费者态度和行为的最后一步,因此文案创作者要保证文案创作的首尾呼应。其次,一个精彩的结尾通常可以让消费者发出赞美的感叹,使其感动至深,这时有的消费者会立刻采取购买行动,因此,结尾是打动消费者的关键一步。而一个粗糙的结尾会使消费者觉得虎头蛇尾或者深度不够,难以对品牌、产品形成好印象,更不愿意去购买。

5.4.1 电商文案结尾的类型

1. 点题式

点题式结尾也叫作总结全文式结尾，就是在文末通过一两句话对全文的中心思想加以总结，提炼主题，点明中心。这样做可以帮助消费者重新梳理产品的卖点和品牌优势，加深消费者对文案的印象，也是对近因效应的应用。有的文章在开头和中间只对有关问题进行阐述和分析，叙述过程，到结尾时，才将意图摆到明面上来。例如，腾讯视频的文案"姑娘，你需要的不是一个男朋友"就是以故事的形式将"腾讯视频"植入其中，阅读时受众并不明确其是为了进行推广还是为了销售某种产品，直到文案结尾才点明主题，原来是为了销售腾讯视频的 VIP 年卡。

2. 互动式

互动式结尾就是在文案的结尾处设置活动，吸引消费者参与，其一般是通过提问的方式，来引导消费者进行思考。在微博、微信等注重互动的社交平台文案中就常常会设置各种各样的话题来吸引消费者。文案设置的话题最好是消费者可能会感兴趣的话题，例如，"通宵读书是怎样的体验？""大胆提出你的意见，我们将从中挑选并制定专属于你的页面"等。

3. 引导行动式

引导行动式结尾就是引导读者阅读文案后做出符合创作者意图的行为，即在一定程度上达到了创作者的预期。对读者采取行动与否最有决定作用的就是读者的情感，若情感上被打动，则读者很可能会采取行动，反之则会扬长而去。因此，引导行动式结尾也被称为动之以情式，这种做法就是从情感上打动那些还在犹豫的消费者，让他们觉得产品是有温度的、有情绪的，特别是要让消费者感受到文案创作者的用心与认真。引导行动式结尾也可以通过一定的促销手段来吸引消费者，促使消费者进行购买，如限时打折、限量销售等活动，其目的都是促成消费者立即做出购买决定。

4. 议论抒情式

议论抒情式的文案结尾方法有着较强的艺术感染力，采用这种方式来结束文案正文的创作，能够很好地表达出文案创作者的情绪，引起消费者的共鸣。例如，经典的微博文案"对不起，我只过 1‰ 的生活"，该文案以议论抒情的方式为主，在文案的结尾处通过抒情的方式引入品牌推广，使消费者更容易接受营销信息，进而达到营销推广的目的。

5. 转折式

转折式的结尾就是文案创作者利用出其不意的逻辑思维，使文案正文中展示的内容最后呈现出一个出人意料的转折，以塑造某种气氛。这种转折可能干净利落得让人哭笑不得，但往往有奇效，借助这种氛围落差可以在受众心里引起震撼效果，让消费者惊叹于写作人员的思路，从而引起广泛的讨论，在其心中留下深刻的记忆。由于转折有一种强烈的反差感，消费者读起来有趣，自然也利于网络传播。

6. 名言警句式

用名言警句或其他金句结尾的文案可以帮助消费者更深地领悟文案思想，引起共鸣，提升他们对文案的认同感。名言警句一般都富含哲理性，借助这些语言的警醒和启发作用，还能提高该文案的转发率，可谓一举多得。例如，某 PPT 网课推广文案的结尾为鼓励受众购买课程，就用上了巴菲特的名言，效果非常成功，可以说是起到了画龙点睛的作用。其原文如下。

> 每一个让你感觉到舒服的选择,都不会让你的人生获得太大的成长。而每一个让你感觉不舒服的选择,也许并不一定让你获得大家所谓的幸福,但却会让你有机会经历与众不同的体检,寻觅到更多的可能性。
>
> 从一个"PPT制作者"成为一个"PPT设计者",难吗?不轻松。但正在学习阶段的你,连个PPT都征服不了,谈什么征服世界?
>
> 做你没做过的事,叫成长;
> 做你不愿做的事,叫改变;
> 做你不敢做的事,叫突破;
> 做你不相信的事情,叫逆袭。

7. 售后式

售后式结尾方式就是在文案最后直接说明产品的使用方法、使用技巧和售后物流等消费者购买产品最关心的问题。这种结尾方式是电商文案中最常使用的(图5-27)。

图5-27 售后式结尾文案

5.4.2 电商文案结尾的写作技巧

1. 设计场景

结尾处融入场景,更容易打动人心。设计文案结尾场景时最重要的就是贴近消费者生活,受众面越广的生活场景越好。例如,设计汽车产品的文案结尾时,可以设计家庭自驾游、商务出行的场景。

2. 金句点睛

转发率高的文案通常会在结尾埋下金句,画龙点睛。由于金句可以帮助消费者悟出文案核心,并引起共鸣,因而结尾带有金句的文章,读者转发的可能性会更高。常用的金句分为名人名言、原创经验两种。例如,"居里夫人说过:'在捷径道路上得到的东西绝不会惊人。当你在经验和诀窍中碰得头破血流的时候,你就会知道,在成名的道路上,流的不是汗水而是鲜血;他们的名字不是用笔而是用生命写成的。'"

3. 互动提问

在结尾进行提问有两个好处,一是提问力度比正面陈述大,可以带着受众思考;二是在末尾提问后,可以发起互动,提升消费者的参与感。例如,"来,今天的留言区,说说你过去做了或者经历哪些事,让你不再那么玻璃心?"

 任务实施

1. 小组讨论华为 Mate 50 系列手机广告文案的创作特点和个人学习收获,完成表 5-9。

表 5-9　文案特点归纳

广告文案名称	文案主题	创作特点		学习收获
冰激凌篇		组员1:		
		组员2:		
		组员3:		
		组员4:		
猫篇		组员1:		
		组员2:		
		组员3:		
		组员4:		
小组结论				

2. 遵循该系列广告文案的主题,运用策划与写作技巧,尝试为华为 Mate50 编写新的文案。

 项目总结

电商文案通常由正文和标题两部分组成,好的标题是吸引消费者注意力的首要因素,精彩的开头是延续注意力的关键,加之内涵丰富的正文和画龙点睛的结尾,其完美结合达成了引导和刺激消费者了解品牌或购买商品和服务的目的。因此,掌握电商文案标题、开头、正文以及结尾的写作特点,对于实现文案所追求的营销目的是非常必要的。

 项目测试

1. 简述电商文案标题的作用及常用的写作技巧。
2. 简述电商文案开头的作用及常用的写作技巧。
3. 简述电商文案正文的作用及常用的写作技巧。
4. 简述电商文案结尾的作用及常用的写作技巧。

 项目实践

1. 实践任务

(1) 收集电商文案,根据本项目所学知识对其标题、开头、正文及结尾的写作类型和特点进行辨别和归纳。

(2) 收集更多的本项目中没有提到的文案标题、开头、正文及结尾案例,分析其写作技巧并记录下来。

(3) 依据本项目所学知识,以某条旅游线路为推广内容,为其写一份完整的广告文案。

2. 实践步骤

(1) 充分复习所学知识点和技能点内容。

(2) 大量查阅电商文案,并根据任务要求做出筛选和记录。

(3) 完成创作电商文案的实践任务。

3. 实践要求

(1) 综合运用文案标题、开头、正文及结尾写作技巧。

(2) 小组成员相互点评,根据组员提出的修改建议改进文案内容。

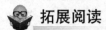

拓展阅读

拓展阅读:文案标题使用高频词组合

项目 6

品牌文案策划与写作

品牌文案是企业传播的重要组成部分,它能够准确传达品牌的价值、理念和个性,同时引发目标受众的关注和认同。通过品牌文化的建设,不仅可以很好地树立企业的公众形象,为商品赋予鲜活的生命力和张力;还可以代表企业交付给消费者商品特征、利益和服务的一贯承诺,并且能够让企业的商品和服务与竞争对手产生较大的差异,让消费者感受到一种特殊的价值。在激烈的市场竞争中,如何通过品牌来更好地塑造形象,维护企业与消费者之间的关系,提升消费者对企业和商品服务的忠诚度,关系到大部分企业的生存和发展。创建一个优秀的响当当的品牌文化,已经成为企业提升品牌竞争力的重要策略。

职业素养目标

1. 提升爱国情怀和民族自豪感,树立品牌意识,讲好中国品牌故事,树立中国品牌形象,以提高中国品牌认知度。
2. 具有良好的道德准则和正确的价值观,品牌如人,人如品牌,有"德"有"品"方能立足。

典型工作任务

1. 根据产品亮点,创作有表现力与吸引力的品牌口号。
2. 通过独立思考,为产品或企业撰写引人入胜的品牌故事。

任务 6.1　认知品牌文案

任务导入

品牌策划就是使企业形象和产品品牌在消费者脑海中形成个性化的区隔,并使消费者与企业品牌和产品品牌之间形成统一的价值观,从而建立起自己的品牌声浪。如何做好品牌文案策划、提炼品牌口号,在众多品牌的广告中推广自己的品牌,让品牌文案策划有特色、有特点,是文案人所追求的。

谭木匠是一个专心做梳子的品牌。在不计其数的消费品品类中,梳子只是其中一个很小的细分品类,但谭传华却开设了集梳理用品、饰品于一体的专业化公司,并将其打造成为知名的木梳品牌,还成功在中国香港上市。谭木匠成立于 20 世纪 90 年代,传承我国传统手工艺精华,奉行"我善治本""好木沉香"的方针,将传统工艺与现代专利抛光、插齿技术等结合起来,对我国传统木梳技艺进行了传承和精进,从而保障了消费者舒适的使用感受。同时,其进一步将实用与艺术结合,创造了多样的梳体造型,满足了消费者的审美需求。在品牌建设上,谭木匠形成了"诚实、劳动、快乐"的企业文化,确立了"做全球的一把梳子"的理念,坚持"传承"与"创新"融合,"坚守"与"精进"并行,以此成就了如今"东方美梳"的称号。谭木匠的品牌故事很多,这些故事成为谭木匠开拓电商营销之路的重要情感媒介。谭木匠引入传统文化因素,并开发"凤求凰""自在锦鲤""金玉满堂"等系列商品,在消费者心中留下了"手工艺""传承""创新""传达爱"的品牌形象。

任务目标

1. 理解商品品牌文案的作用。
2. 掌握商品品牌文案的写作要素。
3. 掌握商品品牌文案的写作流程。

知识准备

一个生动的品牌文案可以让消费者产生深刻的认同感,有助于引起消费者共鸣,传播品牌文化,塑造品牌形象。电商文案人员要遵循"理念故事化,故事理念化"的写作原则。品牌故事是品牌文化建设的情景故事,是蕴含着一定理念,可以引发消费者思考的真实故事;品牌口号通过突出品牌的功能和给消费者带来的利益刺激消费者,具有较强的情感色彩、赞誉性和感召力,可以放到企业生产经营、管理实践的背景中审视。

6.1.1 品牌文化及品牌文案

1. 品牌文化

品牌文化是指品牌在经营过程中逐渐形成的文化,代表着品牌自身的价值观,换而言之,品牌文化也是企业无形资产、软实力的体现,可以用以提升品牌内涵,吸引消费者。电商品牌文化的特征是内涵广泛、传播成本低且效果好、具备差异性、不断发展。

打造优秀的品牌文化,不仅可以提升品牌竞争力,满足消费者的文化需求,更有利于提高品牌忠诚度。电商企业无论规模与名气大小,都应该拥有自己的品牌文化,这样才能拥有更多忠诚的消费者,促进市场的稳定和扩大,增强品牌的竞争力。品牌文化具有很大的价值,也是优质电商文案的主要输出内容,要想写出好的电商文案,文案人员应充分认识和了解电商品牌文化和商品品牌文案都是针对企业品牌文化写作的,是用于树立企业形象、推广企业品牌、促进商品销售的一种文案。

2. 品牌文案

商品品牌文案其实是一种细化的文案类型,其主要功能是通过宣传企业的品牌来促进商品的销售。如果商品品牌文案内容不够出众,就无法达到宣传品牌的目的。商品品牌文案对于树立品牌在用户心目中的形象是至关重要的,图 6-1 所示为小天鹅洗衣机在商品详情页展示的品牌文案。

6.1.2 商品品牌文案的写作流程

商家可以通过创作出属于自己的品牌故事,树立企业的品牌文化,从而获得更多消费者的关注,增加品牌的曝光度和受欢迎程度。撰写品牌故事的流程如下。

图 6-1　小天鹅洗衣机商品详情页

1. 收集整理

在撰写品牌故事之前，文案创作者需要对品牌本身进行深入的了解与分析，分析的内容包括企业的发展历史、商品特点、消费者、竞争对手、行业信息、企业信息等情况。只有熟悉了企业品牌的相关信息后，文案创作者才能写出既符合品牌定位又能吸引消费者注意，同时有助于超越竞争对手的品牌故事。

2. 确定主题

了解了品牌的相关信息后，文案创作者就要从上述信息中提炼出一个品牌的核心宣传点，也就是确定品牌主题。品牌主题是指在品牌设计中对该品牌价值、内涵和预期形象做出的象征性约定，它来源于品牌历史、品牌资源、品牌个性、品牌价值观和品牌愿景中，包括基本主题和辅助主题，通常透过品牌名称、标志、概念和广告等进行表达传递。

3. 撰写初稿

文案创作者在完成上述准备工作后，就可以进行品牌口号、品牌故事初稿撰写的工作了。品牌口号是企业品牌形象的重要组成部分，它是企业理念、品牌定位和品牌形象的概括和表达，是企业对外宣传的重要手段。例如，海尔的"真诚到永远"，诠释了企业的经营理念。

品牌故事就是对品牌定位、品牌历史、品牌理念的戏剧化表达。传播品牌故事，能够让消费者形成对品牌的正确认知。例如，海尔通过张瑞敏砸冰箱的品牌故事，在消费者心目中树立了一个产品高质量的形象。

4. 修改稿件

完成品牌文案的初稿以后，文案创作者需要对初稿进行整体的阅读浏览，修改稿件中的错误，保证没有错别字、错误的语法、不通顺的语句等。此外，文案创作者还可以在这个阶段进行小范围的消费者测试，收集消费者的阅读意见，询问他们记住了哪些品牌信息，被哪些内容所打动,是否记住了这个品牌等。例如,图 6-2 所示的公牛品牌文案,提升了消费者对公牛集团企业文化的认知。

公牛集团创始于1995年,
是国内综合实力强大的插座、墙壁开关和LED灯综合的专业供应商,
秉承"忠信诚和、专业专注"的经营理念,不断追求创新科技,
旨在为您和家人提供安全舒适的用电环境。
致力于搭建行业强大的研发和设计团队,采用严格、健全的品质标准和检测系统,
目前在中国大陆拥有超过80万家销售终端,并远销欧美及东南亚。
截至2017年3月,公牛已获得超200项荣誉,
其中包括工业设计奖——IF奖、中国创新设计红星奖等。

图 6-2　公牛品牌文案

5. 定稿发布

修改完品牌文案后,文案创作者还需要对品牌文案的配图进行设计排版,确定最终的稿件。文案定稿后企业接下来要做的就是找到合适的发布时机及发布平台,进行品牌文案的传播推广。

任务 6.2　撰写品牌口号

📚 任务导入

品牌口号通常通过标语、手册、产品目录等手段进行宣传,既要突出自己的特色或竞争优势,又要对商品名称起到解释作用。品牌口号具有较强的情感色彩、赞誉性和感召力,目的是刺激消费者。品牌如人,它需要以代表其自身价值主张的口号来宣扬和塑造自己。要想自己的口号不惹人讨厌,口号必须短小、清晰、现实。品牌口号不应随意变动,它将运用于广告词、宣传品、海报、条幅、网站等任何能想得到的地方,所以要在最初的阶段确立正确的决策,然后坚决执行,毫不动摇。比如,海尔公司的品牌口号"真诚到永远"是纯理念性的宣传,海尔从电冰箱起家,做空调、做电脑、做手机,如此庞杂的企业架构与企业业务范围,若没有"真诚到永远"的文化理念,很难把这么多业务聚合到一起,更别提运作了。

在产品日益趋于同质化的今天,让消费者认可,使自己在行业中出类拔萃,让品牌口号贴近生活现实,并起到一定的引导作用,是品牌口号的商业诉求。

汽车类品牌口号在引领当下生活的方面表现得尤为突出并引人注目。国内新能源汽车相关企业在近年来取得了显著的发展,各品牌纷纷提出了富有创意和感染力的口号,以彰显其品牌理念和市场定位。例如,"创造移动的家,创造幸福的家"让大家立刻联想到主打家庭用车的理想,"为用户创造愉悦的生活方式"则说明了蔚来以用户为中心的品牌理念,"享星河浩瀚,纵寰宇无界"代表着华为鸿蒙智行勇于探索,攀登技术高峰的精神等。

这些优秀品牌的口号之所以会让人记忆深刻,是因为他们站在消费者的立场,以简单、清晰、明了的表述方式把品牌口号传达给消费者。

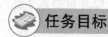

1. 理解品牌口号的作用。
2. 掌握品牌口号的撰写技巧。
3. 掌握品牌口号的写作流程。

1. 直接嵌入品牌名称

直接嵌入品牌名称就是将品牌名称（或产品名称）直接放入电商文案中，成为其组成部分。将品牌名称放入到品牌口号的文案中，实际上就是直接表明品牌身份，简单明了地告诉消费者"我是谁，我的品牌内涵是什么"，让消费者能一下子记住品牌，加深消费者的品牌联想，使消费者一提到这个品牌口号，就自然联想到品牌有关的所有信息，包括产品、品牌形象、品牌价值等。例如，图6-3所示的拉芳品牌广告语"爱生活·爱拉芳""柔顺拉芳"就很好地表达了拉芳的产品特性和用途。总之，将品牌名称嵌入品牌口号的文案非常有利于深化消费者对品牌的认知与记忆。

图6-3　拉芳品牌文案

2. 使用语义双关提升意境

语义双关是利用词语的多样性在特定语境中形成双重意义。巧妙应用双关语来撰写品牌口号，能化平淡为神奇，有点石成金的效果，可以更生动地传递品牌形象，为消费者留下非常深刻的印象。采用语义双关的方法撰写品牌口号的方式，一种是文案中嵌入的品牌名称，除了本身的品牌指代外，还有其他延伸的含义。如美的电器的广告语"原来生活可以更美的"，既有产品名称，又表明了产品使用体验。另一种是文案中没有嵌入品牌名称，但使用了双关语，或者除品牌名称外，其他部分的文字内容使用了双关语。比如某品牌毛衣的标签写到"和任何一种生活，摩擦久了都会起球"，表示本产品特性的同时，又传达了朴素而深刻的生活哲理。在撰写过程中，文案创作者应着重利用品牌名延伸的含义来传递品牌的精神内涵。

3. 从产品属性入手

产品属性是指产品本身所固有的，不同于其他产品的性质的集合。产品常见的属性包括历史、时间、产地、材质、工艺等。可以通过找到产品具有差异性或优势的某一个属性作为产品的核心诉求点,如新包装、新技术、独家工艺、独特秘方等,通过文字的阐述与概念的引导,形成独特的品牌口号,不仅能体现出产品的特点、功能、服务对象,还能加深消费者的品牌联想,使品牌具有明显的竞争优势。

(1)历史。从产品的历史属性入手,就是通过品牌口号彰显品牌的悠久历史。悠久的历史属性就是产品或品牌的名片,能够在漫长的时光中延续至今的品牌,其产品质量是有目共睹的,也更受消费者的青睐。以历史属性为切入点,阐述品牌的继承与发展,是品牌口号的常见创作思路,如图 6-4 所示的奔驰汽车广告文案。

图 6-4　奔驰汽车品牌文案

(2)时间。花费时间成就的产品最为珍贵,时间可以强调产品功效或效率,也能代表产品的来源、状态,所以从产品的时间属性来构思品牌口号也是常用的方法。例如,图 6-5 所示的涂料品牌三棵树的口号"三棵树,马上住"。"马上住"不仅体现了产品的高效率,还强调了产品的安全无污染,与三棵树品牌的定位"三棵树是高品质、环保型涂料的代表,意味着出色的涂装效果,意味着充满生趣的、清新健康的生活,是最具人文关怀的涂料品牌"相融合。

图 6-5　三棵树品牌方案

(3)产地。在很多情况下,产品的原产地就是产品的名片,比如提到宁夏,消费者首先想到的是枸杞。提到湛江,消费者首先想到的是生蚝,所以以产品的原产地为切入点也是撰写品牌口号的常用方法。例如,鄂尔多斯羊绒衫的品牌口号"鄂尔多斯羊绒衫,温暖全世界"。羊绒素有"软黄金"之称,作为一种稀有的动物纤维,其以轻软细腻、品质优良著称,是公认的珍贵纺织原料,也被誉为"纤维皇后"。鄂尔多斯水草丰美,被誉为"世界羊绒大王",因此鄂尔多斯羊绒衫被消费者青睐有加。

（4）材质。企业制作产品所使用的材质有时能够与其他产品形成差异，如独家配方、新材料、优质材料等，这种标榜材质的做法就是在做差异化，如图 6-6 所示的鲁花花生油品牌文案。消费者普遍认为好的材质才能做出好的产品，所以以产品的材质作为切入点，也能撰写出具有吸引力的品牌口号。

（5）工艺。对于同类型的产品而言，其制作过程大致都是相同的，但每个品牌对于制作工艺的把握和研发的程度却是有区别的，如果掌握了最新的或独家的技术，加工工艺就成了自家品牌的绝佳优势。因此，如果品牌产品的制作工艺具备独特的差异化优势，或者其工艺是独家掌握的，那么它的产品就具备了明显的

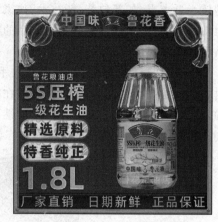

图 6-6　鲁花花生油品牌文案

竞争力，其文案就可以与技术相结合，提炼并阐述工艺上的亮点，如图 6-7 所示的男装品牌 SENO 的品牌文案。

图 6-7　SENO 品牌文案

（6）利益诉求直击消费者的需求。通过文案可以为消费者做出承诺，产品能为消费者带来怎样的好处，满足何种生理或心理上的需求。采用这种方式撰写品牌口号，文案创作者需要深入了解并掌握产品的核心功能，分析并提炼该功能带给消费者的利益，然后用精练准确的文字描述出来，让消费者产生相关的品牌认知，如图 6-8 所示的雀巢咖啡和图 6-9 所示的雪碧品牌的品牌文案。

图 6-8　雀巢咖啡品牌文案

图 6-9 雪碧品牌文案

"不卖隔夜肉"是生鲜品牌钱大妈的品牌口号。大型超市的生鲜区域和农贸市场是居民购买生鲜的两大去处。大型超市的生鲜常以低价吸引消费者,但并不新鲜;农贸市场的生鲜虽然新鲜,但环境卫生相对不规范。在消费者越来越注重食品安全、健康的情况下,"钱大妈"应运而生,它打着"不卖隔夜肉"的品牌口号(图6-10),坚持做让消费者放心的生鲜。

图 6-10 钱大妈品牌文案

"钱大妈"要求所有新鲜肉菜均在当天销售完毕,决不隔夜销售。为履行"不卖隔夜肉"的承诺,"钱大妈"要求所有门店经营的新鲜肉菜必须在当天销售完毕,每天19:00开始打折,且每隔半个小时降一折,直至免费派送,保证新鲜肉菜不隔夜销售,坚守新鲜承诺。

"钱大妈"品牌自2012年4月在东莞开出第一家猪肉专卖店以来,始终推行"不卖隔夜肉"的经营理念,到2018年9月共开设了1000家门店,成为目前珠三角区域较大的新鲜肉菜专卖店集群。"钱大妈"推出"不卖隔夜肉"这种通俗易懂、简单直接的口语化文案,正是抓住了消费者对新鲜肉类的需求,从利益诉求出发告诉消费者"钱大妈"不卖隔夜肉,并且用实际的系列举措来实现对消费者不卖隔夜肉的承诺,保证生鲜产品新鲜健康。

(7)场景化塑造品牌定位。场景化塑造是指塑造产品的使用场景。文案创作者在进行产品的场景化文案创作时,应该清楚地了解消费者会使用到该品牌产品的场景,分析这些场景背后所包含的主要因素(如场合、对象、时间、心理活动、目的等),然后提炼出该场景下的主题(如庆祝节日、乔迁之喜、宴请),并结合品牌的定位与理念,用适合的文字进行描述。如图6-11所示的烫社交女鞋品牌文案。

图 6-11　烫社交女鞋品牌文案

任务 6.3　讲好品牌故事

品牌故事是每个成功品牌背后的灵魂，它不仅是品牌的历史，更是品牌精神和文化的传承。在市场竞争日益激烈的今天，一个好的品牌故事能够让消费者产生共鸣，建立情感连接，从而提升品牌忠诚度和竞争力。

苹果公司的品牌故事可以说是传奇中的经典。乔布斯在创立苹果公司之初就将"改变世界"作为公司的使命。在品牌故事中，苹果始终强调创新、突破传统和设计感，这也成为苹果产品的核心竞争力。苹果通过品牌故事，成功地将自己定位为高端、时尚、创新的品牌形象，吸引了一大批忠实粉丝。

"继先师之绝学，弘人文之茶道，振华夏之茶风"。云南大益茶业集团有限公司始创于1940年。当年，为了换取外汇支援抗战，茶叶工作者在祖国边陲筹建了佛海实验茶厂（勐海茶厂前身），使中国茶脉得以在战争中存续，由此开创了中国机械制茶的先河。大益茶业本着"让天下人尽享一杯好茶的美好时光"的品牌愿景，成为中华茶道的开拓者、践行者与推广者。

中华老字号品牌同仁堂始创于1669年（清康熙八年），"同修仁德，济世养生"是品牌的创立初心，"有健康需求的地方就有同仁堂"是品牌的战略愿景。同仁堂将"修合无人见，存心有天知""炮制虽繁必不敢省人工，品味虽贵必不敢减物力""但愿世间人无病，哪怕架上药生尘"等古训内化，造就了同仁堂"配方独特、选料上乘、工艺精湛、疗效显著"的制药特色。同仁堂品牌故事奠定了同仁堂质量和诚信文化的根基，使其成为具有知名度和影响力的品牌之一。

这些经典品牌故事案例告诉我们，一个好的品牌故事能够为品牌赋予灵魂，激发消费者的情感共鸣，树立品牌形象，提升品牌价值。因此，作为品牌文案的创作者，我们需要深入挖掘品牌的历史、文化和精神，打造一个具有感染力和影响力的品牌故事，从而赢得消费者的认可和喜爱。

经典品牌故事案例的成功并非偶然，它们都具有自己独特的品牌基因和文化积淀。通过对这些经典品牌故事的学习和思考，可以更好地理解品牌的力量，掌握品牌故事的创作要领，从而为自己的品牌塑造出一个具有影响力和竞争力的形象。品牌故事不仅是品牌的传播工具,更是品牌的核心竞争力,它能够为品牌赋予生命,使其成为消费者心中的"精神领袖",引领消费潮流,赢得市场份额。因此,品牌创作者需要不断学习和积累,不断提升自己的品牌故事创作能力,为品牌创造更多的价值和机遇。

任务目标

1. 了解品牌故事的写作类型。
2. 理解品牌故事的写作原则和结构要素。
3. 掌握品牌故事的创作思路、写作流程、写作技巧与注意事项。

知识准备

品牌故事是在品牌传播过程中整合产品信息、品牌形象、品牌文化等基本要素,加入时间、地点、人物以及相关信息,并以完整的叙事结构或感性诉求信息的形式传播推广的故事。品牌故事是消费者和产品之间的"情感"切入点,赋予了品牌精神内涵和灵性,使消费者受到感染或冲击,全力激发消费者的潜在购买意识,并使消费者愿意"从一而终"。品牌故事通过讲述一个完整的故事带出产品,并赋予产品光环效应及情感色彩,从而促进产品的销售。讲故事并不是文案的目的,故事背后的产品线索才是文案写作的关键。一个好的品牌故事和品牌紧密关联,能提升品牌的辨识度,从而获得更多消费者的关注,增加品牌的曝光度和受欢迎程度,提高消费者的品牌忠诚度。

6.3.1 品牌故事的写作类型

1. 历史型

历史型品牌故事可以是品牌从创建到走向成功所经历的困难,品牌发展中发生的感人小故事,品牌每个发展阶段的关键举措,品牌所取得的成绩和获得的荣誉等。历史型品牌故事一般是用坚持不懈的精神来打动消费者,从而使消费者对品牌产生敬意与好感。图6-12所示为大白兔糖果品牌的品牌故事节选,其强调了该品牌悠久的历史、品牌的由来,以及品牌发展过程中取得的一系列成绩,属于典型的历史型品牌故事。

图6-12 大白兔糖果品牌故事

2. 传说型

传说型品牌故事是通过讲述一个传说故事或神话故事表现品牌特征。这个故事可以是流传至今的故事,也可以是文案创作者编撰加工的故事。例如,女鞋品牌达芙妮(DAPHNE),其名字来源于希腊神话,希腊女神达芙妮与太阳神阿波罗的爱情神话故事,则是达芙妮品牌一直以来的设计主题。达芙妮的品牌故事生动展示了品牌的文化内涵,象征着对爱亘古不变的追逐。

3. 人物型

一个品牌从无到有的创业过程往往是成就品牌的关键。品牌创始人的个性与创业时期的故事,很可能就决定了品牌雏形,也成为决定品牌基因与内涵的重要因素。讲述品牌的创业故事是品牌进入新市场或推出新品时最常用的推广手法。另外,人们普遍喜欢阅读创业者或企业家的励志故事,并希望从中得到启发,因此,人物型的品牌故事对消费者也具有很大的吸引力。

好的创业故事就像好电影一样,能够把观众代入故事中,让观众的心理跟着故事的主人公起起伏伏,甚至能够让主人公成为观众心里的自我象征。通过讲述创始人鲜明的人物个性、创业传奇故事、人生准则和精神态度等等,让用户对创始人及其创建的品牌有更全面的认知,潜移默化地让用户对品牌产生好感和认同感。如图6-13所示的湾仔码头品牌故事。

图6-13 湾仔码头品牌故事

4. 卖点型

卖点型品牌故事是指通过讲述一个融入了产品的信息及特点的有温度、有情怀的故事,传递产品特色和卖点,吸引用户产生想要进一步了解产品的欲望。卖点型品牌故事的切入点通常是产品的原材料及产地、产品的工艺流程、产品的包装、独特原料、核心技术、制作水平、产品的功能等信息及特点,通过品牌故事凸显产品工艺、优越产地等卖点。如图6-14所示为小山羊绒稀有品1436的品牌故事,其介绍了1436品牌名称的来历,并凸显了"每根羊绒纤维平均细于 14.5 微米,长于 36 毫米"的小山羊绒的精品规格,以及"将每件作品以 120 道工序精心处理"的产品材质和工艺的卖点。为了让故事更生动有趣,还可以通过拟人化的方式来描写产品,使产品具有人格化的特征,赋予产品生命力,拉近跟用户之间的距离。例如,长城葡萄酒品牌故事中的"三毫米的旅程,一颗好葡萄要走十年"。

图 6-14 小山羊绒稀有品 1436 品牌故事

对于一些地域性的品牌,可以从当地的风土人情和文化特征切入。这样的故事对本地人来讲容易产生认同感和共鸣,对外地人来说也会感到好奇,并认为品牌是有文化内涵的。例如"猕足珍贵"的品牌故事抓住了猕猴桃这一品类的发源地是 2000 多年前的中国这一重要品类历史,加之"猕足珍贵"猕猴桃产自中国猕猴桃七大产区之一,以此突出产品"中华原种,产量稀少"这一核心卖点。同时,通过这个品类故事,"猕足珍贵"传达了品牌的价值信仰:"我们希望,以贵长猕猴桃为代表的中国猕猴桃产业,在他的故乡大国能够真正崛起壮大。"

有的品牌虽然是新品牌,但是产品不一定是全新的,因此这个产品的品类一定是有历史和故事可讲的。比如,茶叶品牌就可以用茶的品种历史,以及这个品类在发展历程中有意思的故事为切入点。如果产品不具备这种历史底蕴,比如童装,就可以从父母和孩子关于衣服的一个感人小故事作为该童装的品牌故事的切入点。但不管是历史还是故事,在进行加工和创作的时候,都要遵循真实性原则,保证信息和情感的真实。

5. 用户型

用户型品牌故事指描述用户使用产品之前和之后的变化,或者在讲述用户的故事中将产品作为情节或线索串联整个故事。用户故事的作用就是让大部分同类用户在故事中找到自己,产生代入感和认同感。例如,支付宝十周年账单日记如下。

> 2004 年,毕业了,新开始。支付宝最大支出是职业装,现在看起来真的很装。
> 2006 年,3 次相亲失败,3 次支付宝退款成功。慢慢明白,恋爱跟酒量一样,都需要练习。
> 2009 年,12% 的支出是电影票,都是两张连号,全年水电费有人代付。
> 2012 年,看到 26 笔手机支付账单,就知道忘带了 26 次钱包,点了 26 次深夜加班餐。

> 2013年,数学23分的我,终于学会理财了。谢谢啊,余额宝。
> 2014年4月29日,收到一笔情感转账,是他上交的第一个月生活费。
> 每一份账单,都是你的日记。
> 十年,3亿人的账单算得清;美好的改变,算不清。
> 支付宝十年,知托付。

6. 理念型

理念型品牌故事是指以品牌追求的理念、品牌的风格和品牌的定位为传播内容的品牌故事。理念型故事适合走差异化路线的品牌,使人们只要一提到某种理念或风格,就会马上联想到这个品牌。例如,"步履不停"女装品牌的理念是"明朗的文艺青年""有行动力的文艺青年"。

6.3.2 品牌故事的写作

1. 品牌故事的写作原则

品牌故事应当是发生在品牌产生和发展过程中的真实故事,其必须突出品牌的个性,以让消费者直观地感受到品牌的价值观。在品牌故事中,不能恶意炒作或贬低竞争对手,否则不仅不能提高品牌的知名度,还会产生不利于品牌发展的负面影响。

2. 品牌故事的结构要素

(1) 背景。故事背景是指故事发生的有关情况,包括故事的时间、地点、人物、起因等。例如,"猕猴桃原产于中国,本是一种野果。在《诗经》中,有'隰有苌楚,猗傩其枝'的记载。这个'苌楚'就是2000多年前古人对猕猴桃的称呼。唐代诗人岑参有云'中庭井栏上,一架猕猴桃'这样的词句,这是猕猴桃的名字第一次出现在典籍之中。遗憾的是……"这段文字便很好地介绍了故事的背景。

(2) 主题。主题是故事内容的主体和核心,是文案创作者对某种理想的追求或对某种现象的观点。主题的深浅与表现往往决定了作品价值的高低,文案创作者需要将其融合在人物形象、情节布局以及环境描写和高明的语言技巧之中,需要靠读者整体把握、分析和挖掘。

(3) 细节。细节描写就是抓住生活中细微的典型情节加以生动细致的描绘,使故事情节更加生动、形象和真实,一般是作者精心设置和安排,不可随意取代的部分。恰到好处的细节描写能够起到烘托环境气氛、刻画人物性格和揭示主题的作用。

(4) 结果。故事有起因当然就有结果,告诉读者故事的结果能够加深他们对故事的了解和体会,有利于在他们心中留下印象。

(5) 点评。点评即对故事所讲述的内容和反映的主题发表一定的看法和分析,以进一步揭示故事的意义和价值。这部分的内容应尽量以故事内容出发,引起读者的共鸣和思考。

3. 品牌故事文案的写作思路

(1) 明确切入点,创造一个简单的故事。每个人都有不同的人生阅历以及很多的故事。品牌也一样,如何突出品牌是做什么的,跟别人有什么不同,代表着什么,有怎样的愿景等都是编写品牌故事时需要思考的。要充分理解品牌的核心价值观,了解品牌的发展历程和独特个性,不断提炼,找到容易理解,富有情感,简约清晰,诚实不夸大,并且能够有效传播的切入点,展开品牌故事。

(2) 令人信服地讲出故事。明确了品牌的切入点,接下来要思考的就是用什么样的方式讲出这个故事才会让人信服,在故事里要讲清楚"是什么""意味着什么",告诉大家企业是做什么的,能为别人做什么。

(3) 围绕品牌核心价值观持续讲下去。无论从什么角度撰写品牌故事,其根本目的是传递品牌的文化和价值观。品牌故事的创造和传播是一个漫长的过程,能够讲出好的品牌故事代表背后有很多的坚持,需要时间来沉淀和累积。品牌故事并非空中楼阁,它需要实体的支撑和支持。无论是产品包装、营销策略、媒介选择,都要支撑品牌故事所传递的价值观和理念,做到上下一致、真实有料,才能够持续地、润物细无声地将故事讲下去,形成消费者对品牌在精神上的高度认同,最终形成品牌忠诚度。

例如,999感冒灵有温度的系列故事。2017年,被称为刷屏级"年度暖心大片"的999感冒灵短视频《有人偷偷爱着你》成功感动了无数人。短片选取了四个年轻人的真实经历,通过述说几个冷心变暖心的片段故事,寓意"世界没有那么美好,却也没有想象中糟糕",结尾升华突出"有人偷偷爱着你",与999感冒灵的标语"暖暖的很贴心"不谋而合,迅速获得了观众的情感认同,实现了消费者对品牌购买从物质化到情感化的转变,而来自陌生人的善意,也引起了广大观众的共鸣与深思。

999感冒灵也由此开启了暖心小剧场的持续输出。从《有人偷偷爱着你》《健康本该如此》,到《致那些平凡盯盘的小温暖》,再到《更懂你的小英雄》,纵观999感冒灵这些年的文案,都在讲述温暖和健康的故事,让用户可以持续地感受到这个品牌建立的暖心印象,在社交网络,它更是称自己为"国民暖男"。

4. 品牌故事的写作流程

(1) 设定状况。这是故事叙述流程的第一阶段,应主要介绍故事主角以及主角目前处于的稳定状况。其中,故事的主角可以是人,也可以是品牌或产品,甚至是行业。而稳定的状况则指的是主角到目前为止持续发生的稳定状态。

(2) 发现问题。在完成状况设定后的发现问题阶段,主要用来颠覆设定状况阶段的稳定状况,即打破原有的稳定状态,确认主角面临的问题。品牌故事多半是以解决某个问题为主线而展开的,问题主要可分为以下几种。①恢复型:问题已经存在,需要处理解决,让事物恢复原状。②预防型:问题还没有发生,但要防患于未然。③理想型:目前没有问题,但想要做到更好。

(3) 设定课题。在发现问题阶段之后是设定课题阶段,主要是针对前一阶段发现的问题,分析问题背后的原因并找到需解决的问题。①恢复型:以恢复原有状态为课题目标。②预防型:以预防问题出现为课题目标。③理想型:以实现理想状态为课题目标。

(4) 克服障碍。解答设定课题阶段所设定的问题,找回发现问题阶段打破的稳定状态,即提供解决方法或实施策略。①恢复型:对问题的现状进行说明,分析问题出现的原因,进而找到一种以上解决问题的根本措施,并对这些措施的利弊得失进行评估。②预防型:对问题可能导致的不良状况进行假设,对导致这些状况的原因进行分析,进而提出相应的预防对策。③理想型:对主角的能力进行分析盘点,并提供一个理想的、能够达成的实施策略。

(5) 解决收尾。最后一个阶段是解决收尾阶段,这一阶段主要是用最精简的语言说明针对问题最终选择的解决方案及结果,即提供简洁有力的结论。

5. 品牌故事的写作技巧

(1) 选择复杂的语境。语境即语言环境。在品牌故事文案写作过程中,尽量不要使用单一的语言环境,要描述故事发生和发展的多种可能性,使故事更具有吸引力。此外,要多使用展示性的文字,减少直白叙述的部分,营造场景感和画面感,将受众带入故事情节。

(2) 引发独特思考。故事能够引发受众怎样的思考是决定故事质量高低的标准之一。有内涵的故事一定是具有启迪性和思考性的,不仅能够唤起情感,还能够引导受众更深层次的思考,在故事讲完之后,仍能有余音缭绕。因此在撰写故事时要充分开拓自己的思路,去思考这个故事能带给受众怎样的思考。

(3) 增强故事可读性。在进行品牌故事文案写作的过程中,可通过增强故事的新颖度、情感的丰富性、语言的得体性来增强故事的可读性。

(4) 使用"一句话"延伸。品牌故事文案的写作需要坚持简单法则。所有好的品牌故事,都可以用一句话来概括,也可以用一句话来延伸。这句话往往是品牌故事的浓缩和精华。

(5) 赋予品牌"人格化"。在进行品牌故事撰写的时候,可以将品牌进行拟人化、情感化,并跟消费者进行沟通互动。要注意赋予品牌人格化的特征,使品牌不再是冷冰冰的产品,而是风情万种、活生生的人,可以打动和感染消费者。

(6) 揭示人物心理。人物的行为是故事的表面现象,人物的心理则是故事发展的内在依据。可以通过内心独白、动作暗示、情景烘托、心理概述等描写方式揭示人物心理。

(7) 提高故事的可读性。可读性是指故事内容吸引人的程度,以及故事所具有的阅读和欣赏价值。撰写品牌故事文案时,可通过新颖的故事,丰富的情感,得体的语言叙述,将品牌文化故事写得生动有趣,提高品牌故事的可读性。图 6-15 所示为"JD Red Story"(京东红)的系列广告海报。

京东与其他电商平台不同,其一直用自建的物流体系支撑服务,这一物流体系也是品牌资产的重要组成部分。京东快递员中,有的人要过江送货,有的人要横跨沙漠,但是无论什么样的环境,都能看到那小小的一点"红",送出的每单快递背后都蕴藏着与个人、社会发展息息相关的故事。京东希望通过"红的故事"展现京东快递员平常工作中的不平凡,不为人知的力量,将品牌精神传递给消费者。

"JD Red Story"京东红的系列广告海报采用纪实的方式,系列品牌故事文案以一线配送员的责任和坚守为切入点,通过快递员的内心独白不仅反映出了送货的艰辛,还反映出了快递员强烈的责任感和乐观的心态,画面上冲击力极强的黑白景象,与京东配送小哥的那抹红形成了强烈的对比,带给读者非比寻常的震撼,使读者对京东快递员充满敬佩之情。简单真实的故事,简约清晰的表述,将红色发挥到极致,给消费者留下强关联的印象,让消费者记住了这抹红,于是这抹红就变成了京东品牌的专属色。

(8) 提升故事的分享魅力。吸引阅读和引发分享是不同的,品牌故事只是做到吸引消费者阅读还不够,如果能引发消费者分享,那么就能对品牌传播起到事半功倍的作用。因此,文案创作者在撰写品牌故事时,要努力提升品牌故事的可分享性。具有独特视觉,有意义、有道理,能引发人们思考,打动人心的故事更能引发消费者的主动分享传播。

New Balance(新百伦)为推广某系列跑鞋,请来著名音乐人李宗盛助阵,为品牌拍摄了品牌宣传片《致匠心》,向工匠精神致敬,其视频封面如图 6-16 所示。片中,著名音乐人李宗盛和来自 New Balance 工厂的工匠交替出现,各自聚精会神地完成手中的作品——吉他和一双 New Balance 鞋。宣传片中大量使用近景,描绘二者雕琢的过程,并伴随"人生很多事急不得,你得等它自己熟……"等画外音,来向消费者进行情感表达,传递 New Balance 中的工匠精神,即"专注与坚持,具有坚定的目标,并且愿意为目标不断的坚持。"《致匠心》引起了很多人的共鸣,

图 6-15 京东红的系列广告海报

图 6-16　致匠心品牌故事

视频一经推出，便引起了大量网友的自主分享传播。在宣传片中，视频文案通过李宗盛讲述出来。

> 人生很多事急不得，你得等它自己熟。
> 我二十出头入行，三十年写了不到三百首歌，当然算是量少的。
> 我想一个人有多少天分，跟出什么样的作品，并无太大的关联。
> 天分我还是有的，我有能耐住性子的天分。
> 人不能孤独地活着，之所以有作品，是为了沟通。
> 透过作品去告诉人家心里的想法，眼中看世界的样子，所在意的、珍惜的。
> 所以，作品就是自己。
> 所有精工制作的物件，最珍贵不能替代的就只有一个字——"人"。
> 人有情怀、有信念、有态度。
> 所以，没有理所当然，就是要在各种变数可能之中，仍然做到最好。
> 世界再嘈杂，匠人的内心绝对必须是安静、安定的。
> 面对大自然赠予的素材，我得先成就它，它才有可能成就我。
> 我知道，手艺人往往意味着固执、缓慢、少量、劳作。
> 但是这些背后所隐含的是专注、技艺、对完美的追求。
> 所以，我们宁愿这样，也必须这样，也一直这样。
> 为什么？我们要保留我们最珍贵的，最引以为傲的。
> 一辈子，总是还得让一些善意、执念推着往前，
> 我们因此能愿意去听从内心的安排。
> 专注做点东西，至少对得起光阴、岁月，其他的，
> 就留给时间去说吧。

在这个崇尚快餐式消费的时代，人们在选择产品时，悉心挑选的东西好像总离心目中的期望差一点点匠心。可是，有些东西总要有人去传承。所以就有了那些固执的匠人，没有理所当然，就是要慢下来，在各种变数之中坚持做到最好。这就是 New Balance 宣传片致敬的匠心。事实上，讲一个好故事对品牌形象的树立和传播的效果是惊人的。现如今，消费者与品牌建立关系更加感性，消费者在购物时，不仅关注产品功能，更关注情感共鸣，只有对品牌产生发自内心的认同感，他们才能形成长久的记忆和依赖，才会产生强烈的欲望去了解和购买产品。New

Balance 讲述的《致匠心》的故事,提高了其品牌格调,诚如视频所言,李宗盛"二十出头入行,三十年写了不到三百首歌",并不算多。但是,"专注做点东西,至少对得起光阴岁月,其他的,就留给时间去说吧。"——这正是打动消费者,引起消费者共鸣的地方。因此,New Balance 以匠人心态来面对创作,专注、真诚地完成自己作品的价值观和理念也得到了消费者的高度认同。

 任务实施

立足品牌推广需求,根据品牌给出的信息及网络途经,了解品牌名称、宣传广告语、企业价值观,提炼品牌调性、创始人的创业经历等内容,根据品牌要求适当进行整体的价值升华,彰显品牌对社会的责任感等,提炼故事细节和整体内容,为该品牌撰写一则简短的品牌故事。

"倍香好米"牌盘锦蟹田大米通过一段时间的销售,也收获了不少新客户的喜爱。也有部分客户在询问过产品的品牌之后,产生了犹豫,主要问题集中在"倍香好米"品牌在互联网上没有太大名气。因此,"倍香好米"的项目负责人决定设计一套品牌的推广文案来宣传盘锦蟹田大米,主要是围绕着"倍香好米"品牌的创始人如何以"匠心精神"去寻找并制作盘锦蟹田大米的故事。文案要求体现品牌"匠心制米、只为品质生活"的理念,其目的一方面是要树立消费者心中盘锦蟹田大米的口碑形象,另一方面是要赋予"倍香好米"更多的品牌调性与价值。

 项目总结

品牌口号、品牌故事文案撰写的目的是讲述品牌故事,描绘品牌形象,创造品牌的认同感,引发消费者的情感共鸣,建立品牌和消费者之间的情感纽带,培养"毋庸置疑的追随"。本项目从品牌文案的基础知识作为切入点,引领学生了解品牌口号、故事文案应该准确表达品牌的价值观、文化、理念和历程,激发消费者的情感参与和认同感,从而能写出讲好中国品牌故事、树立中国品牌形象、提高中国品牌认知度的文案。

 项目测试

1. 简述品牌口号的基本类型。
2. 简述品牌故事文案的写作原则与结构要素。

 项目实践

1. 实践任务

根据所给材料,撰写某 T 恤品牌的品牌故事文案。

某 T 恤品牌的定位是时尚、潮流,"把你的生活变得更美好,它是什么样的,生活就是什么样的"是该品牌追求的品牌理念,该品牌认为 T 恤与其他服饰一样,对于人们来说是内心深处对美的理解与展现,是精神生活的一种体现。

现有一款设计简约、休闲百搭,由高档棉质面料精制而成,触感柔软亲肤,彰显英伦时尚风格的短袖 T 恤衫。该 T 恤衫有绿色、白色、蓝色、粉蓝色、浅紫色和玫红色等颜色。

2. 实践步骤

(1) 分析品牌故事的撰写角度。
(2) 构思品牌故事的标题,站在消费者的立场撰写文案。

3. 实践要求

(1) 能够站在消费者的角度撰写品牌故事,以具有人情味的理念型品牌故事打动消费者。

(2) 撰写文案的过程中,要生动形象地描述品牌理念,提高消费者的品牌认知,获得消费者的信任和青睐。

(3) 文案语言精练准确、逻辑性强,字数 500 字左右。

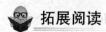
拓展阅读

拓展阅读:褚橙的励志故事

项目 7

商品详情页、海报策划与写作

商品详情页和商品海报的策划与撰写是一项重要的营销工作,其主要目的是吸引目标受众的注意力,激发他们的购买欲望,并最终促成交易。文案策划应该重点关注写作技巧和细节,要使用能够打动消费者内心的语言,让用户在第一时间获得产品的信息和特点,同时还需要结合其他配图和视频等多媒体手段展示商品特点,帮助商品实现营销和销售。

职业素养目标

1. 能举一反三,根据销售产品及促销亮点运用商品详情页的制作技法设计、策划制作商品文案。
2. 培养创新意识、审美能力和探究能力,提升观察、分析并综合应用网络资源的能力。
3. 培养质量意识和工匠精神,明白品牌是质量、服务与信誉的重要象征,要以匠心铸精品,以质量树品牌,让高品质成为中国制造的金字招牌。

典型工作任务

1. 根据产品信息及其促销亮点,撰写能够引人注意的商品详情页。
2. 分析产品或企业,通过独立思考,为产品或企业设计宣传海报。

任务 7.1 商品详情页文案写作

任务导入

网上店铺的销售中,由于无法看到实物,商品详情页就成为商品信息的重要展示窗口。商品详情页制作的好坏将会影响商品购买率,在这种情况下商品描述的作用尤为重要,一个好的商品描述能够大大提高商品的销量。店铺中的爆款大多得益于制作精美、图文并茂的商品描述。好的商品详情页应该详略得当,对产品的基本信息要尽量写得详细,产品卖点部分的用语要简练明了,最好是将其分段列示,并搭配图片来进行解说;对于买家比较关心的售后、产品质量、产品功效和注意事项等内容也要详细介绍,尽可能地让买家感到放心。"天禹"盘锦蟹田大米的商品详情页如图 7-1 所示。

图 7-1 "天禹"盘锦蟹田大米商品详情页

任务目标

1. 了解商品详情页的基本组成模块。
2. 通过案例模仿，掌握商品详情页设计制作的基本方法。
3. 能根据不同的产品特点设计配套的商品详情页。

知识准备

商品详情页是指在淘宝、京东等电子商务平台中，卖家以文字、图片或视频等手段展示所售商品信息的表现形式。消费者进入商品详情页时，可以看到详细的商品信息描述，包括商品的材质、品牌、价格和样式等基本信息。商品详情页中的详细描述不仅为消费者提供了了解商品的途径，还可以使他们对店铺和商品留下良好的印象，特别是购买须知、买家评价和注意事项等从客户角度来考虑问题的内容，会让消费者觉得你是真心实意的在为他们考虑，从而赢得消费者的信任和好感。

7.1.1 商品详情页的组成模块

商品详情页是商品信息的主要展示页面。在商品详情页中，商家可以通过文字、图片、视频等各种不同的文案形式来展示商品信息，以介绍商品、树立店铺形象、激发消费者购物欲望、提高转化率。下面介绍商品详情页的组成模块。

1. 激发消费者兴趣

激发消费者购物兴趣最简单的方法，就是通过塑造商品的实用价值，让消费者看到商品能够带给他们的利益或好处。这个利益或好处应该是消费者最关心、最需要的，即消费者的痛点。

2. 商品卖点展示

展示商品卖点可以先通过一段凝练的文字形成主打广告语，再通过商品详情页文案内容来进行展示，如图 7-2 所示的新疆薄皮核桃商品详情页。

图 7-2 新疆薄皮核桃商品详情页

3. 商品基本属性描述

商品的基本属性描述包括品牌、包装、规格、型号、质量、尺寸、产地等。这些描述会让消费者感觉受到关怀，能从情感上抓住消费者的心。

4. 商品资质证书

在商品详情页面中添加商品资质证书，可以让消费者认为商品有质量保证。商品资质证书、品牌实力、防伪查询等都是打消消费者顾虑的有效方式。

5. 售后服务

一般除了商品的详细情况以外，消费者还会关心商品的售后服务，如什么情况下可以退货、什么情况下可以换货及发生退货产生的邮费由谁承担等。这些详细的说明对商品的成功销售能起到积极的推动作用。商品详情页要对售后服务、消费者保障等消费者普遍关心的内容进行展示。例如，可在商品详情页的页面中介绍退换货的详细规则和流程。

6. 关联商品推荐

在商品详情页中可以添加关联商品推荐，如本店热销商品、特价商品等。这样即使消费者对当前所浏览的商品不满意，在看到商家推荐的其他商品后，也可能会产生购买欲望。另外，消费者即使已经决定购买正在浏览的商品，在浏览到其他关联商品时，也可能会产生购买的打算。所以，商家应让消费者更多地接触店铺中的商品，加大商品的宣传力度。在商品详情页添加其他关联商品推荐如图7-3所示。

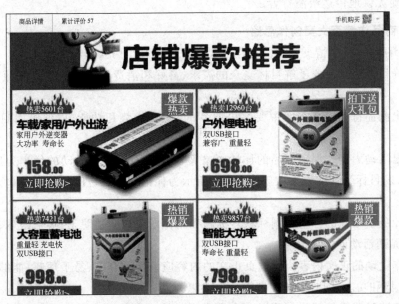

图7-3 详情页中的关联商品推荐

7. 搭配商品

很多消费者网上购物时，都会遇到这样的情况：购买了一件商品，还想买一件与其搭配的商品。例如，买了一台笔记本电脑还想搭配一个笔记本电脑背包，买了一件衣服还想买一条搭配的裤子。消费者去逐一搜索，既浪费时间，还不能省钱。商家可以在商品详情页中添加商品组合套餐，这样能帮助消费者一次性解决问题，达到省事、省时、省钱的目的（图7-4）。

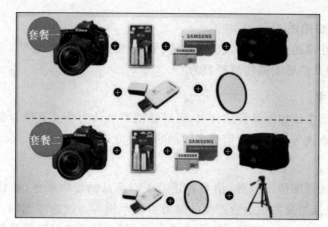

图 7-4 搭配套餐组合商品详情页

7.1.2 商品详情页文案创作思路

店铺的商品详情页文案是直接决定交易能否达成的关键因素。根据运营情况，店铺商品可以分为新品、促销商品、热卖单品等。下面讲述几种商品详情页文案的创作思路。

1. 新品详情页文案创作思路

对于刚刚研发上市的商品，在通过商品详情页让消费者了解商品的同时，还需要把商品的设计理念准确无误地传达给消费者。

2. 促销商品详情页文案创作思路

对于促销商品，其详情页文案的创作需要考虑以下几个因素。

（1）明确目标受众。要了解目标受众的需求、喜好和消费习惯，以便针对他们的需求进行文案创作。

（2）突出商品特点。在文案中要突出商品的特点、优势和功能，以便吸引目标受众的注意力。

（3）突出活动力度。促销商品的详情页文案要通过强调促销活动的优惠力度、时限和购买方式等，激发目标受众的购买欲望。图 7-5 所示为促销活动赠送的各种大礼包，以此突出了活动的力度。

（4）设计吸引眼球的标题和副标题。标题和副标题应该简洁明了、吸引眼球，能够概括商品的特点和促销活动的优惠力度。

（5）创作生动的正文内容。详情页正文的内容应该生动有趣、易于理解，能够详细介绍商品的特点、优势和功能，同时强调促销活动的优惠力度。

（6）添加清晰美观的图片。可以在文案中添加清晰美观的商品图片，以便目标受众更直观地了解商品的外观和质量。

（7）引导用户下单购买。在文案中要引导目标受众下单购买，提供购买方式、售后服务等信息，以便目标受众顺利完成购买。

3. 热卖单品详情页文案创作思路

热卖单品是指店铺销量比较好的商品，这类商品的详情页文案需要突出商品的热销盛况以及商品的优势。热卖单品详情页文案的创作思路可以遵循以下几个步骤。

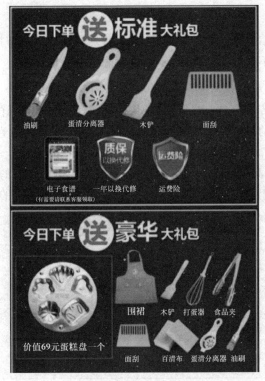

图 7-5　促销商品详情页

（1）突出单品特点。可在文案中突出单品的特点、优势和功能，以便吸引目标受众的注意力。

（2）呈现单品效果。可在文案中呈现单品的使用效果，如形象更美了、桌面更整洁了等，以便目标受众更直观地了解单品的效果。

（3）提供详细信息。可在文案中提供单品的详细信息，如品牌、型号、规格、材质、使用方法等，以便目标受众了解单品的具体情况。

（4）创作生动的正文内容。文案正文的内容应该生动有趣、易于理解，能够详细介绍单品的特点、优势和功能。

（5）添加清晰美观的图片。可在文案中添加清晰美观的单品图片，以便目标受众能更直观地了解单品的外观和质量（图 7-6）。

图 7-6　爆款单品详情页

（6）强调热卖因素。可在文案中强调单品热卖的因素，如销量领先、好评如潮、限时优惠等，以激发目标受众的购买欲望。

7.1.3　商品详情页文案的撰写原则

商品详情页作为消费者了解商品的落地页，直接影响着商品的转化率。商品详情页文案的撰写原则如下。

1. 真实可信

商品详情页的商品信息描述要符合实际情况,特别是商品的细节描述、材质和规格等基本信息,一定要真实可信,不能肆意夸大,也不能故意隐瞒或弄虚作假。

2. 文字通俗易懂

文字的根本用途是传达信息。想要准确、快捷地传达信息,商品详情页的文字就需要通俗易懂、浅显明了,有很强的可读性。商品详情页的文字要让消费者能直观的明白文案内容,不需要花时间去解读,减少阅读障碍。标题或重要文字需要使用大字号,使其醒目;强调类文字要使用醒目的颜色,以提高可读性。如果内容较多,则需要留出足够的空白以分段。图7-7 所示的商品详情页文案使用了不同字号的文字,通俗易懂,提高了文案的可读性。

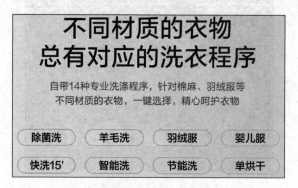

图 7-7 某品牌洗衣机商品详情页

3. 前三屏原则

前三屏原则是指商品详情页内容丰富,有的多达十几屏,消费者会不会下单购买,主要是看商品详情页的前三屏。一般来说,消费者在看了前三屏后,心里已经大概有了初步决策,所以在撰写商品详情页文案的时候,要在前三屏中体现商品的价值点,以价值点吸引住消费者,降低页面的跳失率。这其中最重要的是首屏聚焦原则,即在首屏就要引起消费者的注意,要一针见血,直指消费者的痛点和商品的优势。这样才能牢牢把握住消费者的心,有效地减少店铺的流失率。

4. 图文并茂

商品详情页需要用文字来进行必要的说明,但吸引消费者的主要还是图片。优美的文字搭配出色的图片,即使是没有购物意愿的消费者,也能留下良好的印象。商品详情页文案离不开图片的支持,文案创作者可以在图片中添加文字,也可以在图片外的空白地方添加文字,但要注意文字不能遮盖图片所要传达的信息,同时要保证图片清晰,重点突出。

5. 详略得当

商品详情页的内容要详略得当,突出重点。没有消费者喜欢在众多的文字描述中提炼商品的有用信息,如果商品详情页是一些重复啰唆、没有重点的信息,那么消费者将会直接退出商品详情页面。

6. 采用对比

商品详情页应该从消费者关心的角度出发,对可能引起消费者关注的问题进行对比分析,从侧面突出自身商品的优点。商品质量、材质和服务等都可以作为对比的对象。

7. 多次修改

成功的作品大都是在多次修改后完成的,世界上很多出名的著作也是这样问世的。只有经过多次斟酌、修改的电商文案才是好文案。商品详情页文案也是一样,要不断进行修饰、精简,才能打磨出令消费者心动的商品文案。

7.1.4 商品详情页文案的写作要求

网店中几乎所有的商品详情页都采用图文搭配的方式,商品详情页文案写作需要注意以下几个要求。

1. 统一文案风格

商品详情页中需要进行文字描述的地方不止一处,文案创作者在进行描述时要先统一文案的用语风格,不能前面使用轻快幽默的表述方式,后面又使用严肃沉闷的表述方式,这会降低消费者的阅读兴趣。商品详情页文案的写作与一般的文章写作相似,只要保证文案风格统一、用语通俗易懂,能够表达商品的特点即可。

2. 使用个性化的语言

尽管网店的数量非常多,然而很多网店的商品详情页文案却千篇一律,它们没有自己的特色和亮点。文案人员如果能独树一帜,创造独特的语言描述风格,不仅会吸引消费者,还能引领潮流,形成破圈效应。

3. 营造良好的氛围

即使销售的商品不是高端商品,文案创作者也应当在页面氛围的营造上多花心思,尽可能地把商品本身的特点充分体现出来。商品详情页文案要充分展现商品的氛围,让消费者感受到舒适、温暖的气氛,这是商品详情页的关键所在。文案创作者要让消费者在看到商品详情页时就产生购买的欲望。对于节假日而言,商品详情页文案最重要的是要营造节日气氛,一定要让温馨直达消费者内心。

4. 从消费者的视角撰写

文案创作者在确定了商品所针对的消费者群体后,就要迎合消费者的眼光,在商品详情页文案写作中使用消费者认同的语气、消费者喜好的颜色、消费者崇拜的模特、消费者追求的商品等。文案创作者与消费者的距离越近,就越能撰写出成功的商品详情页文案。

7.1.5 商品详情页文案的写作技巧

要打造一个优秀的商品详情页文案,文案创作者需要掌握一定的写作技巧。

1. 体现商品的价值

商品价值分为使用价值和非使用价值两种,文案创作者在写作商品文案时,一定要既体现商品的使用价值,又体现其非使用价值。

2. 紧贴店铺定位

撰写商品详情页文案一定要与消费者群体的需求相贴合,紧贴店铺定位,不断强调自己的优势与特色,才能打动消费者。例如,某服装网店定位为民族风服饰,文案创作者就可以抓住消费者对民族风的喜爱与向往,通过一些文艺词汇和体现民族风情的语言来进行商品详情页文案的创作,文案内容主要体现的是自由与心灵的放飞,这与大多数都市白领的内心向往相契合，更容易获得良好的销售效果。

3. 抓紧目标消费者的痛点

文案创作者要设身处地地从消费者的角度来寻找痛点，思考消费者必须买这款商品的理由，以消费者的痛点带动店铺商品的卖点，加深消费者的认同感，并提升他们的购买欲望。例如，母婴用品的痛点就是安全、天然和环保等，女性内衣的痛点则是身材走形和健康问题等。图 7-8 所示的文案抓准了消费者关注的健康需求，一语中的，起到了很好的宣传效果。

图 7-8　除螨仪商品详情页

4. 利用情感打动消费者

利用情感打动消费者就是通过故事来为商品添加附加价值，让消费者更容易接受。无论是写作什么类型的商品文案，只要能讲好故事，就能调动消费者的情绪，让他们在阅读的过程中受到潜移默化的影响，认同商品的价值，最后促成购买。

5. 给消费者购买推动力

当消费者已经对商品产生了兴趣，但还在犹豫不决的时候，就需要通过商品详情页文案给他们一个推动力，让消费者尽快下单购买。文案创作者可以在商品详情页中设置"免费赠送""满就减""满就送""打折促销"等文字，这些文字容易诱导用户去购买商品，并且可以限定时间，让其尽快采取行动。

任务 7.2　商品海报文案写作

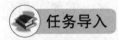 任务导入

商品海报设计主要以体现产品或公司形象为主，更加注重视觉上的冲击力，通过对图形、文字、Logo、色彩等设计元素的运用，突出商品的独特性，从而达到吸引人们的眼球，激发消费者购买欲望的商业目的。商品海报能给企业带来不一样的宣传效果，增加企业的知名度。它具备商业性、时效性、目的性、艺术性、整体性、创新性的特点。

> **任务目标**
> 1. 了解海报文案的常见类型。
> 2. 了解商品海报文案的构成要素。
> 3. 掌握商品海报文案的写作技巧和方法。

> **知识准备**

海报是媒体广告的一种,是以平面印刷的方法来完成的广告,张贴于闹市街头、公路、车站、机场等公共场所,以引起大众注意,传播广告信息,引导大众参与各种社会活动。海报是一种信息传递艺术,是一种大众化的宣传工具。海报设计必须有相当的号召力与艺术感染力,要调动形象、色彩、构图、形式感等因素形成强烈的视觉效果。它的画面应有较强的视觉中心,应力求新颖、单纯,还必须具有独特的艺术风格和设计特点。但海报的设计语言仍具有很多的共性和特点,如新奇、简洁、夸张、直率、有冲击力等,这些特征将帮助人们更深入地了解和学习海报设计。

7.2.1 海报文案的常见类型

海报按其应用不同大致可以分为商业海报、文化海报、电影海报和公益海报等,这些不同类型的海报也对应着不同的海报文案。

1. 商业海报

商业海报是指宣传商品或商业服务的商业广告性海报。商业海报文案的设计,要恰当地配合商品的格调和受众对象,并根据企业的商业诉求来为企业的商业目标服务。电商海报就包含在商业海报的范围内。

2. 文化海报

文化海报是指各种社会文娱活动及各类展览等的宣传海报。文娱活动包括各种演出和体育运动等,为这些活动制作的海报包含在文化海报范围内。展览的种类有很多,不同的展览都有其各自的特点,文案创作者只有了解展览和活动的内容,才能运用恰当的方法设计文化海报的内容和风格。

3. 电影海报

电影海报主要起到吸引观众注意力、提高电影票房收入的作用,与文化海报等有几分类似。

4. 公益海报

公益海报带有一定思想性,这类海报对公众具有特定的教育意义,其海报主题包括对各种社会公益、道德的宣传,或对政治思想的宣传,其目的在于弘扬爱心奉献、共同进步等正能量。

7.2.2 商品海报文案的构成要素

图形、文案、色彩是构成商品海报的三大元素。这三大元素相辅相成,在海报宣传中担当着不同的使命。图片会使商品海报更加美观,可以吸引消费者的注意力;文字则是用来表现或突出主题,能传递商品的重要卖点;色彩的巧妙运用会增加海报的吸引力,促进购买欲。

图7-9所示为北欧风小电锅商品海报。

图7-9 北欧风小电锅商品海报

1. 图形

图形是商品海报主要的构成元素,它能够形象地表现海报主题和文案创意。图形元素有插画、注册商标、画面轮廓线等。插画可以是黑白画、喷绘插画、绘画插画、摄影作品等,表现形式有写实、象征、漫画、卡通、装饰、构成等手法。

2. 文案

文案即海报要传播的商品说明文,它具体地表达了商品内容,有说明、解答、鼓动、号召的作用。文案元素有标题、广告语、正文、附文等。内容撰写要采用日常语言,简单易懂,表达要生动、贴切、形象、扣人心弦,使消费者感到平易近人,进而心悦诚服地信任商品,以达到传播信息的目的。正文编排时应尽量集中为宜,一般置于版面的下方,也可以置于左方或右方位置。

3. 色彩

色彩在广告中的运用,主要是通过展现色彩的魅力,表现出广告的主题和创意。色彩元素有色相、明度、纯度等。由于生活经历、年龄、文化背景、风俗习惯、生理反应有所区别,人们有一定的主观性,不过对于颜色象征性、情感性的表现,人们也有着许多共同的感受。在色彩配置和色彩组调的制定中,海报设计者首先要认真分析研究色彩的各种元素,把握好色彩的冷暖对比、明暗对比、纯度对比、面积对比、混合调和、面积调和、明度调和、色相调和、倾向调和等,坚持画面的均衡、呼应和色彩的条理性,广告画面要有明确的主色调,要处理好图形色和底色的关系。

对于图形、文案、色彩这三元素,在设计的时候需要注意以下事项。

(1) 区分海报的层次。海报制定必须要多元素,但在制定时要注意文字、图片、元素的层次感,特别是重要信息,而辅助性或装饰性元素,则无法表达主旨,要注意分清先后顺序。

(2) 注意对颜色的选择。海报设计中,色彩的选择起着非常重要的作用,对于不同的主题必须要选择合适的色彩,比如冷风制定,色彩要淡雅偏冷,时尚风制定色彩要生动鲜亮、引人注目,总的来说,色彩选择要具体分析制定主题。

(3) 注意视觉上的引导。在海报策划中,要有意识地引导观众的视觉,使制定者的目标得以实现。在进行制定时,可以用线、光线或形状来引导人们的视线,比较特别的是用人物形象中的视觉方向引导观众,给人以强烈的视觉感受。

7.2.3 商品海报文案的写作技巧

能让消费者停留观看的商品海报文案,是因为该文案有价值,能触及他们最关心的问题。下面介绍商品海报文案的一些写作技巧。

1. 直接展示

直接展示是一种常用的技巧,是将某个商品或主题直接明了地展示出来。海报中的主图文案一定要一目了然,要细致刻画并着力渲染商品的质感、形态和功能用途,呈现商品精美的质地,给消费者逼真的感觉,使其对海报所宣传的商品产生一种亲切感和信任感,让消费者看了后能立刻产生点击购买的欲望。

2. 做出好创意

颇具创意的文案总能脱颖而出,让人耳目一新。好的文案不能仅仅写两句看似优惠力度大的话语,也不能像王婆卖瓜那样夸赞自己的产品,而是应该让消费者被好创意打动,认为就应该购买该产品。

3. 合理夸张

夸张这种方式是指对电商文案中所宣传的商品品质或特性,在某个方面进行明显夸大,以加深消费者对这些品质或特性的认识。采用这种手法不仅能更鲜明地强调或揭示商品的实质,还能使海报文案产生一定的艺术效果。夸张手法的运用,可以为海报文案的艺术美注入浓郁的感情色彩,使商品的特征更加鲜明、突出和动人。

4. 突出特点

要想使店铺的商品在同行业众多相似的商品中脱颖而出,文案创作者在创作海报文案时,就需要抓住和强调商品或主题本身与众不同的特征,并把它鲜明地表现出来。文案创作者要将这些特征放在海报页面的重要位置,或对其加以烘托处理,使消费者能立即感知这些特征并引起消费兴趣,达到刺激购买欲望的促销目的。图 7-10 所示为某沙发的商品海报。

5. 幽默诙谐

幽默诙谐是指运用饶有风趣的语言,借助巧妙的安排,营造出一种充满情趣、引人发笑而又耐人寻味的幽默意境,进而引申出需要宣传的商品和品牌。幽默的矛盾冲突能够以别具一格的方式,达到出乎意料、又在情理之中的艺术效果,引起消费者会心的微笑,从而发挥商品海报文案的作用。

6. 对比衬托

对比衬托是一种在处理艺术冲突时经常采用的表现手法,不是文案文字的对比,而是将商品海报文案中所描绘商品的性质和特点放在鲜明对照和直接对比中进行表现,借助对比呈现出差别。

7. 以情托物

海报是图像与文字的完美结合,消费者观看海报的过程,就是与海报不断交流感情产生共鸣的过程。商品海报文案可以借用美好的感情来烘托主题,真实而生动地反映这种感情就能获得以情动人的效果,发挥艺术的感染力量,达到销售商品的目的。图 7-11 所示为羽绒服商品海报。

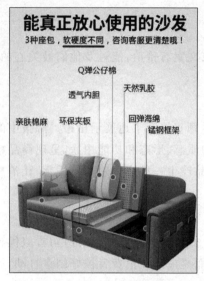

图 7-10 某沙发的商品海报

图 7-11 羽绒服商品海报

7.2.4 促销海报文案的写作技巧

促销海报文案是电商为了促进商品的销售,在特定的时间范围内,利用打折、优惠等营销手段制作的海报文案,它是一种非常特殊且功能性很强的海报文案。在促销活动期间,促销海报文案的撰写对商品的转化率起着至关重要的作用,如何写好促销海报文案,将促销期间的时间优势充分发挥出来呢?这就需要掌握促销海报文案的写作技巧。

1. 善于利用活动促销期

许多商家的商品在促销期间的销量是平常销量的几倍,因此电商品牌非常重视各类促销活动。对于电商企业来说,促销活动是打响品牌和提升销量的重要方法之一。电商企业在策划促销海报文案时,要重点突出活动的核心内容。

2. 对不同人群制定不同文案

如今,消费者的个性化需求越来越强,文案创作者在进行促销宣传时要尽量根据不同的消费群体制定相应的文案策划方案,让其加深印象,从而产生好感。促销海报文案撰写时的语言风格也要尽量符合目标消费群体的用语习惯。语言恰当既可以拉近与消费群体的距离,也能凸显促销氛围,易于被接受和认知。

3. 限时打折

限时打折利用的是人人都想占便宜的心理弱点,精心设计有限定条件的电商文案,能使消费者觉得不立即抢购就会吃亏。例如,"三日之内,本商品四折出售,欲购者从速""优惠截至今日 24 时"等都属于限时打折。图 7-12 所示的促销海报中的限时打折文案"全场 3 折起,震撼清仓,疯狂淘宝,疯狂时间 3 月 11 日—4 月 14 日"吸引了消费者疯狂抢购。

图 7-12 商品促销海报

4. "满额送"促销

"满额送"是生活中各大商场和店铺常见的促销方式。如今这种促销方式也应用到了电商网店中,同样对消费者有着巨大的吸引力。"满额送"把商品作为礼物赠送给消费者,以实物而非价格的方式给消费者优惠。图 7-13 所示为"满额送"活动的促销海报。

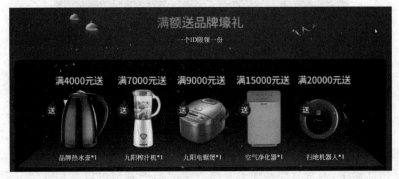

图 7-13 "满额送"活动促销海报

5. 包邮促销

包邮是电商平台最常见的促销方式之一。由于快递费用带来的购买价格的提升,消费者对可以免除邮资非常开心,因此包邮在很大程度上刺激了消费者的购买欲望。但包邮也有它的灵活之处,商家只有灵活运用包邮促销,才能发挥其最大效果。图 7-14 所示为包邮促销海报。

图 7-14 包邮促销海报

6. 店铺优惠券

店铺优惠券是指商家设定的全店商品都可使用的优惠券。店铺优惠券是一种虚拟的电子现金券,是商家在开通营销套餐后,获得的一个促销工具。商家可以在不用充值现金的前提下,针对新消费者或者不同等级的会员发放不同面额的店铺优惠券。消费者在购买商品时可以使用获得的店铺优惠券抵扣现金。因为店铺优惠券是由商家赠送给本店消费者的,所以其只能在商家的店铺内使用。图 7-15 所示为店铺优惠券宣传海报。

7. 阶梯价格

阶梯价格式的促销是一种比较"冒险"的促销方式,但却容易抓住消费者的心理。对于电商来说,吸引尽可能多的消费者才是关键。网络购物的选择性很大,这种促销方式可以吸引一定数量的消费者。

图 7-15　店铺优惠券宣传海报

8. 抽奖促销

在抽奖促销活动中,通常只要参加了专题活动的消费者都可以参加抽奖。商家也可以设定消费金额,达到标准的消费者才可以抽奖。大型电商网站在节假日会举办抽奖活动,中小型网站或网店则可以通过赠送礼品的方式辅助参与抽奖。

9. 满就减

"满就减"通常是指满一定的数额就减少付款金额,如满 200 元减 20 元,即消费者的消费金额只要达到优惠条件,就能少支付一定的金额,相当于"满就送"的另外一种方式。图 7-16 所示为满就减促销文案,商家通过"满 200 减 20"的活动方式来吸引消费者购买。

图 7-16　"满就减"活动促销海报

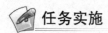 任务实施

1. 商品详情页分析

以大米为例,通过浏览淘宝网搜索结果,对比至少三个不同品牌的大米产品,总结归纳该类产品的商品详情页的必要框架(即详情页应该描述商品哪些方面的信息,如服饰类就必须包括颜色、尺码、面料、实拍图、细节图、卖点、服饰搭配等),然后以某个你家乡的大米产品为例,分析其商品详情页构成框架,完成表 7-1。

表 7-1　大米商品详情页分析

商品详情页框架	具体内容	提　　示
商品标题		复制即可
商品链接		
产品卖点/特性/作用/功能		① 特性:产品品质,产品与众不同的地方。 ② 作用:从特性引发的用途,产品的属性给客户带来的作用或优势。 ③ 好处:给客户带来的利益、好处等。 例如,某空气净化器的特性是静音,其采用获得国际认证的某材料制成;作用是相比同类产品可以加倍除尘、除甲醛;好处是给消费者带来安全、安静的呼吸环境,减少呼吸疾病的困扰
产品给消费者带来的好处		

续表

商品详情页框架	具体内容	提 示
产品规格参数		可视化尺寸设计,让顾客切身体验到宝贝的实际尺寸,此处截图或总结均可
产品全方位展示		要考虑强化产品卖点
产品细节展示		提供细节图即可
同行宝贝优劣对比		
售后保障问题/物流		例如,是否支持7天无理由退换货、发什么快递、快递几天可以到、产品质量问题怎么解决等
该产品详情页的特点		例如,图文搭配合理、通过视频展示吸力等

2. 策划海报

某电商要推出一款拉杆箱,通过分析该商品的特点提炼出商品关键词,并结合该商品目标消费人群的兴趣撰写合适的商品详情页文案,策划一份促销海报。

 项目总结

商品详情页和商品海报是商品信息的重要展示窗口,详情页制作的好坏将会影响商品购买率。商品海报的制作既有规律性,又有很大的自由发挥空间。通过本项目的学习,学生应学会在大量的网络资源中观察、分析并寻找规律,总结出商品详情页和商品海报应包含的基本商品信息,并在规律制作中寻求创新与突破,完成商品详情页和商品海报的制作。本项目中涉及的商品详情页和商品海报的组成要素及其作用,为有志从事电商的同学提供了学习的基本内容和学习方向。

 项目测试

1. 简述品牌故事文案的写作原则与结构要素。
2. 简述商品海报的组成要素及其作用。

 项目实践

1. 实践任务

分小组进行商品文案的策划与写作,撰写一个女包的商品详情页文案,制作一个宣传海报。具体要求如下。

(1) 商品详情页和海报的组成模块和逻辑顺序合理。

(2) 商品促销宣传内容生动具体,能够精准抓住消费者痛点和需求,展示商品卖点,激发消费者购物欲望。

2. 实践步骤

(1) 以小组为单位收集商品信息并运用所学各种类型的商品文案写作方法与技巧,进行商品文案策划与写作。

(2) 各小组间互相评分并提出改进修改意见。

3. 实践要求

(1) 运用挖掘商品基本属性与卖点的方法,通过 FAB 法则或九宫格思考法提炼商品的卖点。

(2) 在商品文案编写中应体现商品清单、商品功能、细节、尺寸等主要属性。

(3) 从品牌的创建时间、品牌文化等入手进行商品品牌文案的策划与写作,能够吸引消费者购买。

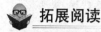 **拓展阅读**

拓展阅读:"vivo"照亮你的美

项目 8

营销软文策划与写作

营销软文作为一种促进产品或品牌销售推广的文案类型,如今广受商家和网民的追捧,它以文字语言作为外衣,进行产品或品牌的推广,让受众在获取自己想要的信息的同时,还能了解文案人员想要宣传的内容。本项目将介绍营销软文的概念、软文的类型、软文在营销中的作用、新媒体时代的软文营销渠道、软文写作的特点及要求等知识,方便文案工作者全面地了解营销软文。

职业素养目标

1. 具有营销软文编辑的创新思维,提升审美能力和实践能力。
2. 把握时代特征,不断加强学习,坚持原创,做新时代优秀营销软文创作者,展现软文文案的价值观、共鸣性、社会性、效益性。

典型工作任务

1. 以提高品牌影响力,实现企业的商业目标为引领,构思条理清晰的营销文案框架。
2. 挖掘产品或服务卖点,撰写能够吸引人、有效向消费者输出品牌价值的营销软文。

任务 8.1 认知营销软文

任务导入

在脑白金推广初期,其富有感染力的软文宣传功不可没,这是脑白金市场导入阶段最主要的营销手段,其宣传可分为两个阶段。第一阶段,脑白金推出了如"人类可以长生不老吗""两颗生物原子弹"等并没有插入脑白金的产品信息的新闻性软文,只是在文中反复出现一个"脑白金体"的器官。人们基于对自身健康的关注和好奇心,对这样的标题和文章产生兴趣,在软文的渲染和描写中,"脑白金"这个器官的神秘引起了很多人的兴趣。第二阶段脑白金转变软文方向,发表了"你会睡觉吗?""宇航员如何睡觉"等系列健康科普文章,讲解人们在生活中经常遇到的睡眠和饮食问题,提供一些解决方法,并借此机会插入脑白金的产品功效,不断突出脑白金的好处和重要性。脑白金的软文击中了人们对生命和健康的重视,以及好奇的天性,其权威性和普及性很有说服力,而且从人的健康角度提供了很多常见的、有用的问题和方法来说服人,赢得了很多人的信服。

自从脑白金大力运用软文以来,软文便成为保健品、化妆品、房地产、家电等行业的重要营销利器。当我们翻开报纸、打开网页,各种营销软文扑面而来,令人目不暇接。"软文"这个属于新时代的字眼,已在大众的心底深深地扎下了根,它犹如一股旋风,席卷了整个中国大陆。营销软文具有建立品牌美誉度的作用,在如今的商业市场中,如果想扩大品牌的影响力和提高品牌的价值,不能忽视营销软文的重要性。

任务目标

1. 理解营销软文的概念与特点。
2. 了解营销软文的价值优势。
3. 掌握营销软文的基本分类。

知识准备

营销软文是品牌营销的重要手段之一,其通过从文化、情感、生活、心态等角度切入,讲述商品、服务、技术等内容,以提高品牌影响力,提升市场竞争力,实现企业的商业目标。营销软文通过对特定文化、心态和价值观的引导和诠释,加强品牌与用户的互动,促进用户对品牌形象和产品的认知,为打造一个长期向消费者输出品牌价值的企业品牌体系提供了有力保障。

1. 营销软文的含义

软文是指由企业的市场策划人员或广告公司的文案人员来负责撰写的"文字广告"。与硬广告相比,软文之所以叫作软文,精妙之处就在于一个"软"字。软文的实质是广告,所以不论软文怎么策划和施行,其目的都是为了宣传。

营销软文通过情感和产品关键词来打动客户,让客户知道你在做什么产品,并且信任你。营销软文属于情感"攻击",通过情感营销,让客户对企业及其产品产生认同感。

2. 营销软文的特点

营销软文具有成本低、回报高、易制造信任感、表现形式丰富多样等特点,其创作手法和形式也在随着时代的发展不断变化和创新,具体如下。

(1) 内容多媒体化。随着互联网技术的不断更新,营销软文的内容呈现出多媒体化趋势,采用图文结合的方式进行推广,如新闻资讯、经验心得、技巧分享、观点评论等,同时还出现了添加了视频、音频等形式的营销软文。这些文字内容使受众"眼软",通过吸引用户的眼光,为用户提供有价值的信息,从而增强用户的信任感。

企业可以根据需要,选择合适的推广策略、发布形式和信息内容等。围绕传播主题,文案创作者可以选择合适的软文类型和表达形式,使其既能彰显电商品牌独特的个性,又能精准定位目标消费者的兴趣,投其所好。

(2) 增强口碑。口碑营销也是一种重要营销手段,好的软文可以给商家带来好的口碑,随着时间的推移,消费者对商家的信任度会不断提高。营销软文的最终目标是打动用户,让他们"心软"。这需要软文内容真实、真诚,经得起推敲,切忌用虚假信息或者糊弄用户。

推动口碑营销需要做的事情有两件:一是找出简明的信息,二是扩散信息。这就需要在软文中增加一个有讨论性的话题。在软文写作中,一旦找到了非凡的口碑点子,那就要想出各种办法,使之易于扩散。

(3) 明确卖点。好的营销软文需要把产品卖点说得明白透彻,使受众"脑软"。这需要深入了解产品的卖点,并将这些卖点用文字完美地演绎出来,将产品形象化,让受众更直观地了解产品的优势。

(4)兴趣和利益。营销软文需要抓住目标受众的兴趣和利益,提供与他们需求和喜好有关的内容。

(5)易于传播。随着智能手机、平板电脑等移动设备的普及,一篇好的营销软文不仅应吸引用户点击和阅读,还应引导用户主动参与和分享,如点赞、转发、评论等。

(6)效果数据化。互联网时代的信息和数据愈加透明、公开,商家可以随时对广告数据进行监测。营销软文的效果如何,点击阅读的人群年龄如何,在哪个时间段阅读的人数最多,这些都可以通过后台数据进行实时监测。

3. 营销软文的营销价值优势

(1)传播的隐蔽性。"春风化雨,润物细无声"是营销软文的传播方式。例如,广告意图不明显,通过慢慢渗透影响读者,达到潜移默化的传播效果。营销软文通常具有一定的新闻性、科普性和知识性,读者更愿意去主动接受这些信息,不会像对硬广告那样产生排斥心理。在阅读营销软文的过程中,读者会不知不觉地记住企业、产品或服务。

(2)传播的亲和力。营销软文的接受率相对较高,原因在于软文细腻、情感丰富,对受众来说具有良好的亲和力,不像硬广告,人们总是对其持有一种怀疑的态度和抵触的情绪。营销软文能就一个主题进行详细的阐述,信息容量很大,就像一个有耐心的讲解员在绘声绘色地解释说明。此外,一些具有知识性的、有趣的、有意义的软文内容,消费者甚至愿意主动进行二次传播。

(3)传播的灵活性。随着互联网技术的不断更新,营销软文呈现出多媒体化的形式,企业可以根据需要选择合适的推广策略、发布形式和信息内容等。围绕传播主题,文案创作者可以策划营销软文的类型和表达形式,既能彰显电商品牌独特的个性,又能精准定位目标消费者的兴趣,投其所好。

(4)传播的低价性。选择营销软文进行电商品牌的推广还有一个成本优势。相较于硬广告高昂的策划费用、制作费用与发布费用,除了极个别特别知名的大师撰写的营销软文作品价格略高,大部分营销软文的费用成本较低,软文营销的主要成本就是人力。尤其是那些中小型企业和创业型企业,它们没有太多的资金和实力进行硬广告的投放,选择低传播成本的营销软文无疑是一个最佳选择。

4. 营销软文的分类

根据主题、目的和内容不同,营销软文的类型大致可以分为以下几种。

(1)用户体验型。用户体验型以一般消费者或者第三方的切身真实体验,传播品牌或商品的优点、正面形象、商家实力、服务质量等。这种方法能悄无声息地对消费者和潜在客户产生良好关联或影响。消费者体验型软文如图8-1所示,这是很简单,也很容易让人信服的软文类型,类似消费者使用商品后的评论。

(2)新闻报道型。新闻报道型软文以媒体记者的身份发出,直接介绍企业实力、品牌形象,具备一定的权威性。以官

每罐20g,它是那种温润的质地,不稀薄但也不厚重油腻什么的,它不是上脸如无物的那种,而是在涂上之后能感觉到皮肤是由内而外的润泽柔顺,软软的不封闭,能感觉到皮肤是自然舒展不紧绷局促的。

整体而言,这款的润度在同品类中处于中上游,并且肤感不厚重,我用了这么久也没发现搓泥什么的,使用感受很好的,这个季节适合眼周有点干或者喜欢眼周有滋润感一族。

图8-1 眼霜营销软文

方的口吻报道，配合官媒传播平台，能大大增强报道的权威性、真实性、可信性，从而有力的提升企业的正面形象。如图 8-2 所示的《高品质再获认可！深圳地铁 16 条线 13 条用海尔中央空调》就属于新闻报道型软文。

图 8-2　新闻报道型软文

（3）专访型。专访型软文是指对具有高知名度的企业创始人进行访谈，内容包括成长经历、创业过程、管理思想等，深入到各个方面宣传品牌信息。

（4）科普型。科普型软文是指科学地对商品进行宣传或介绍，让消费者了解并熟悉商品所蕴含的科技价值，进而接受它。这种类型的营销软文尤其适用于新品上市，或某项新技术刚刚面世的时候，需要用较长的软文对该技术进行普及推广的情况。

（5）故事讲述型。以讲故事的口吻，娓娓道来，讲述商品信息，能起到"随风潜入夜，润物细无声"的作用。

（6）促销型。促销型软文往往是直接配合促销使用，即通过低价、时间紧迫等理由来激发消费者的购物欲望。如果是促销商品，促销型软文必须通过清晰的文字描述加深消费者对商品的了解和理解，增强消费者对促销商品的信任，才能真正起到促销的作用。如图 8-3 所示就是典型的促销型软文。

（7）利用热门事件型。文案创作者可以利用网络事件、民生热点等热门事件，或热门影视作品来创作软文，借此进行产品推广。这种推广方式需要拥有敏锐的洞察能力，能找到此热门事件与自身商品的关联性。例如，电影《湄公河行动》中出现了无人机路线规划的作战应用，一些无人机厂商借机宣传自家警用无人机；各大车企利用"奔驰车漏油"事件，通过表达"至少我们不会让你坐在引擎盖上哭"来进行宣传。如图 8-4 所示的蹭热点型软文"百雀羚爱杰伦"，让百雀羚成功在音乐平台上制造了一个爆点话题。百雀羚这波系列借势营销，紧紧围绕着周杰伦和自家产品进行内容输出，持续了年轻化沟通。另外，百雀羚还与故宫合作，强调品牌文化的"东方属性"，做"百雀羚天然影院"强调产品的品质特点，通过这些方法造就了百雀羚差异化的品牌形象，是百雀羚能长期保持鲜活品牌力的秘密。

项目 8 营销软文策划与写作

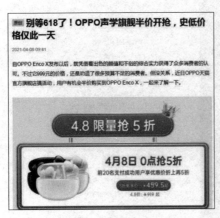

图 8-3 促销型软文

图 8-4 利用热门事件型软文

任务 8.2 营销软文写作

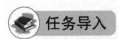

长城葡萄酒的品牌文案"三毫米的旅程,一颗好葡萄要走十年"如图 8-5 所示。

"三毫米的旅程,一颗好葡萄要走十年"

三毫米,一颗葡萄到一瓶好酒之间的距离。

不是每颗葡萄,都有资格踏上这三毫米的旅程。

它必是葡园中的贵族;占据区区几平方公里的沙砾土地;坡地的方位像为它精心计量过,刚好能迎上远道而来的季风。

它小时候,没遇到一场霜冻和冷雨;旺盛的青春期,没有雨水冲淡它酝酿已久的糖分;甚至山雀也从未打它的主意。

摘了三十五年葡萄的老工人,耐心地等到糖分和酸度完全平衡的一题才把他摘下;酒庄里最德高望重的西酿酒师,每个环节都要亲手控制,小心翼翼。而现在,一切光环都被隔绝在外。

黑暗潮湿的地窖里,葡萄要完成最后三毫米的推进,天堂并非遥不可及,再走十年而已。

"三毫米、瓶壁的厚度、十年"指的是一颗好的葡萄需要 10 年的时间来进行培养。通过文案不难看出,"三毫米"所代表的是"果",而这个"果"便是用"十年"引出来的。简单的三毫米,让人忽视;厚重的十年,让人无法忘怀。平平淡淡的"果"是厚重的"因"结出来的,强烈的因果碰撞,令人神往。

图 8-5　GREATWALL 长城葡萄酒品牌故事

任务目标

1. 掌握营销软文的撰写要求。
2. 了解营销软文的写作思路。
3. 理解营销软文写作的注意事项和误区。

知识准备

营销软文是一种通过文章来宣传和推销产品、服务或品牌的营销手段。营销软文不仅能够提高产品或服务的知名度和销售量,还可以增强品牌形象。营销软文的投放,需要结合目标、定位、策略等因素,进行科学有效的传播,从而让营销软文更好地为品牌进行推广。同时,企业需要不断挖掘用户需求、关注社会热点,让营销软文具有更高的人文关怀,更加人性化的体验,达到更好的品牌传播效果。在市场暴烈竞争的刺激下,营销的多元化和有效性也成了企业能够破浪推进的关键。

8.2.1 营销软文的撰写要求

1. 主题明确

文案创作者在撰写营销软文时要明确主题,精准地反映电商品牌的主要特点。主题的选取非常关键,主题单一且明确,才能强化营销软文的感染力。多主题的营销软文容易失去中心,降低对消费者的吸引力。

营销软文的主题可以是商品质量、产地、价格、规格、材质、品牌、促销活动、服务、消费者的反馈等。图 8-6 所示为主题非常明确的营销软文,该软文用"感恩回馈"主题吸引了读者的注意力。

2. 定位精准

文案创作者在撰写营销软文时可以专门对某一类用户群体进行精准定位,根据消费者的阅读习惯、消费行为、兴趣爱好等,撰写有针对性的营销软文。例如,明确所售商品的目标用户群体是哪些人,男人还是女人,老人还是小孩。图 8-7 所示的就是针对中老年人的羽绒服的一篇营销软文,它从"舒适保暖的衣服回馈父母的爱""一件又一件的衣服束缚了他们的行动"等角度入手,成功地吸引了中老年人购买羽绒服的强烈欲望。

图 8-6 感恩回馈主题营销软文

图 8-7 中老年羽绒服营销软文

3. 视角新颖

视角新颖是指文案创作者要开阔视野,多角度、多领域地发挥想象。视角新颖是营销软文发挥效用的根本所在,包括软文布局的新颖、构思的新颖、写作角度的新颖、语言风格的新颖等。文案创作者只有通过不断地提高撰写营销软文的创新能力,才能写出视角新颖的营销软文。

4. 生动有趣

生动有趣的营销软文,能快速吸引阅读者眼球。有些商品自身就带有一定的话题性,所以在撰写营销软文时比较容易找到"槽点";但也有些商品相对比较客观、严谨、古板,如一些科技类、商务类、财经类的商品,这时就需要通过营销软文赋予它一些趣味,使它有独特的创意。图 8-8 所示为香港游活动营销软文。

图 8-8　香港游活动营销软文

8.2.2　营销软文的写作思路

1. 文章切入点

文章切入点就是作者写这篇文章是从什么方向、什么角度来写的。例如,"如何把你的产品通过网络销售出去"这篇文章的切入点就是"网络销售"。就像聊天一样,当人们主动跟陌生人聊天的时候,得找一个话题去搭讪,这样才能更好地聊天。

2. 标题

撰写营销软文最重要的一点就是标题,标题是点睛之笔,也是吸引读者阅读的第一步,更是决定文章能否在众多信息中脱颖而出的关键。

3. 作者

如果是炒作个人、公司、产品的软文,那么文章的作者名称一定不能和他们有任何的联系,不然容易被读者看成是软文炒作。比如要写一篇标题为"20××年中国十大网络名人"的软文,如果包括了作者自己,那么在署名时一定要用一个大家不知道的网名。

4. 内容

内容是软文的核心、灵魂。一篇内容好的软文是读者能够认真看下去的必要条件,也是传达作者理念和软文营销效果最大化的必要条件,更是留住读者以及后续回访的基础条件。好软文的内容要有以下三个特点。

(1) 实用。文章要对读者有价值、有用处,能够给读者带来帮助。不必追求辞藻的华丽,关键是能够给读者带来什么价值。

(2) 创意。文章要新颖,让读者眼前一亮,这样容易引起读者的好奇心。

(3) 易懂。文章写得不要太高深,要让读者容易明白写作意图。

5. 素材来源

素材来源也就是文章的内容从哪里来,具体有以下三种。

(1) 修改。把别人的文章修改成为自己的文章主要的话题不变,只是修改一些细枝末节,然后再加上自己的感受和想法等。

(2) 拼凑。整理一下几篇文章的各自观点,然后再按逻辑关系整合成一篇新的软文。

(3) 总结。对自己的案例、热点时事、别人的案例进行分析总结,成为一篇软文。

6. 品牌理念融合

品牌理念融合就是把企业的品牌理念融合到软文里。软文可以清晰地把企业的品牌理念传达给潜在的读者,即文章中含有企业的"印记"。把品牌理念加入文章的时候一定要选择合适的地方隐性地加入,要让读者看了不反感,有一种浑然天成的感觉。

7. 发布平台

软文写好之后就需要发布到媒体上,让读者看见,从而达到软文营销的目的。要根据软文的不同类型选择不同的平台。例如,营销类的可以选择"销售与市场",新经济类的可以选择"艾瑞网",综合类、娱乐、文化可以选择新浪、搜狐、网易、腾讯等门户网站。

8. 互动交流

一篇软文写好之后不能只等着看效果,及时地和读者互动交流很重要。和读者互动不仅可以了解读者的想法,增强软文的营销效果;还可以增加自身的流量。

9. 效果评估

软文的效果评估主要有以下四种方式。

(1) 文章流量分析。对这篇软文的点击量、互动量等数据进行分析。

(2) 文章置顶、置首率分析。分析置顶、置首率,可以了解文章被多少媒体推荐了。

(3) 文章转载率分析。文章写好之后有没有人转载,有多少人转载,可以说明这篇文章的受欢迎程度。

(4) 查看搜索引擎有没有收录这篇文章,或者说这篇文章在不同的平台上被搜索引擎收录了多少,搜索文章的关键字是否可以搜到此文章。

10. 软文推广

发布到媒体上的软文,要想最大化地达到营销的目的,需要一定的技巧。

(1) 搜索引擎优化。加粗软文的标题,文章的前面设置关键词,文章中要有适当的外链,关键词加粗或加外链等。

(2) 选择一些重要的平台发布软文,不要单独选择一家平台发布。

(3) 在每一篇文章都加上自己写得比较"吸睛"的文章链接,这样可以让读者访问本文之外的其他文章。

(4) 多结交媒体的编辑和记者,向他们推荐自己的文章,从而有利于文章被推荐。

8.2.3 软文写作技巧

1. 从多角度撰写

营销软文的写作切入角度很多,包括品牌角度、商品角度、消费者口碑、第三方角度等,从不同的角度撰写的营销软文会产生不一样的效果。电商品牌在进行品牌推广时,可以通过撰写不同角度的营销软文来达到吸引消费者、宣传推广品牌、促成销售的目的。

(1)品牌角度。软文营销的核心内容就是宣传企业的品牌信息。企业如果想要在行业内占据一席之地,首先要做的就是塑造企业品牌、扩大其知名度。营销软文可以从企业文化、品牌故事、企业发展历程、创始人等多个角度出发来构建企业品牌。图8-9所示为从品牌角度撰写的营销软文。

图8-9　赫行品牌营销软文

(2)商品角度。企业借助软文营销的目的就是商品销售。好的营销软文不仅可以向消费者普及商品信息,还能直接提升商品的销售额,让企业受益。营销软文要全方位解读商品,从商品功效、使用方法等多方面出发,拒绝枯燥单一的内容。图8-10所示为从商品角度撰写的营销软文。

(3)消费者口碑。现在的企业和消费者都很在意口碑,所以企业更应该注重商品的使用体验和口碑软文。图8-11所示为从消费者口碑角度撰写的营销软文。

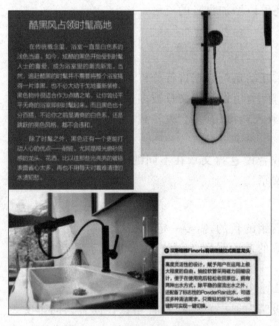

图8-10　酷黑风花洒营销软文

图8-11　蒸烤箱营销软文

(4)第三方角度。企业可以从第三方角度分享切入营销软文宣传,在大量干货内容分享中穿插少量广告,既能降低消费者抵触心理又能增加广告信息的可信度。

2. 用情感诉求打动消费者

在类型众多的营销软文中,情感表达尤其重要,它能让消费者产生共鸣。营销软文要能抓住消费者情感上的弱点，激发他们的情感，可以是亲情、爱情、友情，也可以是乡情、爱国情等等。当营销软文描述的情感诉求点与消费者的情感相契合时，就会让有类似经历的消费者感同身受，并愿意主动转发传播营销软文。图 8-12 所示为用情感诉求打动消费者的营销软文。

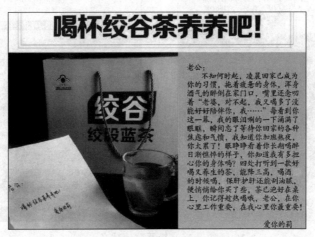

图 8-12　绞股蓝茶营销软文

3. 写作语言通俗化

一篇好的软文一定能被人轻松阅读并理解，语言的通俗化就是要能照顾到大多数阅读者的理解能力。图 8-13 所示是格力电器公众号发布的一篇软文，这篇软文的写作语言十分通俗易懂，它采用漫画的形式，家人间的对话让消费者觉得亲切、幽默，无形中又了解了一款格力冰箱的功能。

图 8-13　格力冰箱营销软文

4. 满足消费者需求

一篇好的营销软文要能使消费者感受到商品的价值，所以文案创作者在策划撰写营销软文时要从满足消费者需求的角度出发，要在营销软文中体现出商品的功能价值和品牌价值。图 8-14 所示为某松茸的营销软文。

图 8-14 松茸营销软文

5. 营销软文写作视角的选择

营销软文能否受消费者欢迎,能否真正助营销一臂之力,关键就在于其是否有足够的创意。决定营销软文创意的往往就是写作视角。营销软文的写作视角一般分为物的视角、人的视角和第三者视角三个类型,视角的选择可以影响文章的创意和吸引力。

(1)物的视角。物的视角是指从产品的角度出发,以产品的特点和功能为核心,通过描述产品的外观、性能、品质等方面的优势来吸引受众。这种视角适用于那些具有独特特点和功能的产品,如新兴科技产品、创新家居用品等。

(2)人的视角。人的视角是指从消费者的角度出发,以消费者的需求和痛点为核心,通过描述产品的使用体验、解决方案等方面的优势来吸引受众。这种视角适用于那些与消费者日常生活密切相关的产品,如护肤品、食品、服装等。

(3)第三者视角。第三者视角是指从第三方的角度出发,以客观、公正的态度为核心,通过描述产品的市场表现、声誉等方面的优势来吸引受众。这种视角适用于那些需要建立品牌形象和信誉的产品,如高端奢侈品、房产、汽车等。

角度决定创意。不同的写作视角可以产生不同的创意和表达方式,需要根据产品的特点和目标受众的需求来选择适合的视角。写作视角也需要与文章的主题和风格相协调,以产生更好的营销效果。

8.2.4 营销软文写作的注意事项和误区

1. 营销软文写作的注意事项

(1)保证软文内容的真实性。软文虽然与新闻不同,但也必须在真实性上下功夫,尤其是对产品或服务的描述部分,必须实事求是,不能进行虚假式夸大的宣传。如果消费者在阅读完软文后对内容的真实性产生怀疑,就会对营销软文介绍的品牌产生质疑。

(2)合理安排软文的发布。软文的发布同样关系到软文的传播效果,发布的时机、渠道、方式等都会影响到电商软文的传播影响力。

(3) 整合推广方式。在推广电商软文时，可以与其他推广活动相配合。任何一个行业、任何一家企业都不能单单靠一种推广方式宣传，必须做到整合推广，尤其是在新产品上市等重要公关环节，必须要保证软文内容能快速发布在各类媒体平台。

(4) 遵守法律法规。软文是在网络时代极具杀伤力的营销利器，但这个武器同时也是一把双刃剑。在实际操作中，有些电商软文往往游走在一个比较模糊的灰色地带，让人们分不清楚到底是新闻，还是公关稿、软文广告。这种情况是文案创作者需要规避的。

2. 营销软文写作的误区

营销软文写作目的是提升品牌知名度和促进销售，它可以提升一个商家的品牌形象和知名度，在一定程度上也能够提高商品的销量。但是在实际执行当中，可能会走入误区，而致使软文营销的效果大打折扣。撰写营销软文的时候也需要注意以下禁忌。

(1) 忌篇幅过长过多。如今生活节奏快，消费者看到大篇幅的文字就头疼，即使阅读也很难读完整篇内容，更何况是让其读广告了。所以营销软文要短小精悍，言简意赅，让消费者能够快速了解整篇营销软文的内容。长篇段落要分清主次并划分几个小段，这样消费者自然就容易产生阅读兴趣。营销软文文案没有重点，有时候浪费的不仅仅是金钱，更重要的是还会丧失开展营销的信心和耐心。

(2) 忌脱离中心思想。一篇营销软文不能仅仅是商品信息的堆砌，而是应该有一个中心思想，将营销的主题恰到好处地隐藏在营销软文的中心思想中，然后围绕中心思想撰写，最终形成一篇可读性较强的营销软文。

(3) 忌忽视标题。消费者是否要看某一个内容，主要是由标题好坏决定的。标题是整篇营销软文的点睛之笔，所以文案创作者要在标题上下足工夫。

(4) 忌无规划。不要以为营销软文写作就是写篇软文发布到媒体上，发软文有媒体资源就可以做到，但是营销软文写作远远不止这些。成功的营销软文写作需要一个整体的策划，要根据商品的行业背景和商品特点策划营销软文的写作方案。文案创作者在展开软文营销工作之前就要明确软文推广的目的，是想塑造品牌，利用新闻造势还是销售更多的商品？这些问题都应该事先明确。文案创作者一旦明确了目的就逐步去落实到位，否则就是在做无用功。

(5) 忌一成不变。在营销软文推广的过程中，消费者往往需要的营销软文不止一篇，文案创作者需要一个系统化、完善性的推广方案。所有的营销软文都一成不变或大同小异是一大禁忌。

(6) 忌硬植入广告。很多人在营销软文中生硬地植入广告。例如，在文章的开头或者结尾，直接硬生生地把广告植入其中。这样的营销软文让人一看便知道是软文广告，大大地降低了读者看这篇文章或者继续读下去的欲望。

(7) 忌忽视市场调研。文案创作者通常会对所要宣讲的商品做深入研究，这样做的确是写出有血有肉的好的营销软文的一个重要因素，但很多文案创作者会忽视另外一个重要因素——对市场情况的调查研究。文案创作者需要先把握好市场的热点，分析消费者的行为特点，抓住消费者最关注的是什么，了解消费者能够接受哪种传播方式，然后根据这些特征做出相应的推广策略。

(8) 忌恶意诋毁竞争对手。同行之间，尽管是竞争对手，也要合理、合法地去竞争。在营销软文中诋毁竞争对手，虽然能得到一时的利益，却并不会长久。

(9) 忌不考虑可接受性。营销软文的目的在于引导、说服与感动消费者，推动消费者产生购买行为。因此，文案创作者要充分考虑营销软文对于消费者的"可接受性"。也就是说，营销软文一定要给消费者一种"可信度"。切忌过分夸大与拔高，切忌把营销软文写成硬广告，引起消费者怀疑甚至反感。

(10) 忌没有耐心和坚持的勇气。营销软文需要一个沉淀和积累的过程，有的商家想在一周内就把自己的品牌塑造出来，营销软文基本上不可能有这个能力，即使有也是个案。如果短期内要求用营销软文实现大幅销售业绩，则这种可能性比较小。

任务实施

运用所学的相关知识，分担撰写某沙发商品的营销软文。小组间互换作品，进行评价与改进。要求用词准确简单，尽量避免使用抽象的专业词语，讲清商品所带来的利益点。

项目总结

营销软文的目的是建立品牌美誉度，提高品牌竞争力。正确使用营销软文，才能在当今激烈竞争的商业市场中取得优势。本项目介绍的是营销软文的概念、软文的类型、软文在营销中的作用、新媒体时代的软文营销场所、软文写作的特点及要求等知识，方便文案工作者全面地了解营销软文。

项目测试

1. 营销软文有哪些特点？
2. 营销软文的基本类型有哪些？
3. 怎样写出主题明确的营销软文？
4. 撰写营销软文的角度有哪些？

项目实践

1. 实践任务

(1) 分别从物、人、第三者三个方面去考虑，撰写一篇护肤品的营销软文。

(2) 若要以丽江某客栈为主题撰写一篇旅游软文，谈谈你的写作思路。

(3) 请结合本章所学知识，为"卡西欧 TR600 自拍神器美颜相机"撰写一篇故事型营销软文，介绍如下。

本相机全新美颜功能 MAKE-UP Plus 拥有高画质，追求女性理想的肌肤呈现方式，可以设定自己喜欢的肤色和肌肤平滑度；在皮肤美颜处理上，除了单纯美白还能实现更健康的肤色；在平滑肌肤的同时，也能让眉眼周围的立体感清晰呈现。

搭载 EXILLIM 引擎的 1/1.7 高感度高速 CMOS 传感器和全新优秀光学特性的高灵敏度镜头。另外，在昏暗的光线及逆光的情况可以通过机身搭载的高光度 LED 拍摄出美丽的照片，让自拍的画质更有质的飞跃。

2. 实训步骤

（1）选择物的视角。围绕商品本身去写,如商品的产地、特色、价格、品牌以及其他优势等。

（2）选择人的视角。从消费者层面去写,如旅游、机票、酒店餐饮、购物等。

（3）选择第三者角度。客观反映商品的优势和缺点,让消费者产生消费的冲动。

3. 实践要求

（1）分组分工完成营销软文的撰写。

（2）文案语言精练准确、逻辑性强,能打动消费者。

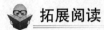 **拓展阅读**

拓展阅读:求安慰

项目9

搜索引擎优化文案策划与写作

在数字化时代,搜索引擎已成为人们获取信息、产品和服务的主要途径之一。对企业而言,利用搜索引擎进行营销活动已成为一种有效的推广方式。搜索引擎营销(search engine marketing,SEM)是一种通过在搜索引擎上投放广告和优化网站来提高组织或企业品牌曝光度、增加网站流量和获取潜在客户的策略。在搜索引擎营销的实施步骤中,最为重要的是搜索引擎优化文案的策划与撰写,引人入胜的文案是提高网站流量,吸引用户并提高转化率的关键。搜索引擎优化文案是指为了优化网站在搜索结果上的排名而撰写的内容,通过搜索引擎优化(SEO)、搜索引擎广告等方式策划优质的搜索引擎优化文案,有助于提升品牌曝光度和销售业绩,达到更好的营销效果。

职业素养目标

1. 了解策划优质的搜索引擎优化文案需要正确的价值取向、较高的道德素质和良好的职业素养。

2. 在通过搜索引擎优化文案提高网站流量时,严格遵守法律,不泄露公民个人信息、企业商业数据,依法经营,合法维护正当权益。

典型工作任务

1. 分析促销产品的亮点、卖点,提炼产品的关键词。

2. 根据促销产品,撰写能提升品牌曝光度和销售业绩,达到更好的营销效果的搜索引擎优化文案。

任务 9.1 认知搜索引擎

任务导入

美妆行业一直存在激烈的竞争,为了提升品牌曝光和销售业绩,美妆品牌 XYZ 决定通过搜索引擎优化策略来提高网站的搜索引擎排名。首先,他们进行了关键词研究,了解用户在搜索引擎中输入的与美妆相关的词汇。然后,他们对网站进行了优化,包括优化网站结构,改善网站加载速度、创建高质量的内容等。此外,他们还与行业内有影响力的美妆博主合作,增加外部链接,提高网站的权威性。通过这些努力,美妆品牌 XYZ 的网站在搜索引擎结果的排名中显著提升,带来了更多有针对性的流量,大大增加了网站的转化率和销售额。

任务目标

1. 了解搜索引擎相关的基本概念。
2. 理解搜索引擎营销的步骤。

知识准备

9.1.1 搜索引擎相关概念

搜索引擎是指根据一定的策略、运用特定的计算机程序搜集互联网上的信息,在对信息进行组织和处理后,为用户提供检索服务的系统。当用户通过输入想要获取信息相关的关键词,并以浏览器等方式提交给搜索引擎时,搜索引擎可以根据这些关键词来匹配用户可能需要的所有信息,并返回相关的信息列表展示给用户。

1. 基本概念

(1) 搜索请求。搜索请求又被称作搜索查询,是指用户在搜索引擎键入某个关键词搜索并试图取得返回结果的过程。搜索请求代表查询者的搜索意图。

(2) 搜索引擎营销(SEM)。搜索引擎营销是指以搜索引擎为平台,调整网页在搜索结果页上的排名,从而给网站带来访问量为手段,针对搜索引擎用户而展开的营销活动。

(3) 搜索引擎优化(SEO)。搜索引擎优化又被称作搜索引擎友好设计,是搜索引擎营销的一种,主要指通过调整网站的结构和设计,使网站对搜索引擎更友好,更能让搜索引擎明确和全面了解网站的结构和内容,从而使搜索引擎在用户查询相关内容时,能够更合理地评价判断该网站满足用户需求的程度,在相关关键词的搜索结果中给予靠前的排名。

2. 系统功能类概念

(1) 搜索推广。搜索推广是百度推广的一部分,是一种按效果付费的网络推广方式。每天网民在百度进行数亿次的搜索,其中一部分搜索词明确地表达了某种商业意图,即希望购买某一产品,寻找提供某一服务的提供商,或希望了解该产品(服务)相关的信息。同时,提供这些产品(服务)的企业也在寻找潜在客户。通过百度的关键词匹配技术,可以将高价值的企业推广结果精准地展现给有商业意图的搜索者,满足其搜索需求和企业的推广需求。

(2) 网盟推广。网盟推广是按照效果付费的网络定向推广服务,以百度联盟数万家合作伙伴作为投放和传播平台。推广商户可以自行选择投放的网站和地域,将各种类型的推广信息(文字、图片、Flash 等)展现在各类百度联盟网站上,最大化地触及潜在受众。搜索网络和内容网络覆盖了 90% 以上的中国网民,帮助推广商户最大化地触及潜在受众。

(3) 推广计划。推广计划是推广账户最高的层级设置,通过推广计划的使用,可以根据产品的特性或个人习惯等更好地管理推广项目。

(4) 推广单元。推广单元是推广计划下的推广管理单位,包括多个创意和多个关键词。

(5) 关键词。关键词是推广商户所购买的一系列与自身产品/服务相关的词,被搜索引擎用户用来查询相关信息时,就会匹配到推广信息并展现在用户的搜索结果页上。

(6) 创意。创意是指网民搜索触发商户的推广结果时,展现在网民面前的推广信息,包括一行标题、两行描述,以及访问 URL 和显示 URL。

(7) 标题。标题显示在创意的第一行,以带下划线的蓝色超链接形式展现。

(8) 描述。描述显示在创意的第二至三行,以普通字体展现。

(9) 显示 URL。显示 URL 显示在推广结果中的 URL 地址,对显示 URL 的设置不会影响网民对实际链接网址的访问。

(10) 访问 URL。访问 URL 是点击推广结果实际访问的 URL 地址。

(11) 推广地域。推广地域是搜索推广的一种推广设置,通过地理区域定位目标客户。对推广内容设置推广地域后,只有当指定地域的网民搜索时,才会出现这些推广内容。

(12) 推广排名。推广排名是指推广结果在搜索引擎页面推广位置中的排次。

(13) 关键词嵌入。关键词嵌入指在创意中通过使用通配符嵌入关键词。被嵌入创意中的关键词将在推广页面中显示,提高客户对创意的关注度和点击率。包含通配符的创意在展现时,将以触发创意展现的关键词替代通配符。

(14) 着陆页面。着陆页面也被称为登录页面,是关键词所指向的页面,即创意里访问网址指向的页面。

(15) 每日预算。每日预算指为搜索推广设定的每日愿意支付的最高费用。在推广平台监测到当天消费超过设定的每日预算额后,推广内容会自动下线。

(16) 出价。出价指商户愿意为一次点击所支付的最高费用。常用搜索引擎计费机制保证实际点击价格不高于甚至低于商户的出价。出价将和关键词的质量一起影响关键词的排名位置。

(17) 最低展现价格。最低展现价格指为使关键词正常展现,所需要设定的最低出价。如果关键词的竞价价格低于最低展现价格,关键词将自动下线。关键词最低展现价格由其质量度和商业价值共同决定。

(18) 竞价。竞价是指当推广信息上线后,推广商户根据自身情况来调整出价以影响排名的动态过程。

(19) 优化。优化是指商户以提升推广效果为目的,对推广方案进行调整的过程。优化的具体目的取决于推广目的,也可称之为在一定的投入下为取得更好的效果,不断提高投资回报率的过程。优化包括账户的优化和网站的优化,是一个持续进行的过程。

(20) 内容定向。内容定向是网盟推广的一种推广内容匹配模式。通过为推广内容指定主题关键词,与推广联盟中所有网站的网页主题词进行匹配并展现推广内容。

(21) 网站定向。网站定向网站定向是网盟推广的一种推广内容匹配模式,将推广内容投放到指定的网站上进行匹配并展现推广内容。

(22) 质量度。质量度主要反映网民对该关键词以及关键词创意的认可程度。影响因素包括关键词的点击率、创意撰写质量(关键词和创意的相关性)以及账户表现(账户生效时间、账户内其他关键词的点击率)等。可以通过优化关键词的质量度,特别是提高关键词与创意的相关性,来降低最低展现价格以及点击费用。

影响质量度的主要因素有以下三个方面。

① 创意撰写方面。创意撰写方面主要指创意内容与关键词的匹配度。关键词套入创意要通顺,需要创意撰写具有一定的号召力,以吸引网民点击。

② 网站质量方面。网站质量方面包括网站着陆页面与关键词的相关度,尤其是百度推广的 URL 链接页面内容与关键词的相关度;网站打开速度、空间服务器的稳定性,这间接影响推广的跳出率进而影响关键词的历史表现;网站用户体验,包括网站的 UE 设计等方面,其会影响网站的浏览量,浏览深度,停留时间等因素。

③百度推广账户方面。百度推广账户方面主要是指账户结构与账户历史表现。在账户结构上要求账户的整体架构清晰。单元中的每个关键词语意一致、词性一致；同时有使用通配符的匹配，替换到通配符中时，保持创意的语意不变，语句通顺。账户历史表现包括账户的生效时间、账户内关键词的点击率等，其中点击率是影响质量度的最重要因素，点击率＝点击量/展现量，衡量的是网民对推广创意的感兴趣程度。

3. 匹配方式类概念

不同的匹配方式会影响商户在百度展示页面中出现的范围，合理利用匹配会帮助商户吸引精确的潜在受众。

(1) 广泛匹配。广泛匹配指当网民搜索词与您的关键词高度相关时，即使商户并未提交这些词，其推广结果也可能获得展现机会。在广泛匹配方式下，可能触发推广结果的包括同义相近词、相关词、变体形式、完全包含关键词的短语等。

(2) 精确匹配。精确匹配指仅当网民的搜索词与商户提交的关键词完全一致时，推广内容才有展现机会。

(3) 短语匹配。在短语匹配的模式下，只有在网民搜索词与关键词字面一致，或者搜索词完全包含关键词并顺序一致时，才展现对应的创意。

(4) 否定匹配。否定匹配可用来避免与商户推广意图不符的搜索词触发创意。

4. 匹配方式选择建议

不同匹配方式下，商户被展现的概率不同：广泛匹配＞广泛匹配＋否定匹配＞短语匹配＞短语匹配＋否定匹配＞精确匹配。

(1) 广泛匹配。建议新上线的关键词（无特别通用性关键词的情况下），在初期(1～2周)全部设置为广泛匹配，观察其点击、展现、消费等情况后，酌情进行各种匹配的区分。

(2) 短语匹配与精确匹配。①比较宽泛的关键词可以设置该匹配形式。②消费过快的关键词，可以设置该匹配形式。③强调转化率的客户，可以为其关键词设置该匹配方式。设置后，关键字的点击将会有明显下降。

(3) 否定匹配。若计划中存在通用性广泛匹配的关键词，则可添加否定匹配系统功能类。

5. 效果衡量类概念

(1) 日均搜索量。日均搜索量指关键词每天在搜索引擎上的搜索请求的总数，其反映了某个关键词被网民搜索的情况。

(2) 展现量。展现量是指在一个统计周期内推广信息被展现在搜索结果页的次数。

(3) 点击量。点击量是指在一个统计周期内，用户点击推广信息的网址超链接的次数。

(4) 点击率。点击率是指在一个统计周期内，推广信息平均每次展现被点击的比率，计算公式如下。

$$点击率=\frac{点击量}{展现量}\times 100\%$$

(5) 平均点击价格。平均点击价格是指平均每次点击推广信息所产生的消费，其计算公式如下。

$$平均点击价格=\frac{消费金额}{点击量}$$

(6) 千次展现消费。千次展现消费是指推广信息被展现一千次的平均消费，其计算公式如下。

$$每千次展示消费 = \frac{消费金额}{展现量} \times 1000$$

（7）流量。流量是指网站的访问量，在不同的语境下，可以用不同的指标来衡量流量，如访客数、访问次数或浏览量等。

（8）独立访客数。独立访客数常被简称为访客数，是指在一个统计周期内，访问被统计对象的不重复访问者之和。同一人在统计周期里的多次访问被统计为一个独立访客。

（9）页面浏览量（PV）。页面浏览量简称浏览量，是指在一个统计周期内，独立访客访问被统计对象时所浏览页面的总和。即网站页面被访客的浏览器打开并加载的次数。

（10）访问次数。访问次数是指在一个统计周期内，独立访客访问被统计对象的次数之和。如果访客在网站上的不活动时间超过一定长度，下次再有活动就会被算作新的会话，计为2次访问。

（11）平均单次访问时长。平均单次访问时长是指在一个统计周期内，访客与被统计对象的平均会话时间，其计算公式如下。

$$平均单次访问时长 = \frac{总访问时长}{总访问次数}$$

（12）流失率。流失率是指对指定路径对应的步骤而言，访客从该步骤进入到下一条步骤的过程中流失的比例，其计算公式如下。

$$本步骤的流失率 = \frac{本步骤的进入次数 - 下一步骤的进入次数}{本步骤的进入次数} \times 100\%$$

（13）路径。路径是指访客在目标网站上按照步骤设置最终抵达商户所设置的目标页面之前需要经过的一系列关键页面。

（14）转化目标。转化目标也叫作转化目标页面或目标页面，指商户希望访客在网站上完成的任务，如注册、下订单、付款等所需访问的页面。

（15）转化。转化是指潜在客户完成一次商户期望的行动。

（16）转化率。转化率是指在一个统计周期内，完成转化行为的次数占推广信息总点击次数的比率，其计算公式如下。

$$转化率 = \frac{转化次数}{点击量} \times 100\%$$

例如，10名用户看到某个搜索推广的结果，其中5名用户点击了某一推广结果并被跳转到目标URL上，之后其中2名用户有了后续转化的行为。那么，这条推广结果的转化率就是 $\frac{2}{5} \times 100\% = 40\%$。

（17）平均转化价格。平均转化价格是指平均每次转化所消耗的推广成本。其计算公式如下。

$$平均转化价格 = \frac{推广费用}{转化次数} \times 100\%$$

（18）投资回报率。投资回报率是指推广商户通过推广所赚取的利益与其所付出的成本的比率。例如，推广商户花费了1000元进行搜索引擎推广并实现销售收入1500元。其投资回报率就是(1500−1000)/1000＝50%。

9.1.2 搜索引擎营销步骤

1. 目标——营销目的和策略的确定

受到行业差异、市场地位、竞争态势、产品生命周期、消费人群特性等因素的影响，不同品牌搜索引擎营销的目的和策略差异很大,但都对后续工作有着深远影响。在推广流程的开始,需要明确以下信息。推广定位:包括提升品牌知名度、提升品牌形象、产品促销等。目标受众:包括白领、学生、IT从业人员等。推广策略:包括要让公司网站获得更多的流量、注册量、订单量等。

2. 分析——关键词数据和历史数据分析

根据目标受众确定关键词范围,分类整理,估算不同类型关键词的搜索量,从而洞察受众在搜索引擎上的特性并判定营销机会。通过历史数据辅助估算消费、效果和趋势。

3. 计划——确定词表与网站并制订合理目标

(1) 确定费用、时间、资源等限定因素,基于营销目的和策略,选定最佳推广组合方案,确定投放使用的关键词表。

(2) 通过营销方案和关键词流量、费用、效果预估,配合历史数据,为推广活动设置合理的效果基准点。例如,总体访问量、平均点击费用、转化量、转化成本、平均访问停留时间等等。如果是较长时间的投放,则需要将标准与推广相关各方达成共识。

(3) 根据目标受众的搜索兴趣点完成网站的设计和制作。

(4) 撰写相关创意。

(5) 设定并测试效果监测系统。

4. 执行——实施及监测

协调各方及时在营销平台上开通账户,上传方案并按时开通上线。实施每日投放数据和效果数据的紧密监测和细微调整,保持稳定的投放,避免大幅波动。

5. 优化——数据分析与优化

(1) 每周、每月、每季度或在指定时间跨度进行数据汇总,生成报告,陈述当前形势,进行趋势和效果的数据分析,与推广标准进行比对,指出取得的成绩与不足。

(2) 基于历史数据、投放数据、效果数据的分析和对市场认识的更新,有步骤地调整关键词、创意账户结构、网站架构和内容、运营流程等不同层级,以达到或超越之前制定的推广标准。

(3) 如有不可控因素存在,或预期与实际情况差异较大,需要回到目标制定步骤进行基准点的调整,并与各方达成共识。

(4) 基于数据报告和分析得到的结论,制定优化方案,在取得各方确认后实施。

需要注意的是,优化不仅仅是对最初计划的裁剪,还需要基于新的数据分析和市场洞察设计新的尝试方向,使整个推广活动进入吐故纳新的正向循环,充分挖掘市场的潜力。

任务9.2　商品关键词设置

在网上每天都会有大量的商品上架,只有脱颖而出的商品才能取得成交的机会。而买家想要在浩瀚的商品中尽快找到自己的商品,一定会用到关键词搜索。

- 韩国小饰品批发、时尚简约花朵食指戒指、潮流百搭开口
- 韩国代贩、优质合鏊材质银色镶钻完整造型不规则时尚钻戒
- 韩版、滴油、白色、狐狸、戒指、指环、饰品、批发
- 欧美外贸青岛饰品批发、新款高端铜铸造、女款戒指

以上四则标题是以"戒指"为搜索关键词在淘宝中的搜索结果,其中前两则标题都排在搜索结果靠前的位置,后两则要买家翻到最末一页才能看到。造成如此巨大差别的原因就是标题中的关键词排名,不管是标题的表述还是标题所表达出来的信息,都可以看出前两则标题都十分明确地以"饰品""戒指""钻戒"等为核心关键词,然后根据产品的材质、外形等属性进行关键词的补充说明和组合,提供了相当详细的产品信息;而后两则标题的关键词融合度则远远不够。

任务目标

1. 了解关键词的常用分类。
2. 掌握提炼关键词的步骤和方法。
3. 理解关键词的扩展和筛选方法。
4. 熟练使用搜索引擎进行关键词的搜索。

知识准备

关键词是决定商品信息排名的关键因素,好的关键词可以让客户容易找到你的产品信息,这需要对自己的产品及客户有足够的了解。最好的方法就是自己站在客户的角度来考虑问题:如何才能找到自己的产品?以什么样的方法和搜索手段来搜索关键词?多研究客户和自己的产品才能使关键词得到优化。

9.2.1 关键词的常见类别

关键词的作用非常重要,因为它的排名直接决定了用户是否能看到商家的网站,对网站的成交量也有着一定的促进作用。

关键词的内容十分丰富,如产品名、网站、服务、品牌或人名等;也可以是中文、英文、数字或字母的组合;也可以是一个字、一个词组或一个短语。

1. 泛关键词

泛关键词是指经常被大量搜索的词语,通常都是代表一个行业或者一个事物,比如房地产、服装、计算机、保健品、手机、汽车等。

泛关键词一般用于网络营销或广告投放,特别是那些通过流量来赚取广告的行业网站,但泛关键词的搜索涵盖范围太大,排名竞争也相当激烈,特别是一些主流泛关键词的搜索结构几乎都以千万来计算。例如,"耳机"在百度搜索引擎中的搜索结果有 9 670 000 个(图 9-1),"手机"在百度搜索引擎中的搜索结果显示约千万个。

图 9-1 百度搜索引擎中"耳机"的搜索结果

2. 核心关键词

核心关键词是指经过关键词分析,可以描述网站核心内容的"主打"关键词,就是网站产品和服务的目标消费群体搜索的关键词。核心关键词是网站的灵魂,对网站的重要性不言而喻,如果选择了错误的核心关键词,网站将无法获得理想的排名。核心关键词主要以行业、产品或服务的名称为主,也可以是这个名称的一些属性或特色词汇。核心关键词需要有以下特点。

(1) 简洁明了。核心关键词通常是简单、直接的词汇或短语,能够清晰地表达网站的主题或核心内容。一般作为网站首页的标题。

(2) 针对性强。核心关键词应该是针对网站的目标受众和主题内容精心选择的,具有较高的针对性和相关性。

(3) 搜索量大。核心关键词应该是具有一定搜索量的词汇或短语,能够在搜索引擎上吸引到一定的流量。

(4) 竞争性强。由于核心关键词具有较高的搜索量和针对性,因此通常也具有较强的竞争性,需要投入更多的资源进行优化和推广。

(5) 具有代表性。核心关键词应该是能够代表网站主题或核心内容的词汇或短语,具有较高的代表性和概括性。

(6) 可扩展性。核心关键词应该具有一定的可扩展性,能够衍生出更多的相关词汇和短语,为网站的搜索引擎优化和推广提供更多的机会。

3. 相关关键词

相关关键词又叫"辅助关键词"或者"扩展关键词",是指有一定热度,和核心关键词比较接近或相关的关键词,是对核心关键词的一种补充。相关关键词可以有效地突出网站的主题,增加网站的流量,有补充说明核心关键词,控制关键词的密度,增加页面被检索的概率的作用。

4. 长尾关键词

长尾关键词是对相关关键词的扩展,它不是目标关键词,但可以为网站带来搜索流量,如"哪家鲜花网的服务好""鲜花订购哪里有"等。长尾关键词一般存在于内容页面,除了在内容页的标题中存在,还可存在于内容中。长尾关键词一般较长,往往由两至三个词语组成,甚至是短语,如图9-2所示。

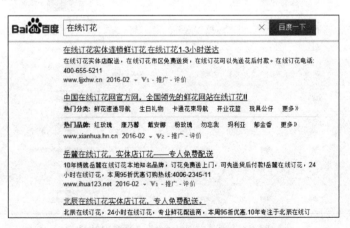

图 9-2 百度搜索引擎中"在线订花"的搜索结果

(1) 相关搜索。选择几个泛关键词,在百度、雅虎或迅雷等主要搜索引擎中进行搜索,在搜索结果页面下方会出现"相关搜索"。它显示的是与搜索的泛关键词相关的搜索词汇,如

图 9-3 所示。这些词语是用户搜索较多的词语,结合这些词语就可以很好地组织自己的长尾关键词。

图 9-3　百度搜索引擎中"智能手机"的搜索结果

(2) 站长工具(https://seo.chinaz.com)。站长工具是一款 SEO 综合查询工具,可以查找到各大搜索引擎的信息,包括收录、外链和关键词排名等。通过其"搜索优化查询"功能中的"长尾关键字"分类,即可打开其"百度分析"页面,在搜索框中输入关键词即可获得与关键词有关的长尾关键词数据,如图 9-4 所示。其他的类似网站或软件也可以进行关键词的分析,如站长帮手、商务通等。

图 9-4　站长工具中"女装"的搜索结果

(3) 百度下拉框。百度搜索引擎的搜索下拉框中会根据用户输入的关键字提示一些长尾关键词,这些词在很大程度上可以让用户直接搜索,具有一定的访问量和转化效果。但搜索框提示的词语一般是单体词汇,不适用于大批量的长尾词扩展。

(4)竞争对手分析。可以到同类型竞争对手的网站中查看,将对方网站中的长尾关键词记录下来,进行去重、筛选等操作后保存到自己的关键词库中,再进行重新组合并分析,使其转化为自己的关键词。

(5)社区问答平台。在各种综合型的社区论坛或问答平台中,有许多关于各行各业的问答,这其中不乏大量真实有效的用户需求问答,仔细对这些问题进行分析有可能出现我们意想不到的长尾关键词。例如在"知乎"或"问问"中搜索某目标关键词时,会出现许多不是这个关键词相关的问题,而针对该关键词,还有许多的相关话题或问题,可以使长尾关键词的资源更加丰富。

(6)搜索引擎工具。谷歌搜索引擎和百度搜索引擎的后台工具都有关键词查询和扩展的功能,其搜索次数和扩展词量都相对真实可靠。但就国内而言,主要以百度搜索引擎的数据为主。百度的竞价投放就是需要靠长尾关键词来进行排名,它不仅要与不同网站的业务紧密结合,而且要尽量达到吸引用户点击的目的。

9.2.2 关键词的设置视角

没有流量和曝光率对于任何商家和企业来说都是致命的。对于规模不大或品牌并不响亮的商家来说,没有实力通过竞价的方式来宣传推广自己的产品,此时就可以通过设置能提高曝光率的关键词的方法来优化网站。

1. 从公司产品的角度出发

关键词的设置是为了让用户看到目标网页,并促进用户点击和购买。因此关键词的设置不能脱离公司产品,必须要与产品或网站的内容相关。如果使用了与网站内容不符的关键词,即使用户通过关键词搜索进入了网站,也不会对内容不一致的产品感兴趣。此外,如果企业客户只涉及部分区域,那么设置关键词时就没有必要扩大自己的竞争区域,可以将自己服务的地域范围融入关键词中,因为大多数客户通过搜索引擎寻找目标网页时都是以实际需求为主。比如公司只针对上海地区进行婚庆策划,那么选择的关键词就可以是"上海婚庆策划""上海婚礼服装出租""上海婚礼包办"等。

2. 从用户的角度考虑

关键词一定是用户进行搜索的词语或短语,基于这样的前提,将自己置身于用户的角度,按照用户的思维去思考,才能提炼出符合用户搜索习惯的关键词。

(1)搜索习惯。用户产生搜索行为的原因往往是在完成任务时遇到了自己不熟悉的概念或问题,由此产生了对特定信息的需求,之后用户就会快速在头脑中形成需要的查询词,然后将查询词提供给搜索引擎并对结果进行浏览。如果搜索结果不能满足用户的需求,用户便会根据搜索结果而改写查询关键词,以便更精准地描述自己的信息需求,获得需要的结果。在这个搜索的过程中,用户为了寻找相关信息而使用的关键词形式就是用户的搜索习惯。

不同需求的用户,其搜索习惯会存在一定的差别。用户使用不同的关键词进行搜索时得到的结果也会千差万别。而对于相同的内容来说,如果页面中的关键词表达形式与用户的搜索习惯存在差异,搜索的相关性也会受到影响,甚至会因为没有被搜索引擎检索到而导致不能被用户浏览。

(2)浏览习惯。就用户的浏览习惯而言,大多数用户在网络中浏览网页时,除了一些需要集中精力去研究、阅读的文章外,大部分时间都是在扫描网页中的内容。在这个过程中,用户往往会忽略那些对自己并不重要的信息,而将注意力集中在对自己有用的信息上。当用户进入一个新的页面时,首先关注的就是该网页中是否有对自己有用的信息,除此之外还受到视线范围的影响。

美国著名网站设计师雅各布·尼尔森(Jakob Nielsen)在 2006 年 4 月发表的报告《眼球轨迹的研究》中称,浏览者大多数情况下都以"F"形状的模式进行网页阅读,这种阅读习惯决定了网页呈现 F 形的关注度。

① 水平移动:浏览者首先在网页最上部形成一个水平浏览轨迹。

② 目光下移,短范围水平移动:浏览者会将目光向下移,扫描比上一步短的区域。

③ 垂直浏览:浏览者完成上两步后,会将目光沿网页左侧垂直扫描;这一步的浏览速度较慢,也较有系统性、条理性。

(3) 阅读习惯。网络页面阅读与传统纸质媒介阅读的习惯并不相同,这是因为互联网页面中所包含的信息十分广泛,很容易分散读者的注意力。要想让读者注意到自己的网站,其网站内容需要尽量简洁。

① 表述简洁:突出有用的内容。不要放置多余的文字或图片,这样会扰乱读者的视线。

② 一屏展示:尽量缩短页面的篇幅,让读者能够一眼就看到文章的全部内容,不需要滚屏阅读。

③ 通用排版:页面设计要符合读者的习惯,比如文字的方向一般是从左至右,从上到下。

④ 页面布局合理:可以先把页面划分为明确定义好的几个区域,将各个区域合理地安排在网页对应的位置,便于用户的浏览。比如现在很流行的电子书籍和电子报刊。

知己知彼,百战不殆。作为文案创作者,不仅要充分了解公司的经营情况,快速找到最能反映自身业务特点的关键词;还要时刻关注竞争对手的网站,了解同行及竞争对手所使用的关键词,综合分析并参考这些关键词,以得到进行搜索引擎优化的启发,提高自身网站的搜索排名。

在搜索引擎中搜索与自身产品相关的关键词,查看那些排名靠前的网站都使用了哪些关键词,将其记录下来并进行对比分析。通过黄页网站或目录网站来查询与产品相关的行业的公司信息,分析这些公司的目录描述及描述中所使用的关键词。到一些 B2B 网站中寻找客户信息,分析这些客户的产品中所体现的关键词,将这些关键词汇总并进行整理。

9.2.3 关键词的选取与分析

淘宝网是目前最为流行的电子商务平台,要想在淘宝网中成功经营一家店铺并获得盈利,客户流量是不可或缺的,这就要求店家做好站内优化,选择合适的关键词来提高商品在淘宝搜索中的排名。

1. 搜索框

与百度搜索引擎类似,在淘宝平台中的搜索输入框中输入你所在类目的关键词,在弹出的下拉列表框中会提示与该类商品相关的搜索热度较高的关键词,如图 9-5 所示。此外,在搜索输入框下方还展示了淘宝网当前搜索量最多、产品热度最高的一些关键词,如图 9-5 右侧所示。这些关键词有一定的参考价值,商家可查看与这些关键词相关的其他产品的关键词的写作方式,然后结合自己店铺的产品特点来进行关键词的确定。

图 9-5　淘宝网中"双肩包"的搜索结果

2．排行榜

淘宝网排行榜（https://top.taobao.com）中包含了各类目产品的完整榜单排行，商家可查看淘宝中某段时间内的产品搜索热度，如图 9-6 所示即为"今日关注上升榜"与"一周关注热门榜"中的数据。

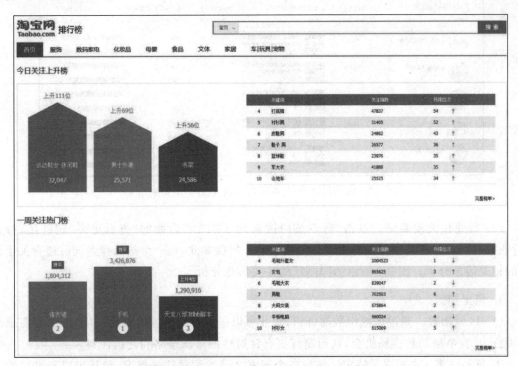

图 9-6　淘宝网中的"今日关注上升榜"与"一周关注热门榜"

3．热门搜索词

在商家"卖家中心"页面中的"店铺数据"模块中显示了当前店铺的交易数据，在其中点击"重点诊断"中的"查看更多诊断"超链接（图 9-7），按照提示订购"生意参谋"服务后即可查看店铺所在行业的相关信息。

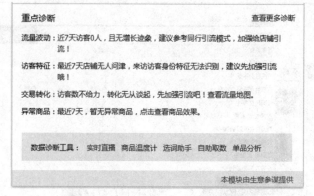

图 9-7 生意参谋中"重点诊断"的搜索结果

(1) 市场行情。某店铺的类目为"饰品/流行首饰/时尚饰品",现以该店铺为例介绍关键词的分析方法。"市场行情"页面中分析了最近 7 天的"行业流量店铺 TOP5""行业热销商品 TOP5"和"行业热门搜索词 TOP10"数据,如图 9-8 所示。可以单击每个选项后的"查看更多"超链接查看详细的数据。

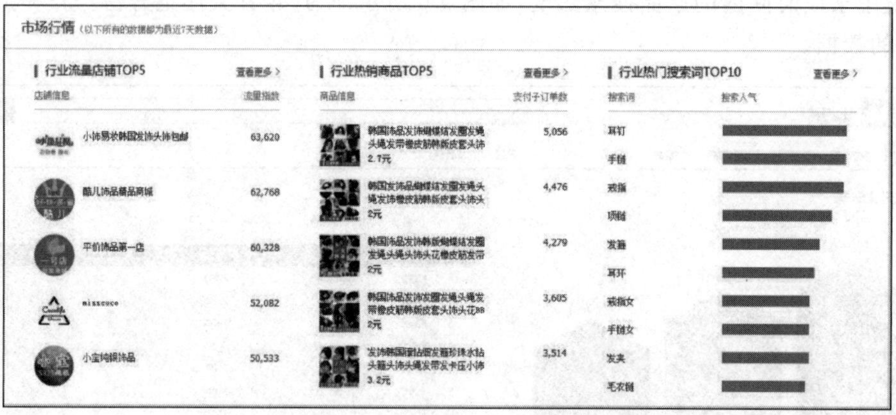

图 9-8 市场行情中"行业流量店铺 TOP5"的搜索结果

(2) 行业相关搜索词。点击"行业热门搜索词 TOP10"后面的"查看更多"超链接,打开"行业排行"页面,在其中可查看更多热门搜索词。不仅如此,每一个热门搜索词后还有关于该词的相关信息分析。图 9-9 所示为"耳钉"的相关信息分析。

4. 阿里指数

(1) 区域指数。通过区域指数的分析,企业可以了解特定区域的贸易环境、消费者需求和购买行为、竞争格局和市场机会,从而制订更有针对性的市场策略和营销计划。

① 贸易往来:主要展示特定区域内各个国家之间的贸易往来情况,包括出口和进口的主要国家和产品,以及贸易额的变化趋势等。帮助企业了解特定区域的贸易环境和市场机会。

② 热门类目:主要展示特定区域内最受欢迎的产品类目,包括各个类目的销售额、增长率、市场份额等。帮助企业了解特定区域的消费者需求和购买行为。

③ 搜索词排行:主要展示特定区域内消费者搜索最多的关键词和短语,以及这些关键词和短语的搜索量和变化趋势。帮助企业了解特定区域的消费者兴趣和需求。

行业相关搜索词　　日期　2016-02-23~2016-02-23　　指标　下载

搜索词	全网搜索热度	全网搜索热度变化	全网点击率	全网商品数	直通车平均点击单价	操作
耳钉	6,641	↑7.51%	269.63%	2,740,871	0.31	收藏
塑料耳钉	51	↑30.77%	650.98%	6,629	0.3	收藏
耳钉 女	45	↑28.56%	355.56%	606,379	0.33	收藏
皇冠耳钉	19	↑5.56%	526.32%	17,116	0.26	收藏
时尚耳钉	19	↑18.75%	442.11%	704,222	0.43	收藏

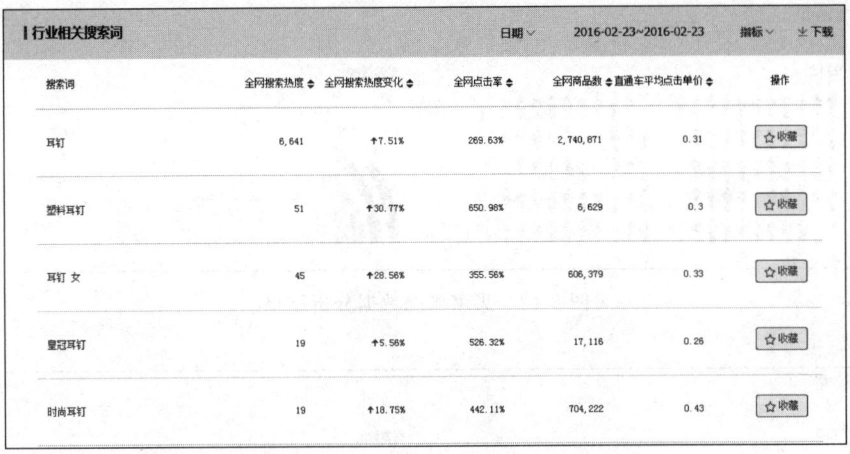

图 9-9　行业排行中“耳钉”的信息分析

④ 买家概况：主要展示特定区域内买家的基本情况和购买行为，包括买家的国籍、年龄、性别、购买偏好、购买频率等。帮助企业了解特定区域的消费者群体和目标市场。

⑤ 卖家概况：主要展示特定区域内卖家的基本情况和销售情况，包括卖家的国籍、销售产品类型、销售额、市场份额等。帮助企业了解特定区域的竞争格局和市场机会。

(2) 行业指数。行业指数是通过对某个主营类目的“搜索词排行”“热门地区”“买家概况”“卖家概况”等数据进行分析，以帮助用户更好地获得所需类目的相关信息，制订合理的营销方案或文案策划方案。图 9-10～图 9-13 所示为“户外/登山/野营/旅行用品/帐篷/天幕/帐篷配件”类目所对应的数据分析结果。

搜索词排行　　搜索榜　涨幅榜

排名	搜索词	搜索指数	搜索涨幅	操作
1	帐篷	20,167	3.27% ↓	
2	帐篷户外	10,075	3.17% ↓	
3	帐篷户外 3人-4人	9,141	2.94% ↓	
4	广告帐篷	7,523	16.49% ↑	
5	户外帐篷	7,519	6.47% ↑	
6	篷房	6,828	12.86% ↓	
7	帐篷户外 2人	6,757	2.22% ↓	
8	遮阳棚	6,037	28.76% ↑	
9	广告帐篷印字	5,455	28.86% ↑	
10	帐篷户外3-4人 全自动	4,752	2.09% ↑	

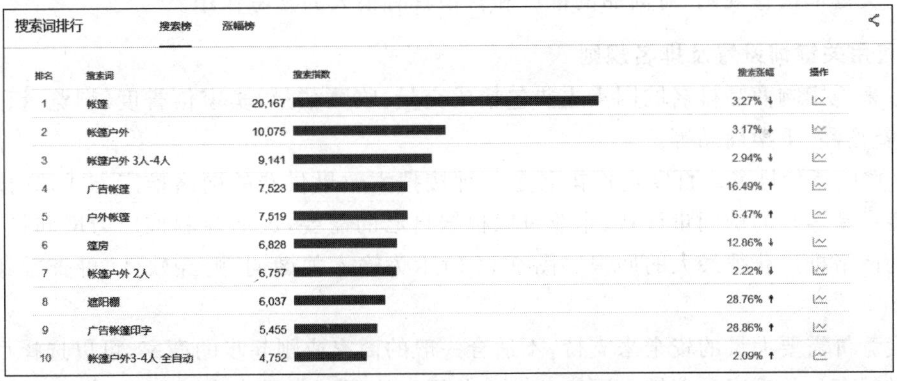

图 9-10　搜索词排行数据分析结果

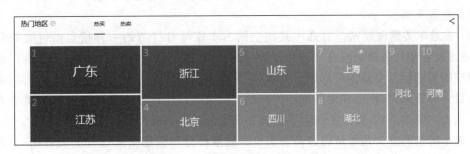

图 9-11　热门地区数据分析结果

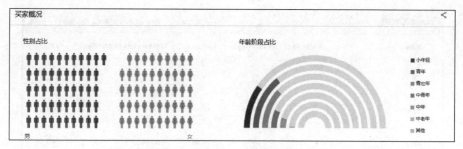

图 9-12　买家概况数据分析结果

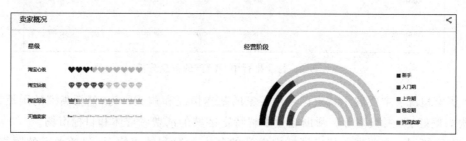

图 9-13　卖家概况分析结果

9.2.4　关键词的优化技巧

商品的展示和竞争平台不同,其关键词的设置和展示效果也不同,可以根据企业的综合实力进行考虑。在进行商品关键词设置时,主要涉及淘宝、百度和直通车三个渠道,熟练掌握这些渠道的关键词设置规则,对商品的推广和营销具有很大的参考作用。

1. 善用关键词设置及排名规则

一般来说影响商品排名的因素主要包括成交量、收藏数量、卖家信誉度、浏览量、好评率、新品、公益商品、下架商品等。

(1) 百度竞价排名。百度竞价排名是一种按搜索效果付费的网络推广方式,它按照给企业带来潜在新客户的访问量计费,企业可以根据自己的需要,灵活控制推广力度和投入力度,使企业的网络推广获得最大的回报。图 9-14 所示为输入关键词"财经软件"可查看到的推广效果。

百度竞价需要大量的资金来支持,不适合一般的商家或刚起步的商家,可以选择百度免费排名来进行商品的推广和营销。百度免费排名要先让百度收录商家的网站,保证网站中包含内容,且网站的内容的原创性较高;还需保证网站的总体信誉度、访问时间和访问人数、运行速度和优化效果等。

(2) 直通车关键词规则。直通车是淘宝网为卖家量身打造的一种按点击付费的营销工具,它通过设置宝贝关键词来进行商品排名,并按照点击量进行扣费。首先,为要推广的商品设置相应的关键词及商品推广标题。其次,买家在淘宝网中通过输入关键词搜索商品,或按照商品类目分类搜索时,将展现你所推广的商品。买家通过这种方式看到你的商品,并在直通车推广位点击你的商品后,淘宝系统就会根据你设定的关键词或类目的出价进行扣费。

直通车排名的方式是质量得分高者出价。质量得分是根据卖家设置的关键词、关键词价格、类目和属性、买家反馈信息等诸多因素综合评估后而展现的。

图 9-14　百度搜索引擎中"财经软件"的推广效果

2. 合理组合关键词

通过搜索引擎或淘宝网等平台可以收集能够为已所用的关键词,这些关键词一般是描述产品、品牌、网站或服务的词语,并且是人们在搜索时常用的词语。商家需要将这些收集到的关键词组成常用的词组或短语,这是因为用户在搜索目标关键词时,一般不会使用单个词,而是搜索两个或三个词组成的短语或词组。

(1) 组合有成交量的关键词。例如,"风衣""连衣裙"等搜索量很高的关键词,每天的搜索量可能都在几百万以上。这样的词语不能直接使用,而是要先分析清楚这类关键词中哪些是能够带来转化率的词语,不能一味地进行热门关键词的堆砌。

(2) 选择转化率高的关键词。转化率高的关键词一定是能够直接体现买家需求的词语,要选择明显针对买家购买意向的词语进行组合。比如搜索"大码显瘦遮肉女装套头卫衣"的买家,其购买的意向及针对性肯定会比"大码女装"要高很多。当买家以一个非常明确的需求关键词进行搜索并进入店铺,而该款产品又正好是他想要的产品时,店铺成交的概率就会进高于其他的关键词。

(3) 营销词的组合。网络信息越来越丰富,用户在浏览页面时往往以一目十行的速度进行阅读,重点查看句子前面的内容。因此,带有营销性质的亮点词汇需要尽量放在最前面,如"低至一折""低价甩卖""卖疯了""最新款""明星同款"等词,来尽量吸引买家的注意力。当买家将焦点放在这样的页面上时,说明其对这些信息感兴趣,你的产品就比其他同类产品拥有了更高的关注度,成交机会也会大大增加。

(4) 选择匹配度高的关键词。匹配度是指用于描述产品的词语与产品自身的属性和特点相匹配的程度。例如,产品材质是"纤维",组合的关键词就不能使用"全棉";如果所售皮鞋只有局部是牛皮,就不能说是全皮。产品自身的属性和特点词汇很多,包括品牌、材质、风格、功能等,选择时一定要避免使用非常冷门的词汇,因为这样的词汇基本上没有什么流量;但也不要选择非常热门的词汇,这样的词语竞争十分激烈,转化率不高。如以"双排扣加绒大衣"为目标关键词进行搜索,其搜索结果如图 9-15 所示。

将这些产品或服务相关的关键词整理好以后,可以发现这些关键词的数量较多,此时就要

图 9-15　淘宝网中"双排扣加绒大衣"搜索结果

对这些关键词进行合理的取舍,将那些用户不经常使用的、搜索量较少的词语舍弃,保留具有一定流量和热度的词语并进行重新组合。

3. 关键词的排序

网站关键词的排列顺序也会让搜索引擎的检索结果发生发化。一般来说,关键词的先后排列顺序,和与之相对应的关键词权重,都是从左到右依次递加的,排在前面的关键词权重相对较高。从用户体验的角度考虑,排在前面的关键词便于用户阅读和点击。例如,"牛仔连衣裙显瘦"和"显瘦牛仔连衣裙"的搜索结果中,各店铺的排名就不同(图 9-16 和图 9-17)。

图 9-16　淘宝中关键词"牛仔连衣裙显瘦"的推广效果

图 9-17　淘宝中关键词"显瘦牛仔连衣裙"的推广效果

4. 控制关键词密度

关键词密度是用来量度关键词在网页上出现的总次数与其他文字的比例,一般用百分比表示。其计算公示如下。

$$关键词密度 = \frac{关键词长度}{关键词出现次数} \times 100\%$$

关键词出现的频率越高,关键词密度也就越大。但并不是关键词密度越高,网页被搜索引擎检索并搜索到的概率就越大,这反而会造成关键词堆砌,使网页内容的可读性降低,造成较差的用户阅读体验。一般来说,关键词密度在2%～8%较为合理,5%左右最佳。

除了网页内容中的关键词外,还要注意网页标题中的关键词密度控制。大部分搜索引擎都对标题的字数有限制,因此要在合理的标题字数范围内选择并组合成有吸引力的关键词才能提升网页的搜索排名。目前,百度搜索引擎最多允许30个中文字符,谷歌搜索引擎最多允许65个英文字符(即32个中文字符),标题中多余的字符将不会在搜索框显现。

5. 添加区域关键词

(1) 在网站声明中添加。在网页源码的<head>标签中添加<meta>声明,代码如下。

```
<head>
<meta name="location"content="province=四川;city=成都">
…
</head>
```

该声明中name属性的值为"location",content属性的值为"province=四川;city=成都"。其中province为省份值,city为城市简称。在标签中添加了省份和城市信息后,有利于小企业提升当地搜索的排名。

(2) 在标题中添加。标题中包含的区域信息一定要准确,且不能重复啰嗦。例如,网站位于四川省成都市,在命名网页标题时,最好以"四川×××"或"成都×××"命名,而不是"四川省成都市×××",这样不仅浪费了标题字数,还使信息冗余。如图9-18和图9-19所示分别以"四川美食"和"成都美食"为目标关键词进行搜索,其结果都精准地显示了对应区域的信息,而不会出现其他地区的网页。

图9-18 百度搜索引擎中"四川美食"的搜索结果

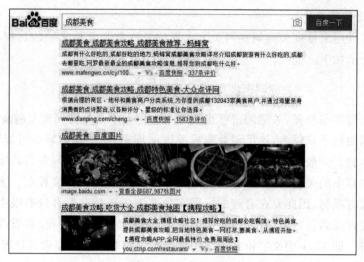

图 9-19　百度搜索引擎中"成都美食"的搜索结果

（3）利用长尾关键词。只靠网站首页的关键词几乎很难获得较高的网站流量，这是因为网站首页关键词的竞争相当激烈，此时可以多扩展一些本地的长尾关键词，将其合理地分配到网站的各个栏目中，以使网站被搜索到的稳定性更高。

（4）交换友情链接或广告。网站可以与其他网站进行友情链接或广告的交换，也可以让浏览者通过其他的方式进入你的网站，通过这种良性循环的方式，可以让网站的访问量与日俱增。一般来说，要根据自己网站的行业特点、风格和用户群体分布情况来寻找那些同行业的相关网站，并且交换的数量不能太多，以免给浏览者留下质量参差不齐、网站不够专业的感觉。

6. 常用的关键词策略

（1）产品或服务＋功能特性。该模式可以是对自身产品的介绍或功能描述，或对某服务的技术或流程的描述。比如要对一个卖皮鞋的企业网站进行关键词组合，可以从产品自身的特性来展开，包括皮鞋的质地、制作工序和样式等；也可以从不同的受众群体来展开，如女式皮鞋、男士皮鞋或儿童皮鞋等；或者从皮鞋的功能出发，如真皮皮鞋、手工皮鞋或透气皮鞋等。

（2）产品或服务＋搜索意图。搜索意图是指"是什么？""怎么样？""哪里有？"等，它是基于自身产品或服务所在行业的规则，对一些特有词汇进行组合的方法。搜索这些关键词的用户一般都是网站的潜在用户，将其转换为有效用户的概率也比较高。如"××美白效果怎么样？""××祛痘有效果吗？"等。这类关键词一般较为口语化，符合大部分网民的搜索习惯。

（3）产品或服务＋品牌型号。这种方法通过自己的品牌与其他的品牌，甚至是竞争对手的品牌，或者知名品牌来为自己的网站进行宣传。例如，一说到打火机品牌，人们下意识就会想到 Zippo，一个卖打火机的网站，完全可以通过 Zippo 的品牌人气来进行自己网站的推广，将它以不同的形式融入自己的网站内容中，从而提升网站在搜索引擎中的排名。

（4）产品或服务＋经营模式。经营模式可以是零售、代理或加盟等类型，如果你希望更准确地找到潜在客户，就可以在关键词中表达自己的信息。特别是对于想要找到下一级资源的商家来说，在网站页面中添加"代理加盟"等关键词，可以让用户直接找到商家，如"iPhone 16 代发货""哎呀呀连锁加盟"等。

（5）产品或服务＋企业信息。对于一些传统的服务性行业来说，通过关键词表达出自身的企业信息也是相当重要的。特别是在目前"互联网＋"创业的浪潮下，很多传统企业也纷纷开始了网络经营，比如快餐企业、快递公司和货运公司等。如"鸿泰货运搬家公司地址""鸿泰快递公司价格"等。

（6）产品或服务＋领域区域。领域区域既可以是应用领域，也可以是地域名称。将领域名称和产品或服务关键词组合起来，可以覆盖非常广泛的用户群体，这是很多网站经常使用的一种应用方法。

任务9.3　搜索引擎优化文案写作

任务导入

> **把优质服务带到您身边的私人定制服务**
>
> 关键词：私人定制、优质服务、个性化
>
> 文案内容：高质量、精心设计的定制服务，把优质服务带到您身边！对于对服装要求个性化、精致的消费者，我司提供私人定制服务，打造专属您的正装。这里赋予您极致的穿衣体验！我们凭借多年的针织经验，结合传统工艺和新技术，专业地满足客户的各种要求，让您在属于自己时尚的穿衣风格之中尽情享受精湛工艺和考究设计，每一件衣服都是对细节的精雕细琢，让您穿在身上展现优雅时尚。

任务目标

掌握搜索引擎优化文案写作要求与技巧。

知识准备

搜索引擎优化文案是一种通过优化关键词和内容，提高网页在搜索引擎结果页面中排名的技术。它可以帮助网站获得更多的流量和曝光度，进而提高用户点击率和转化率。在编写搜索引擎优化文案时，要遵守一些规范以确保文案的质量和效果。

9.3.1　标题醒目

标题是搜索引擎优化文案写作的关键，应该简单明了地告诉潜在用户文案的含义，同时调动潜在用户的好奇之心。

（1）悬念式。标题可以用设问等形式制造悬念，激起受众的兴趣和好奇心，从而去点击广告，希望从相关链接中寻找答案。

例如，清华同方的真爱××计算机广告，其标题"瘦，这是我要的瘦身？"配以一窈窕淑女图片，让受众顿起兴趣，欲一探究竟，到底是什么的吸引力竟比该美女还大？最后谜底揭开——原来是瘦身电脑！

（2）号召式。在标题中运用号召的语气可以使广告产生鼓动效果，从而提供更高的点击率。例如，迪士尼冰上世界首次来华演出的冰舞表演《美女与野兽》推出的免费情侣套票。广告标题为"数量有限，快来抢啊！昙花一现，免费看演出，机不可失！"，看到的人就会受到鼓动。

（3）诱导式。诱导式的文案标题，通常会明确指出产品为消费者提供的明显利益点。目标消费者在被这些利益点吸引后会主动点击广告。这种方式增强了广告信息传递的个性化，让每个接受广告信息的受众都感觉到这个产品是为其量身定做的，从而实现了传受双方之间的互动。例如，必胜客在搜狐上做的二月促销广告标题"想拿 60 000 元好礼吗？就来必胜客"，让人看了之后难免心动。

9.3.2 主旨明确，语言精练

与其他传统媒体广告的受众相比，网络广告的受众更加缺乏耐心。如果诉求的重点不突出、语言拖沓，即使搜索引擎优化文案传达的信息是有价值的，也很难继续抓住受众的注意力。因此搜索引擎优化文案的撰写要注意主旨明确。

"立片言以居要"，要用精练简洁的语言传递完整全面的文案信息。至于更详细的产品信息，可以通过吸引受众点击链接到企业的主页来实现。例如，白加黑的文案只有短短的三句话"白加黑表现就是这么好！白天服白片不瞌睡，晚上服黑片睡得香！"精练而准确地把白加黑的疗效特点以及与其他感冒药的最大不同展现在受众面前。

9.3.3 注意画面与语言的巧妙配合

和电视广告类似，搜索引擎优化文案也讲究图文的相互配合。而且由于动画形式比静态图形更吸引人，在文案中大量与商品有关的信息可以通过动态影像来诉诸受众。在这种情况下，文案无须再画蛇添足地将信息重复，而应该服务于动态影像，有重点地进行阐释和补充，实现图文结合的完美效果。

9.3.4 语言形式灵活多样

网络媒体有国际性和地方性之分，网络广告文案的语言也要根据其投放的站点不同而进行灵活的选择。如果选择国际性的网站投放广告，则可以采用英语这一国际通用语言，或者根据目标消费者选择针对性强的语言，有时可并用两种语言；如果目标受众是国内消费者，则只需用中文即可。

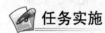任务实施

根据已有的信息提炼需要使用的关键词信息，并对关键词内容进行扩展和筛选，使其符合核心主题，再通过常用的搜索引擎，如百度搜索引擎进行搜索，检验关键词组合后的效果。

项目总结

搜索引擎营销已成为很多组织和企业推广和营销的重要手段，其中最为重要的就是搜索引擎优化文案的策划与撰写。本项目讲述了如何写出能与受众产生共鸣，激发消费者的情感参与和认同感的搜索引擎优化文案。

项目测试

1. 简述搜索引擎优化文案的基本类型。
2. 简述搜索引擎优化文案的写作原则与技巧要点。

项目实践

1. 实践任务

在阿里指数和百度指数中搜索类目"中老年女装",根据搜索结果进行关键词的分析,确定产品的核心关键词,并将其组合为一条标题,一篇搜索引擎文案。

2. 实践步骤

通过不同的工具进行产品相关关键词的分析,并对分析的结果进行对比,选择具有较高关注或用户需求的词语作为核心关键词,并对关键词进行扩展和组合。

3. 实践要求

(1) 充分运用所学知识,汇报时需要说明过程。

(2) 撰写语言精练准确、逻辑性强文案。

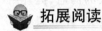 拓展阅读

拓展阅读:SEO 文案写作注意事项

项目 10

社群（SNS）推广文案策划与写作

在电商行业中，文案是重要的推广工具和销售手段。通过合理运用各种类型的文案，可以有效提升电商平台的转化率和销售额。在实际应用中，电商平台需要根据产品特性和目标用户群体来选择合适的文案类型，并运用恰当的语言和方式，与消费者进行有效的沟通，提升用户体验和销售效果。通过合理运用商品描述文案、促销文案、品牌故事文案、用户评价文案和操作指南文案，电商平台可以实现更好地推广效果和销售转化率，提升竞争力。

职业素养目标

1. 在进行社群关系维系时处理好个人利益与公众利益的关系，开展电子商务活动时不仅要注重经济效益，更要关注社会效益。

2. 真实合法地注册（认证）电商平台和产品，撰写文案时不做虚假宣传、恶意炒作，培养契约精神，形成履约意识。

典型工作任务

能够撰写引人注意的社群推广文案。

任务导入

商业运营少不了社群关系的维系，成功的社群运营能带来不小的利润。

事件一：世界杯期间，华帝推出冠军套餐，并且同时打出了广告语，只要法国队夺冠，购买冠军套餐的全额退款。在法国夺得冠军之后，华帝第一时间启动退款程序，引发了不小的轰动。

事件二：中秋节期间，网易打出了宣传标语"若无月可赏，亦有月可尝"，活动的主要意思就是在中秋赏月时，若是下雨，那在某个时间段购买网易考拉全球工厂店月饼礼盒的用户就能获得全额退款。

事件三：支付宝的中国锦鲤抽奖活动，"十一"期间支付宝的抽锦鲤活动可以说是结结实实地刷了一次屏，一个月过去了热度不减。从那之后各种各样的锦鲤活动纷纷跟风，直到现在。

三个商家的活动本质相似，都是利用用户心中的侥幸，把门槛降低，把收益拉高，调动起了用户的积极性。对于华帝的潜在用户群体来说，同样是买产品，不如抱着中奖的心理去购买华帝的产品，原本有买产品打算的，不如把买产品的行动提前到华帝在世界杯开展活动期间。同理，对于网易考拉的用户来说，同样是买月饼，既然买网易考拉的月饼有机会被退款，那用户自然不会倾向于买其他品牌。支付宝抽奖这种只需要动动手指转发就可以的参与套路,对于商家来说,可以给自己带来知名度的巨大提升,相比于达到同样宣传效果所要付出的宣传费用,大大节约了成本。消费者在赌徒心理和低参与成本的驱使下,纷纷参与其中,其实也是为品牌的宣传工作出了一份力。

任务目标

1. 理解社交网络服务(SNS)的基本概念。
2. 了解社群推广文案的写作形式。
3. 掌握社群推广文案的写作技巧。

知识准备

SNS 营销是一种通过社交媒体平台与消费者进行互动、传播信息、塑造品牌形象的营销方式,通过有效地吸引潜在客户、提高客户满意度来增加品牌曝光度。随着互联网的快速发展,社交媒体已成为人们生活中不可或缺的一部分,如微博、微信等社交平台都汇聚了大量的用户,这些用户每天都会在这些平台上发布自己的生活动态,与他人交流,这为企业开展社群营销提供了巨大的机遇,如图 10-1 所示。

图 10-1　瑞幸咖啡用户群商品分享宣传

1. SNS 概述

社交网络服务(social networking service,SNS)可指帮助人们建立社会性网络的互联网应用服务,也可指社会现有的已成熟普及的信息载体。例如,短信 SMS 服务,就是 Web 2.0 (第二代互联网)体系下的一个技术应用架构。

(1) SNS 六度理论

美国著名社会心理学家斯坦利·米尔格兰姆(Stanley Milgram)于 20 世纪 60 年代最先提出,在人际脉络中,要结识任何一位陌生的朋友,中间最多只要通过六个朋友就能达到目的。现实社会中,人与人的交流是通过人与人之间的介绍来形成一个朋友圈、联系圈的,每个人不需要直接认识所有人,只需要通过他的朋友,朋友的朋友,就能促成一次握手。网络交际,大多是通过某些平台来实现的,比如将自己放到一个平台中去,让很多人看到并且联系你、认识你。

社会性交际的关系建立在可靠的人际网络上,但是产生握手的时间较长、代价较高;平台式的网络交际成本低,但不可靠。那么在网络中运用这套机制,即可在理论上获得可靠与低成本的双重优点。SNS 中,在朋友圈内关系往往真实度很高,非常可靠,互相之间不存在所谓的网络"假面具",因此比较容易实现实名制;SNS 基于人传人联系网络,一传多、多传多,利用网络这一低廉而快速的平台,人脉网络建立的速度非常快,大大降低了建立人脉网络的成本。

依据六度理论,SNS 的含义已经远不止"熟人的熟人"这个层面,SNS 以个人数据为基础空间,在此基础上进行人与人的沟通,建立在线群组,可以分享新闻、照片、视频、游戏,进行即时通讯等等。比如根据相同话题进行凝聚,根据学习经历进行凝聚,根据周末出游的相同地点进行凝聚等,都被纳入 SNS 的范畴。

(2) SNS 构成要素

SNS 主要包括三大重点元素。①互动功能:论坛、相册、日志(博客)、好友管理系统、俱乐部圈子、邮箱。图 10-2 所示为 SNS 社区的重点构成及核心应用。②附加功能:视频分享(播客)、点对点服务、语音通话。③核心基础:用户群、丰富的分享资源、方便快捷的寻友方式。

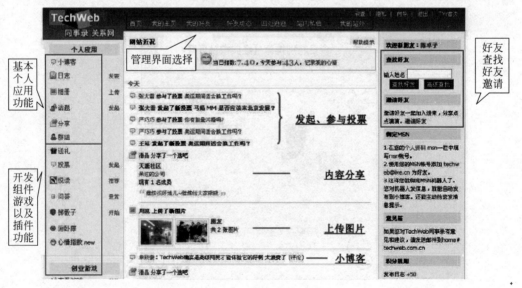

图 10-2 典型的 SNS 网站功能界面展示

2. 社群推广文案的形式

社群文案的推广需要在线上策划或开展各种活动,开展社群活动是维持社群活跃度的有效方式,社群推广文案则以活动分享、话题交流等形式呈现。

(1) 活动分享

活动分享是指分享者面向社群成员分享一些知识、心得、体会、感悟等,专业的分享通常需要邀请专业的分享者,也可以邀请社群中表现突出的社群成员,以激发其他社群成员的参与度和积极性。在进行社群分享时需要提前做好相应准备。

(2) 话题交流

话题交流是发动社群成员共同参与讨论的一种活动形式。可以挑选一个有价值的主题,让社群的每一位成员都参与交流,输出高质量的内容。与分享活动一样,话题交流也需要经过专业的组织和准备。

3. 社群推广文案的写作技巧

对于一个文案人员来说,无论是活动的举办,还是社群的宣传、商品的变现,文案写作都是一切工作的重中之重,要想写出高质量的社群推广文案,还需了解其写作的技巧。

(1) 写好开头第一句话

不管社群推广文案措辞多精彩、韵律多和谐,它真正能做到影响社群成员的是开头第一句话。写好社群推广文案的开头第一句话,让社群成员迅速了解关键信息,也能确保在第一时间就筛选出精准的社群成员。每一个社群推广文案的诞生,一定有它的目的,所以整个文案就要围绕着这一个"目的"展开,让社群成员立刻明白你的意图。

(2) 输出优质内容

内容是流量的入口,有些社群中很多人都在发广告、卖货,但其转化率不高。有些人天天在社群里发自创的内容,却无人问津。所以,优质内容非常重要。内容是社群营销的关键环节,只有输出优质内容去吸引和筛选社群成员,才会让社群成员真正意识到该文案的价值,围绕社群的商业变现模式才会更加丰富多样,获得的回报也会更多。

(3) 文案内容要直白简单

直白简单的内容能够保证社群成员不会对社群推广文案的理解产生偏差。在社群推广文案中,使用生僻、专业的词语解释活动和商品信息会让社群成员不能理解或不愿意去理解,以至于丧失深入了解的兴趣。所以,社群推广文案的关键信息最好用直白通俗的语言表示。

(4) 打造社群商品的感官形象

一个商品除了性能要好之外,要能够给社群成员带来一些高级的感觉,也就是打造社群商品的感官形象。这个感官形象跟社群成员的心理密切相关,如优越感、专属感、亲切感、尊重感等。

(5) 商品背书

社群成员购买某件商品前,最大的顾忌就是这个商品是不是真的那么好,这种信任顾虑,对社群成员是否下单购买商品具有重要的影响。可以用数据背书、口碑背书、标准背书、线下背书、权威背书等方式来为商品进行信任背书。

(6) 购买促单

可以采取下面的方法促进群成员下单购买。

① 可以让社群成员先交少量保证金,先买回去使用,有效果再付全款。付保证金是为了

能够购买商品,只要商品质量过硬,就可以采取这种方式,让社群成员迅速成交。

② 购买时有退款承诺。如果社群成员使用感觉不好,不仅退款,还赠送一个小礼品。这时社群成员如果需要,就会立即下单购买。

③ 可以把商品分成几档。如线上会员卡只卖 1000 元,但是要想线下听课,则需要 5000 元。有购买意愿的社群成员通过比较,也会觉得线上花 1000 元,听 5000 元的课很值。

 任务实施

针对一家经营生鲜的门店,围绕产品的卖点与店铺活动,写一份高质量的社群推广文案。主要是为了让目标客户人群了解产品的特点并获得销售订单。

 项目总结

社群推广文案是传播社群理念、输出社群内容、提升社群黏性及帮助社群快速吸粉的一种绝佳方式,也是引导顾客消费实现变现的重要一环。做社群转化的关键是写好社群文案,好的社群文案可以让更多用户掏钱买单。本项目通过介绍社群文案常识,引导学生了解怎样写社群文案才能达到想要的效果,实现最终的目的。

 项目测试

简述社群推广文案的写作原则与结构要素。

 项目实践

1. 实践任务

你的店铺为了增强粉丝黏性和数量,在线下成立了同城会。同城会会组织粉丝体验当地合作商户的特惠产品或自主发起轻型活动。请撰写定制、团购、代购等服务的社群推广文案。

2. 实践步骤

完成社群人员分析,设计社群推广文案。

3. 实践要求

(1)分组讨论并绘出社群推广文案撰写的思维导图。
(2)在班级群分享自己的社群推广文案。

 拓展阅读

拓展阅读:《航拍中国》先导片文案赏析

项目 11

今日头条营销文案策划与写作

自媒体行业的从业人员众多,而头条号借助今日头条的智能推荐引擎及其庞大的用户群体,在自媒体平台中具有举足轻重的地位。今日头条一经推出便广受好评,是新媒体领域颇具影响力的信息分发平台和内容创作平台。

职业素养目标

1. 在撰写今日头条营销文案时关注社会问题,培养社会责任感,树立高尚的道德情操、养成良好的道德习惯、恪守个人行为规范,遵守平台规则。
2. 具备创新能力和团队合作意识,提高今日头条营销文案的策划和撰写能力。

典型工作任务

1. 创作能够提高曝光率的今日头条营销文案,条理要清晰,内容要合理。
2. 撰写能够激发用户兴趣,引发知识焦虑的付费专栏,内容要合情合理,不能夸大宣传。

任务导入

今日头条"科学钓鱼"账号深耕钓鱼领域,擅长测评,已经在平台上吸引了 63 万粉丝;三农领域优质作者"南方小蓉",以视频方式为粉丝种草农产品,也积累了一百多万粉丝(图 11-1)。

任务目标

1. 了解今日头条营销文案的含义。
2. 掌握微头条营销文案的写作方法。
3. 掌握付费专栏营销文案的写作方法。
4. 能够撰写今日头条营销文案。

知识准备

1. 今日头条营销文案的含义

今日头条营销文案是指为了在今日头条上销售产品而撰写的文案。由于今日头条是一个大众化的泛资讯推荐平台,因此单价低、不易损耗、返修率低的产品更适合在今日头条上进行推广,如知识付费专栏。目前比较热门的领域是财经、职场、管理、亲子等。

图 11-1　今日头条营销文案

今日头条的营销文案主要集中在"微头条"与"付费专栏"两个板块，新媒体文案创作者可以开通"微头条"的"商品卡"功能，在发布微头条的时候推广商品。新媒体文案创作者还可以开通"专栏""商品橱窗""圈子"等付费功能。

2. 微头条营销文案写作策略

微头条营销文案主要是指拥有了商品卡功能的带货文案，或是付费专栏的营销文案。对于微头条文案，创作者不仅要使创作的文案符合微头条内容的一般标准，而且需要运用一些写作技巧，吸引潜在用户主动下单。

（1）微头条营销文案的写作结构

微头条营销文案的常见写作结构为"三段式"，开头、中间、结尾三个部分，字数一般在200~500字。

① 开头。锁定用户目光，告诉用户"为什么要买"，以使用场景吸引用户，再渐渐引出产品或专栏。

② 中间。介绍产品的主要卖点，告诉用户"为什么要在我这里买"，产品的主要卖点是什么，可以利用前文讲过的FAB法则进行提炼和优化。首先，梳理出产品的属性和功效；其次，对比竞品思考产品有哪些优势；最后，明确指出产品对于用户来说有哪些利益点。

③ 结尾。引导用户互动分享，设置优惠福利等促单环节，告诉用户"为什么现在就要买"。文字能要刺激用户互动分享，或引导用户直接下单。

图 11-2 所示为"秋叶PPT"的微头条营销文案，其采用了三段式的方式，开门见山直接介绍付费专栏，中间部分罗列了课程的主要卖点，包括课程内容、课程大纲等，并且运用了FAB

法则。例如,"内容超级丰富,一共有 86 节视频课"是课程的属性,"职场痛点全搞定了"体现了课程的优势和作用,"让 Word 文档处理效率如飞,轻松搞定 Excel 数据报表,PPT 汇报演示更加出彩"突出了吸引用户的利益点。最后,在促单环节利用优惠福利促使用户下单。

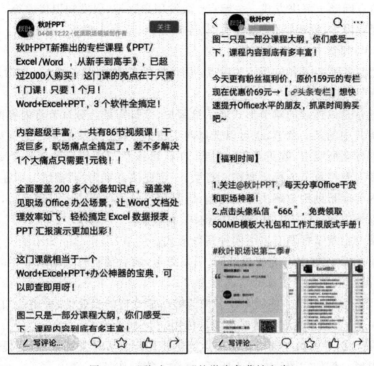

图 11-2 "秋叶 PPT"的微头条营销文案

(2) 微头条营销文案的写作要点

微头条营销文案一定要写出吸引用户的开头。微头条以信息流的方式呈现在用户的手机屏幕上,通常仅展示 60~100 字的内容。因此,微头条营销文案的开头前三行最关键的作用在于吸引用户打开文案,否则文案内容再好也无法得到展示。微头条营销文案的开头可以采用以下几种基本写作方法。

① 故事型。以故事作为文案开头,故事可以是身边发生过的故事、书里或电影里的剧情等。

② 提问式。先抛出一个问题,引发用户思考,吸引用户往下看。

③ 清单式。拟定一个主题,以列清单的方式告诉用户内容,清单式适用于干货类营销文案。

④ 热点式。将内容与热门话题、热点事件、流量明星、影视等结合。

⑤ 反常式。在开头给出一个让人感到震惊或不可思议的事件或现象,吸引用户继续阅读。

3. 付费专栏营销文案写作策略

付费专栏是今日头条平台为新媒体文案创作者打造的一种新的内容变现形式。新媒体文案创作者可以选择发布付费图文、视频、音频等任意一种形式或多种形式混合的专栏内容,自行标定价格,用户按需付费购买后,新媒体文案创作者即可获得收益分成。因此,新媒体文案创作者创作付费专栏时,也需要关注文案的写作技巧。

(1) 专栏简介内容的基本结构

今日头条付费专栏的内容与微信公众号课程推荐类营销文案的逻辑大致相同,只是在形式上更倾向于图文并茂及短篇幅。专栏简介的内容一般包括以下三个部分。

① 引入,痛点问题+解决方式。关键点:激发用户兴趣,引发知识焦虑等。

② 说服,课程内容、课程特色、课程大纲、导师介绍、适合人群等。关键点:突出课程主要卖点、品牌背书、导师背书、学员反馈等。

③ 促单,优惠福利、购买须知等。关键点:用价格优惠、增值服务等方式刺激用户即刻下单。

(2) 专栏章节的标题写法

付费专栏通常是以连续的章节形式展示给用户,今日头条会分章节将内容推送给用户,用户可以选择购买其中的某一章节,也可以选择购买整个专栏。大多数用户的购买过程是,先被专栏某一章节的标题所吸引,购买章节的内容,在认可该章节内容后购买整个专栏。因此,新媒体文案创作者对专栏章节的标题要精心打磨,一定要注意突出"获益感",即在专栏章节的标题中强调专栏内容能帮助用户解决什么问题,满足用户的哪些需求。具体而言,一个好的专栏标题应该包含以下内容:目标人群、课程关键词、利益点。

微头条付费专栏章节标题有以下四种写作形式。

① 提出疑问+揭晓答案。先提出疑问,引发思考,随后揭晓答案揭示专栏的价值。例如,"段落缩进还在敲空格?教你正确的缩进方式。"

② 专业名词+认知颠覆。使用专业名词能够凸显专栏的专业性,采用认知颠覆的手法给予用户新鲜感。如"表格和制表符居然还能这样用。"

③ 痛点问题+引导解决。通过提出痛点问题将用户带入日常场景,随后提供解决方案给用户极强的获得感。例如,"图片总是不听话,怎样才能制作。"

④ 描绘愿景+解决方案。描绘愿景能让用户对课程产生期待,通过解决方案的落地让用户感受到专栏的实用性。例如,"高效又省纸,行列处理三大招你一定要会。"

总体而言,在今日头条整体的阅读氛围里,生活化、接地气、利益点明确的标题才能更好地吸引用户。

任务实施

在今日头条 2023 年度创作优质榜单中,找到你感兴趣的领域内的某个优质账号,分析该账号的营销文案有哪些值得学习的地方。

项目总结

随着移动互联网的普及,许多人的阅读平台开始向更碎片化的自媒体资讯平台转移,而今日头条就是其中的佼佼者。作为受众量大、用户活跃程度高的大型内容聚合和展示平台,今日头条自然也是发布文案的重要平台之一。本项目引导大家了解优化今日头条文案内容的方法,提高文案曝光率。

项目测试

1. 简述微头条一个小文案的写作结构。
2. 简述付费专栏简介内容都包含哪些。

项目实践

1. 实践任务

随着盘锦蟹田大米产品的营销渠道打开,项目运营团队的负责人想要在今日头条入驻进行品牌与产品的宣传,以期在大数据算法的信息流平台获得更多流量,就需要相关人员对每一次的宣传文案进行优化,符合信息流平台的特点,以便获取在流量分发机制下获得更多的文案曝光量和潜在用户。

使用关键词搜索工具进行关键词的寻找与扩展,并通过关键词优化文案标题及正文,使其符合信息流文案的标准与要求。

2. 实践步骤

(1)阅读初始文案,提取出本文中出现多次的关键词,并通过理解或提取,提炼2~3个核心的关键词,将核心关键词记录下来。

(2)通过核心关键词扩展更多相关关键词,完成表11-1。

表 11-1 关键词提炼与扩展表

序号	核心关键词	热点或相关词	扩展优化关键词

(3)优化文章标题,选择较热的关键词进行标题的优化,将优化后的标题记录下来。

(4)优化文章正文。在正文中布局关键词,注意控制关键词的密度,在完成文章优化之后,在关键词密度测试工具中完成密度测评。

3. 实践要求

充分体现微头条文案引入、说服、促销的三段式写作结构,体现营销特色。

 拓展阅读

拓展阅读:《Office办公从新手到高手
Word、Excel、PPT》微头条营销文案

项目12

微博文案策划与写作

微博在网络营销中占据了非常重要的位置。基于微博"随时随地发现新鲜事"的特点,以及用户对热点事件的关注,微博的用户数量逐年增加,微博营销也变得越来越重要。

职业素养目标

1. 培养发现问题和分析问题的能力,积极探索新的商业模式和营销策略,能够结合市场变化及时调整微博文案的策划和撰写。
2. 在撰写微博文案时立足中华优秀传统文化,守正创新、兼容并蓄,积极传播社会主义核心价值观。

典型工作任务

1. 使用精练准确、逻辑性强的语言撰写一份引人深思的个人微博文案。
2. 创作能体现交流互动性、产品细节、企业经营理念的产品宣传微博文案和第三方反馈微博文案。

任务 12.1 认知微博文案

任务导入

图 12-1 所示为特仑苏和鸿星尔克的官方微博文案,这两个微博文案在哪些地方比较吸引你的注意力?这两篇微博文案是如何体现简练精要、互动性强、趣味化、传播迅速这四个特点的?

任务目标

1. 了解微博文案的特点。
2. 理解撰写微博时如何体现微博文案的特点,使其更具有吸引力。

知识准备

微博是一种具有鲜明特征的网络媒介,具有平面化、碎片化、交互化以及病毒化的传播特征。受这些特征的影响,在微博平台上传播的微博文案往往具有简练精要、互动性强、趣味性

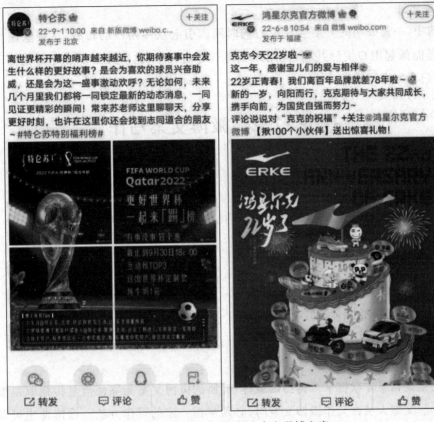

图 12-1 特仑苏、鸿星尔克官方微博文案

强和传播迅速的特点。

1. 简练精要

在快节奏的大环境下,用户在浏览微博时,常常倾向于阅读那些能够在短时间内获得足够信息、不需要自己分析和总结的文案。因此,文案人员在撰写微博文案时,应保证文案短小精悍、通俗易懂,尽量使用浅显直白的语言传达要表达的意思。

2. 互动性强

微博作为一个社交平台,人与人之间的互动性很强,而互动就是文案人员与粉丝进行对话的一个过程。如果发布的文案具有很强的互动性,可以引起用户的参与兴趣,并让用户拥有成就感或是互动的乐趣,就有机会将用户转化为忠实粉丝,增强文案的后续转化率。

3. 趣味性强

在微博平台上,若文案枯燥乏味,仅仅只是简单的讲述,势必不能吸引用户的注意。社会上的众多网络流行词汇、表情包、热点话题等大多以微博作为源头,在这样一个内容丰富多彩的环境中,微博文案具有趣味性的特点毋庸置疑,其具体体现在语言的个性化和配图的丰富性上。很多时候,微博文案都会带上各种各样的话题、流行词汇、表情符号。同时,微博文案很少是纯文字,多为简短的视频、普通图片、长图、GIF 动图、表情包图片、超链接等的组合,形式丰富、趣味性强。

4. 传播迅速

在微博中,一篇成功的文案会在极短的时间内引起众多用户的转载,达到快速传播的目的。尤其是能激起用户情感共鸣,让用户觉得有趣的文案,这些文案能够充分把握用户的心理,促使用户自发进行转发传播。

任务 12.2 微博文案写作

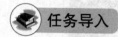

个人微博文案与企业微博文案有什么不同?它们分别承载了哪些功能?

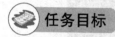

1. 掌握个人微博文案的写作技巧。
2. 掌握企业官方微博文案的写作技巧。

知识准备

微博文案是信息在微博平台传播的载体,优质的微博文案能够使信息传播取得事半功倍的效果,因此,文案人员在写作微博文案时,必须掌握一定的写作方法。微博博主可以分为两种类型,一种是个人微博,另一种是企业官方微博。不同类型的微博文案的写作技巧存在较为明显的差异性。

12.2.1 个人微博文案的写作技巧

个人微博是指以个人身份申请成为微博用户,其中拥有较多数量粉丝且影响力较大的微博用户被称为"大 V"。个人微博文案的写作技巧如下。

1. 分享个人经历

关注个人微博博主的粉丝,通常都是欣赏他的性格、文字风格,对其生活很感兴趣,彼此的观点较为一致。因此,这一类微博文案通常会从个人经历入手,讲述自己的生活、谈论经历的事情,或者表达个人观点。由于这些内容以个人视角展开,较为生动有趣,具有一定的故事性,感染力也很强,对粉丝非常有吸引力。图 12-2 所示为一位刚刚参加工作不久的女博主分享了自己在不同地方生活和学习的经历及感受。

2. 分享个人消费体验

博主的消费体验对于普通消费者而言具有非常重要的参考作用,因为双方的消费能力、消费心理关注点都比较相似。图 12-3 所示为某博主在微博中对自己购买不同品牌背包的经验进行分享,一方面传授给消费者具体的使用经验,另一方面将实际的使用效果分享给消费者,这样的信息可信度更高。

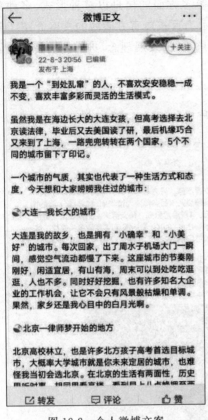

图 12-2　个人微博文案

图 12-3　个人微博文案

3. 凸显生活方式

微博聚集了持有各种生活方式、生活理念的人,他们对自己生活的展示成为吸引粉丝的重要方式。粉丝出于对这种生活方式的向往,自然愿意效仿这些博主的行为。图 12-4 所示的某微博博主是一位入职不久的年轻律师,自信、热爱工作,她将自己充满奋斗意识且注重格调的生活片段记录在微博中,文字优雅且充满生活气息。

12.2.2　企业官方微博文案的写作技巧

企业官方微博的文案一般都是站在企业的视角上,宣传企业理念、介绍产品特征、与消费者进行互动等。不同企业会采用不同的文案风格,有的端庄稳重,有的轻松有趣。一般来说,企业官方微博文案的写作有以下技巧。

1. 展现企业理念

微博的信息发布量很大,而且容易被消费者接受。因此,在企业的官方微博中,可以将企业的新产品、代

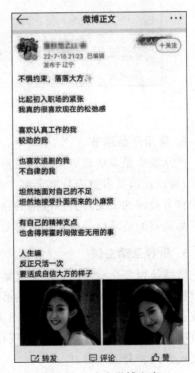

图 12-4　个人微博文案

言活动、产品原理、企业文化、企业员工、公益活动等多方面的信息以多种形式、多种角度展现出来，以增强消费者对企业的好感度。图12-5所示为百雀羚官方微博的文案介绍了新定制的"百雀羚聚光精华"，凸显了企业融合"新草本"和"科技"的发展理念，进而让消费者能够充分地了解企业的发展思路、产品特征。

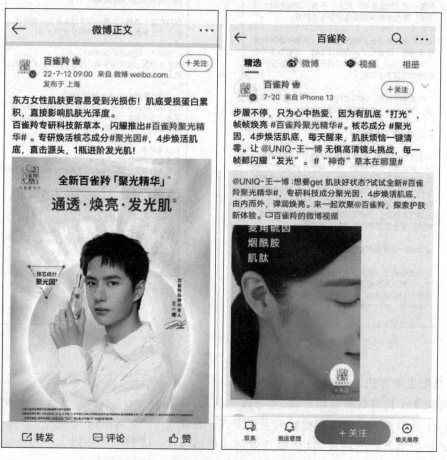

图12-5　百雀羚官方微博文案

2. 展示产品细节

产品推广是企业官方微博的重点，通常会侧重产品的设计、美学、工艺、科技原理、使用效果等，可以让消费者更充分地了解产品，为他们的购买决策提供足够的信心。图12-6所示为李宁官方微博的文案对其所推出的跑鞋采用的手绘科技工艺进行了充分的展示，展现了企业对产品品质的追求以及该产品的鲜明特色。

3. 引导互动交流

微博是很多企业与消费者建立紧密联系的重要社交媒体平台。有些企业将自己的官方微博设置成一个具有鲜明人格特征的形象，与消费者互动，培养与消费者之间的情感联结，增强企业、品牌与消费者之间的关系。图12-7所示为江小白官方微博经常发布一些符合现代年轻人口味的有趣言论，幽默感十足。现在已经有一些固定的消费者会跟随互动，他们非常喜欢这种交流方式和交流风格。

图 12-6　李宁官方微博文案

图 12-7　江小白官方微博文案

任务实施

1. 撰写一篇个人微博文案,体现个人的日常生活、经历或者感悟,也可以做知识分享。
2. 为某童装厂家新推出的当季新品创作一篇微博来宣传新产品。

 项目总结

微博文案是能够产生独特营销传播效果的一种文学类新媒体文案。本项目引导学生了解两种微博文案的撰写,需要充分考虑它的基本媒介特征以及同受众的传播关系,紧跟微博功能和特征的不断变化,创作出具有良好营销效果的微博文案。

 项目测试

简述微博文案的特点及写作技巧。

 项目实践

1. 实践任务

某童装商家刚上线了一系列新款童装,要发布一条上新微博,提高产品的销售量。此外,还需要发布一条第三方反馈的微博及一条展示童装穿搭的微博来吸引用户的注意力,增加品牌知名度。

2. 实践步骤

(1) 发布一条上新微博。上新微博文案一般为图文结合式,可以介绍童装的设计灵感、制作过程中的趣事,甚至是用料、剪裁等。

(2) 发布第三方反馈微博。根据实训要求,第三方反馈微博的文案要结合用户与品牌之间的故事,文案人员在撰写时可以从商家角度或用户角度讲述彼此之间的故事,再将用户的反馈截图展现在微博中。

(3) 发布展示童装穿搭的微博。童装穿搭可以推荐发型、外搭、鞋子、书包,以及饰品等。

3. 实践要求

(1) 结合话题,发布一条上新微博。
(2) 通过讲述用户与品牌的故事,发布一条第三方反馈微博。
(3) 借助热点,发布一条展示童装穿搭的微博。

拓展阅读

拓展阅读:步履不停官方微博文案

项目 13

微信朋友圈营销文案策划与写作

微信是新媒体文案创作与传播的重要平台,有用户数据大、黏性强、使用频率高等特点,能够为产品的营销提供更多的可能性,是大多数企业或商家常用的营销平台之一。

职业素养目标
1. 树立诚信意识,遵守法律法规,保护消费者权益,维护企业形象。
2. 培养创新创业意识,勇于尝试新事物,敢于自我挑战,不断追求卓越。

典型工作任务
1. 撰写一则有创意的、体现个人风格的微信朋友圈文案。
2. 通过挖掘产品卖点,撰写一则用于产品营销的微信朋友圈文案。

任务 13.1　认知微信朋友圈营销文案

任务导入

你的微信朋友圈里有推广产品的好友吗?如果有,分析他的微信朋友圈营销文案,看看是否能清晰地从他的微信朋友圈中知道他的个人品牌、生活爱好、性格、品位?他的微信朋友圈营销文案是否能够激发你的购买欲望呢?

任务目标
1. 了解微信朋友圈营销文案的特点。
2. 理解撰写微信朋友圈营销文案时如何根据微信的特点,使其更具有吸引力。

知识准备

微信朋友圈营销文案具有生活化、网络化、多样化、渠道化的特点。

1. 生活化

生活化即微信朋友圈营销文案常以用户需求为主,贴近用户的实际生活,以生活中常见的情景、氛围等,展现用户关注的内容,快速吸引用户的注意力。

2. 网络化

网络化即在创作微信朋友圈文案时,文案创作者常使用网络语言丰富文案内容,使文案更加幽默风趣，更加贴近用户的阅读习惯，便于用户阅读。

3. 多样化

多样化即微信朋友圈营销文案拥有包括文字、图片、音频、视频等不同的表现形式，可以为用户传递更多的内容，且更方便用户对文案内容进行理解。

4. 渠道化

渠道化即微信朋友圈营销文案可以借助微信平台建立自身渠道，以及扩展外部渠道。自身渠道包括微信好友、微信群、朋友圈、微信公众号等，借助这些渠道，企业可推广产品、宣传企业文化等；外部渠道指以微信为中心，与外部关联的渠道，如 QQ、QQ 空间、微博等，外部渠道能够扩大文案的影响范围，吸引更多用户的关注。

任务 13.2　微信朋友圈营销文案写作

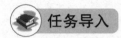 任务导入

"履述先生"是淘宝店铺"履述"的微信号（图 13-1），以销售皮鞋为主。

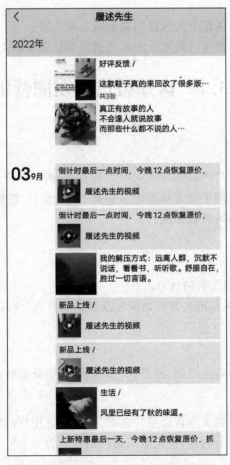

图 13-1　淘宝店铺"履述"的微信朋友圈文案

你是否在微信朋友圈里购买过商品？为什么会选择微信朋友圈这个购买渠道呢？

任务目标

掌握微信朋友圈营销文案的写作技巧。

知识准备

微信朋友圈营销文案面向的是通过了"好友验证"的"好友"群体，文字、图片、音频、视频都是在朋友圈内可以展示的内容。由于微信用户快速浏览内容的阅读习惯，在微信朋友圈内发布的营销文案通常篇幅较短，言简意赅、短小精悍。同时，由于微信朋友圈的私密性，其内容的传播不像微博一样公开。微信朋友圈营销文案主要有以下四个常用的写作策略。

13.2.1 自我分享，场景植入

微信是用户的一张社交名片，没有人会在自己的名片上印满广告。体面的名片上，展示的应该是个人姓名、工作职位、身份标签、业务范围、特长等。这就意味着微信朋友圈营销文案需要立足于个人品牌，只有文案发布者拥有清晰的身份定位，才能为其发布的营销产品背书。图13-2所示为长安福特福睿斯的微信朋友圈营销文案。

13.2.2 注重互动，信任为王

图13-2　长安福特福睿斯的微信朋友圈文案

微信朋友圈营销文案同样需要注重互动，文案发布者可以与微信好友进行会话聊天或朋友圈互动，这有益于与目标用户加深情感连接，给潜在用户进一步了解自己以及产品的机会。

总而言之，微信朋友圈营销文案的关键是"信任"二字，只有用户对文案发布者有了信任，才会有进一步转化的可能。从表达方式来看，文案可以通过情感型文案与微信好友之间建立信任。情感型文案可以分为以下三种。

1. 描述类

描述类文案通过描写、叙述等方式，借助生动细腻的描绘和刻画来渲染情绪，从而达到促进营销的目的。图13-3所示为某小吃店铺的微信朋友圈营销文案，文案中特意强调了"面点休息""汁水是用苹果醋、冰糖、矿水水泡的"，这些看似平实的描述方式，其实正是微信朋友圈营销文案的独特之处。

2. 故事类

故事类文案就是通过讲故事的形式传递产品功能和价值。图13-4所示为某鲜花店铺的微信朋友圈营销文案，这样的文案设置能够将微信好友代入同样的场景中。一方面，如果用户时常在朋友圈接触到同一卖家的同类信息，会倾向于认为卖家的销量很好，从而对产品的质量更为信任；另一方面，用户会感受到卖家是人性化、易于沟通的，更易消除用户对卖家所营销产品的戒备心理，为成交奠定良好的情感基础。

图 13-3　某小吃店铺的微信朋友圈营销文案

图 13-4　某鲜花店铺的微信朋友圈营销文案

3. 文艺类

文艺类朋友圈营销文案就是采用诗歌、散文、小说、童话、戏剧、歌曲等各种文艺形式,植入产品的性能、优点,以引起微信好友对产品的兴趣。

图 13-5 所示为鞋店微信账号履述先生的微信朋友圈营销文案,其一大特色就是会经常使用文艺的表达方式。这两则文案用温柔而坚定的文字风格,传递出作者的人生态度,即生活要脚踏实地,不负光阴,不负自己。再配以广阔浩瀚伸向远方的大海照片,充分调动了微信好友的共情。文案创作者与微信好友通过微信朋友圈营销文案建立情感连接,也能有效增强彼此间的信任感。文艺类文案几乎适用于所有的产品,但是它的数量应有所控制,不应过于泛滥。

图 13-5　淘宝店铺"履述"的微信朋友圈文案

13.2.3　连续展示,增强黏性

微信朋友圈虽为私域流量平台,但并不意味着所有微信好友之间都具有非常可靠的社交关系,同时,潜在用户的付费意识和习惯也需要培养。因此,微信朋友圈的营销文案需要保持一定的发布频率。有节奏地更新朋友圈,既可以增加文案发布者的营销文案被微信好友关注到的可能性,又不至于因曝光过于频繁而招致微信好友的反感。

如图 13-6 所示,这个发布者在微信朋友圈发布营销文案的频率较为密集,每日固定发布 8~10 条朋友圈,这就对其文案内容的丰富度提出了要求。可以看到,该账号文案创作的角度丰富,既有产品信息与高考等热点的结合,也有与产品相关的报道,其最突出的特点是图文并茂,以足量的信息不断扩大文案在微信朋友圈的影响力。微信朋友圈营销文案需特别注意呈现方式的丰富性,要给人以新鲜感。

综合以上案例可以看出,在微信朋友圈发布的文案不能每条都是广告,这样容易引起微信好友的反感;也不能发送大量无效的信息刷屏,这样会让微信好友对发布的信息感到麻木。文案创作者在创作文案时要做到有关、有情,文案不能空泛、随性、言之无物,而应该提供新知。

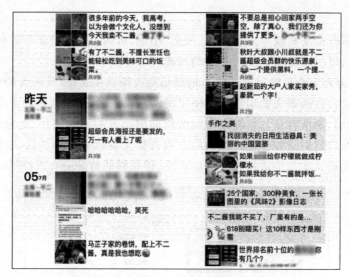

图 13-6　淘宝店铺"履述"的微信朋友圈文案

有关,是指站在潜在用户的视角去组织内容,呈现产品能给潜在用户带来的价值;有情,则是要避免文案内容生硬,注意文案用语的温度及内容植入的自然度,在业务内容与人情内容之间找到平衡。一般而言,在微信朋友圈发布的营销文案可以按照这样的比例进行分配:1/3 的内容与行业有关,1/3 的内容与个人有关,剩下的 1/3 才是营销文案。

13.2.4　价值输出,深挖专业

无论营销文案写得如何优秀,都不能忽略一个道理:只有产品对用户有实在的价值,才能最终留住用户。作为在朋友圈中传递产品价值的人,新媒体文案创作者必须提升自己的专业性,做到内容专业、知识专业、服务也专业。

图 13-7 所示的儿童口腔医院是典型的必须突出专业性的机构。发布者在朋友圈发布的内容多以科普知识为主,通过发布与儿童护牙有关的科普知识,以及对常见的儿童口腔问题的解答,逐渐树立了其在家长心目中的专业形象。

任务实施

1. 说说那些使你印象深刻的微信文案是如何体现上述特点的?
2. 尝试撰写一篇微信朋友圈文案,以达到产品营销的目的。

项目总结

微信朋友圈的营销逻辑是先信任人,再信任产品,可以算得上是一种社交电商。本项目引导大家充分认识微信朋友圈的经营基础是熟人关系和信任感,微信朋友圈营销文案可以理解为以个人身份做背书、以"熟人经济"为基础的篇幅短小且具有销售属性的文案。

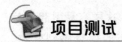 项目测试

简述微信朋友圈营销文案的写作策略。

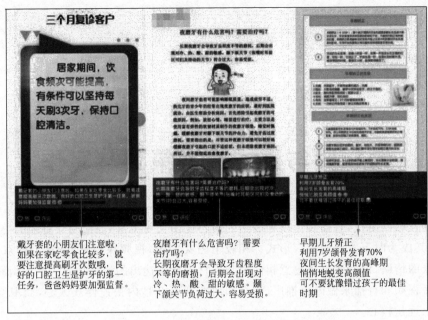

图 13-7　儿童口腔医院的微信朋友圈文案

 项目实践

1．实践任务

（1）某童装商家刚上线了一系列新款童装，要在微信朋友圈发布一条上新文案，提高产品的销售量。此外，还需要发布一条第三方反馈及一条关于童装穿搭的微信朋友圈营销文案，来吸引用户的注意力，增加品牌知名度。

（2）某化妆品商家刚上新一款口红，要在微信朋友圈发布一条上新文案，提高产品的销售量。此外，还需要发布一条关于日常美妆方面的微信朋友圈营销文案，来吸引用户的注意力。

2．实践步骤

（1）发布一条上新文案。上新文案一般为图文结合式，文案可以介绍新款童装及口红的型号、款式、色号、质地等。

（2）发布服饰、日常美妆文案。文案要将产品与日常生活场景相结合，突出产品的作用。

3．实践要求

（1）发布的上新文案要能结合话题，展示关键信息。

（2）服饰、日常美妆文案要突出本产品与日常穿搭和场合之间的搭配，对消费者进行美妆指导。

 拓展阅读

拓展阅读：微信朋友圈文案举例

项目 14

短视频与直播文案策划与写作

在移动互联网时代,直播和短视频表达的内容比图文更丰富,能给受众更强的心理暗示和刺激,这使其成为时下主流的推广形式。相较于图文广告,视频在视觉、听觉上的双重冲击更能带动受众的情绪,消费者也更愿意相信视频素材中所表达出的产品功效。当前,商家越来越倾向于用短视频和直播来做内容推广,那么如何在开篇 3 秒内快速俘获人心,获取受众关注?文案策划永远是核心。

职业素养目标

1. 知法、守法、懂法、用法,严格遵守法律和行业规定,依法策划短视频和直播文案脚本。
2. 在撰写短视频和直播文案时肩负起加强内容安全审查、上报网络舆情等方面的责任,提高防范意识,自觉维护互联网秩序,提高网络内容质量。

典型工作任务

1. 为企业和个人创作框架合理、逻辑性强、语言清晰、富有创意的拍摄提纲、文学脚本、分镜头脚本。
2. 拍摄及上传画面清晰、内容富有创意的短视频。
3. 进行一场直播。

任务 14.1　短视频文案写作

任务导入

移动互联网环境的优化改变了碎片化时代的触网体验,用户手机 App 分配时间的转移,催生了短视频行业,其逐渐成为大众上网娱乐的主要形式。据《中国互联网络发展状况统计报告》,截至 2023 年 12 月,我国网民规模达 10.92 亿人,较 2022 年 12 月增长 2480 万人;互联网普及率达 77.5%,较 2022 年 12 月提升 1.9 个百分点。我国网络视频用户规模为 10.67 亿人,较 2022 年 12 月增长 3613 万人,占网民整体的 97.7%。其中,短视频用户规模为 10.53 亿人,较 2022 年 12 月增长 4145 万人,占网民整体的 96.4%。图 14-1 所示为《中国互联网络发展状况统计报告》中,2018—2023 年短视频用户规模及使用率。图 14-2 所示的国内几大短视频阵营是目前短视频投放的主要平台,成功地吸引了移动网民的青睐。

图 14-1 国内几大短视频阵营

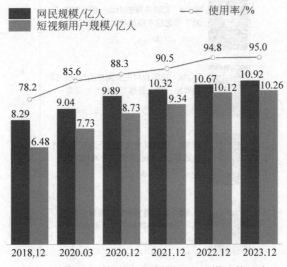

图 14-2 2018—2023 年短视频用户规模及使用率

从秒拍到快手、抖音,从 papi 酱一夜爆红到一大批网红争奇斗艳,短视频的蓬勃发展引发了一场覆盖内容、社交和营销等多个领域的变革。对商家来说,用户把时间花在哪里,哪里就是战场。如图 14-3 所示,各视频播放平台有着各自的盈利模式,因此,越来越多的商家开始把

类别	短视频	中视频	长视频
时长	1分钟以内	1-30分钟	30分钟以上
生产模式	UGC	PUGC	OGC
展现形式	竖屏	横屏	横屏
国内产品代表	抖音、快手	西瓜视频、哔哩哔哩	优酷、爱奇艺、腾讯视频
海外产品代表	TikTok	YouTube	Netflix、Disney+
主要视频类型	创意类	生活、知识类	影视、综艺
平台盈利模式	信息流广告、直播电商	广告、直播等	会员付费、贴片广告

图 14-3 各类视频简介

时间花在短视频、直播平台上,积极通过直播电商进行流量变现。尽管每天都会有很多人构思、拍摄和制作大量的短视频,但经过创意策划和文案设计的短视频,才能展现出自己的与众不同,让人眼前一亮。如图 14-4 所示的"南翔不爱吃饭"账号,就是凭借内容在海量的视频账号中脱颖而出。

图 14-4 "南翔不爱吃饭"直播号截图

任务目标

1. 理解短视频内容分类。
2. 理解短视频选题原则。
3. 了解短视频内容脚本的创作。
4. 掌握镜头的运用。

知识准备

随着抖音等短视频平台的日益火爆,新媒体短视频已经成为众多创作者争夺流量的新战场。如何打造一款爆款短视频呢?除了精彩的创意和有趣的内容外,一个优秀的文案也是至关重要的。文案不仅可以使短视频更立体、更丰富、更具有传播力,还可以迅速传达短视频创作者的思想和意图,感染用户的情绪,并吸引其关注,在增加曝光量的同时赚取收益。在进行文案创作之前,要考虑表 14-1 所示的短视频创作框架。

表 14-1　短视频创作框架

主题	关于个人成长？关于节日祝福？表达对故乡的眷恋？……
类型	介绍产品、企业？讲故事？搞笑娱乐？科普类？商务类？……
表达重点	哪些点要多花时间表现？哪些点一带而过就行？哪些通过隐喻表现？……
受众	是给小朋友看，还是老年人？是给学生看，还是打工人？是给消费者看？……
风格	轻松愉快？抒情为主？无厘头？沉稳大气？……
内容梗概	开头＋中间＋结尾

14.1.1　确定短视频内容

要想制作短视频，就要确定内容方向。

1. 短视频内容分类

热门的短视频内容主要包括搞笑、才艺表演、创意特效、萌娃萌宠、励志故事、实用技术讲解、"种草"、探店分享经验等。

（1）搞笑。搞笑包括讲笑话、搞笑情节剧及恶搞等，用户覆盖范围广。其主要使用情景是供用户在碎片化时间里的消遣，当用户看了视频后捧腹大笑时，点赞就成了顺其自然的一种奖赏表达。因此搞笑类的视频内容也容易成为热点。图 14-5 所示为 papi 酱的搞笑类短视频。

图 14-5　papi 酱短视频

（2）才艺表演。才艺表演是指通过剧情表演、音乐、舞蹈等所展现出来的一种内容。特别是音乐和舞蹈类的内容，更能吸引粉丝的关注。如图 14-6 所示的舞蹈短视频有 22.3 万的点赞量，3754 的评论量，5.9 万的转发量。

（3）创意特效。新颖和具有创造性的视频很容易吸引关注，并受到大众的欢迎。图 14-7 所示为创意特效视频，在众多账号跟风拍摄同类型视频的时候，尝试原创特效更能受到用户的喜爱。

图 14-6　抖音中舞蹈"知否"短视频

图 14-7 抖音中巧克力美食创意视频

（4）萌娃萌宠。萌娃萌宠是受众较广的一类短视频题材，将宠物人格化，给它们穿上很多搞怪的服装，给宠物配音说话等，都属于这个题材。如图 14-8 所示的萌宠视频经常有很高的播放量。

图 14-8 萌宠视频

（5）励志。励志短视频能带给用户正能量，引起用户内心深处的共鸣，这样的内容往往会有很多的评论数与很高的转发量，如图14-9所示。

图14-9 抖音中励志类视频

（6）实用技术。培训教程、美食类教学、生活技巧都属于实用技术。这类视频的粉丝规模有限，但却更加精准，可以带来更高转化率。实用技术类内容很好地利用了用户的收藏心理，人们总想着"先点赞收藏下，未来可能会用得上"。只要主播有一项还不错的技能，都可以拍成视频。

（7）"种草"。"种草"是源于互联网时代各类论坛、社区的流行语，指向用户介绍并宣传某种商品的优良品质，推动其产生购买、消费的行为，是电商的重要营销手段。好物推荐、清单等都属于"种草"行为，具有比较强的推销色彩。"种草"类短视频比较适合美妆、服饰、日用品等领域的内容创作。图14-10所示为"种草"类短视频。

（8）探店。探店是指短视频创作者亲自到实体店中探访、体验、记录、分享给用户的过程。适用于餐饮、旅游行业，通过记录整个体验过程，向用户展示环境、食物、服务细节等，引导用户进行消费。由于地域限制，探店类的短视频通常会被平台贴上地域标签，基本上只向相关地域的用户精准推送。如图14-11所示为抖音账号"家在大连"，其主要向用户提供大连逛街指南。

2. 短视频选题原则

无论什么时代，内容为王是不变的法则。无论什么形式，媒体都是为了更好地呈现内容。在用户群体一致的情况下，内容是否优质，就成为能否斩获流量的决定因素。

（1）以受众为导向。制作短视频的最终目的并不是孤芳自赏，而是吸引人们的注意，引发人们的共鸣。所以在构思短视频选题时，要站在受众的角度，优先考虑受众的需求，了解其兴趣和爱好，分析人们日常关注的热点以及希望解决的问题等。

图 14-10 "种草"类短视频

图 14-11 账号"家在大连"探店短视频

（2）在某一领域垂直深耕。在垂直方向上，选择有深度的主题，持续产生优质内容，不断打造更加专业、更具影响力的短视频，才能提升受众的忠诚度，增加其黏性。

（3）有用性。在构思选题时，文案创作者要思考自己创作的短视频能给受众带来什么利益，能否让其产生收获感和满足感，尽量与大众分享实用内容，在有价值的内容环境中积累和沉淀忠实的受众。

（4）贴合热点，找准切入角度。围绕热门话题来制作短视频已经成为常用的选题方法。但也不能盲目跟风，要找准热点的切入角度，寻找不同的方向，以独特的视角给受众更新奇的观看体验，这样的短视频才不会流于平庸。

（5）具有创新性。制作短视频时，一方面可以在借鉴别人作品的基础上深入挖掘，以逆向思维和求异性思维寻找鲜有人涉足的领域，进行自我创新与扩展；另一方面也要不断积累经验，增加个人的知识储备，不断在学习中获得创新的灵感。

14.1.2　短视频文案的创作

人们经常因为看到新闻热点而激动点赞，被一段走心的励志故事感动到哭，禁不住因搞笑段子兴奋的笑，看到博主们的推荐疯狂下单，究其原因，是因为短视频输出的内容能吸引到人，是背后的文案在起作用。

短视频作为介于字符和长视频之间的内容呈现方式，需要用更短的篇幅交代一场完整的、爆发力十足的事件。写作前要考虑："这个故事，想和观众交流的点是什么？这个故事有没有代表一部分观众的心声？这个故事有没有帮助观众自我实现？"

1. 引人入胜的开头

一个好的开头是吸引观众注意力的关键，遵循"黄金 5 秒"的原则。可以使用提问、挑战、揭秘等形式来吸引观众的兴趣，让他们产生继续看下去的欲望。

2. 设置亮点阐述内容

运用有趣的案例、实用的小技巧、感人的故事围绕主题来丰富内容，可以让观众对视频产生共鸣；运用搞笑的桥段、视觉冲击力强的画面、温馨的互动环节在视频中设置亮点，可以增加视频的吸引力。

3. 呼吁行动的结尾

视频的结尾要明确呼吁观众进行某种行动，比如引导关注、点赞或者分享。这样可以引导观众参与，提高视频的互动率。

在视频中或结尾处，要时刻提醒观众关注你的账号，以积累更多的粉丝和流量。视频输出的背后是价值观的输出。对于企业或个人账号来说，视频内容只是载体，观众点赞一条内容和关注一个账号是不同的事情。观众关注一个账号，主要原因是认同账号所呈现出的视频内容方向、价值观和表现风格等。

14.1.3　短视频文案写作要领

1. 标题写作

一个好的标题就是宣传的名片，要根据视频主题选择最适合的标题。短视频文案的标题与文字文案的标题有异曲同工之处，都要注意字数适中、合理断句、使用标准格式、添加话题标签、考虑推荐机制的影响等。

2. 脚本写作

脚本是对整个短视频的构思与策划,也是整个短视频的内容大纲。脚本确定后,才能通过专业拍摄、后期剪辑将产品的卖点直观且美观地展现出来,以此来打动用户。

在拍摄短视频时,盲目无规划的拍摄会造成资源的浪费和素材的冗杂,难以创作出高质量的短视频。短视频脚本的写作是短视频制作的重要环节,优质的脚本对短视频的拍摄可以起到提纲挈领的作用。

(1)脚本。脚本一词属于编剧术语,指表演戏剧、拍摄电影等所依据的底本,或者是书稿的底本。它是故事情节发展的大纲,决定着作品的走向以及拍摄的具体细节。随着短视频发展日趋成熟化,脚本逐渐被应用到了短视频制作的过程中。

(2)短视频脚本是服务于短视频拍摄的一种工具,是高效高质完成短视频制作的重要手段。短视频脚本的构成要素主要包括框架搭建、主题定位、人物设置、场景设置、做故事线索、影调运用、音乐运用和镜头运用等内容,如表14-2所示。

表14-2 短视频脚本构成要素构成表

构成要素	具 体 内 容
框架搭建	拍摄前的整体建构,如场景选择、拍摄主题、故事线索、人物关系等
主题定位	明确主题,找准切入点
人物设置	人物安排,每个人物如何表现主题
场景设置	室内、室外、棚拍或绿幕抠像
故事线索	情节的发展走向,脚本的叙事手法
影调运用	不同的主题搭配相应的影调,如悲剧搭配冷调,喜剧搭配暖调
音乐运用	渲染气氛,带动观众情绪
镜头运用	推镜头、摇镜头、移镜头、固定镜头,要运用不同的镜头拍摄不同的画面

(3)短视频脚本的类型。短视频脚本的类型主要包括拍摄提纲、文学脚本和分镜头脚本。

① 拍摄提纲。拍摄提纲是为了短视频拍摄制定的大致框架。它包含了短视频拍摄的基本要点,是短视频最终呈现的大致轮廓。拍摄提纲框架如表14-3所示,一般包括主题、视角、体裁、风格、内容等。图14-12所示为"毕业季"短视频拍摄提纲截图。

表14-3 短视频拍摄提纲框架表

拍摄提纲组成部分	说　明
主题	明确立意,为拍摄者确定创作方向
视角	寻找独特的切入点,更好地表现短视频主题
体裁	根据体裁确定拍摄要求及表现方法
风格	确定短视频的创作基调
内容	用具体的场景架构指导短视频拍摄

② 文学脚本。传统的文学脚本是指各种小说或故事经过改版后,方便以镜头语言来完成的台本方式。对于短视频创作来说,文学脚本既沿袭了传统的制作初衷,又被赋予了新的形态。短视频文学脚本以文学的手法描述短视频的情节发展,把拍摄者所要呈现的视听效果以文字的形式传达出来,从而形成一个较为完整的流程。图14-13所示为"毕业季"短视频文学脚本的,它将整个作品中可控场景的拍摄思路用文字诠释出来,是一种较为详细的脚本形式。

> 主题：在毕业季，校园中的莘莘学子结束了四年的校园生活，面对离别，他们心中有太多的感慨与不舍，然而毕业不是青春的结束，而是青春的续航，毕业了，请带着四年的收获，怀揣梦想，拥抱新生活。
> 视角：从大学生活的各个场景入手，通过对生活、学习、活动不同侧面的刻画，反映难忘的校园生活。
> 体裁：纪录片型短视频
> 风格：虽有淡淡忧伤但充满希望
> 内容：
> 场景一：校园大门外
> 一群身穿学士服的毕业生从各个方向走来，站定，拍毕业照。
> 场景二：运动会
> 骄阳似火的九月，几位同学在操场跑道上比赛。
> 场景三：学习
> 学生参加辩论赛，两位辩手唇枪舌战。
> 场景四：安静的教室
> 空荡的教室，写满毕业送别话语的黑板。

图 14-12 "毕业季"短视频拍摄提纲截图

> 阳光明媚的校园门口，一群身穿学士服的毕业生从各个方向走来，他们说着、笑着，慢慢地聚集在一起站定，"咔嚓"一声，画面定格在学生热情洋溢的笑脸上。
>
> 时间回到从前，一帧帧回忆的画面涌入脑海。运动会上，骄阳似火，几位同学在赛道上驰骋，他们表情坚毅，脸上挂满汗水，周围一片鼓励喝彩的声音；辩论赛上，两位辩手唇枪舌战，气氛紧张而热烈。
>
> 最后，记忆回到现实，毕业了，教室里不再熙熙攘攘，空荡而又寂寞，黑板上赫然写着"我们不诉离别，只记住青春最好的模样！毕业，不是青春的结束，而是青春的续航！"

图 14-13 "毕业季"短视频文学脚本截图

③ 分镜头脚本。对于短视频拍摄来说，分镜头脚本是最为详尽的。脚本形式是将文字画面转化为试听立体形象的重要环节，它参照拍摄场景的具体情况，以拍摄提纲或者文学脚本为基础，运用蒙太奇手法将短视频的画面内容加工成一系列具体、可感、可供拍摄的镜头，是镜头语言的再创造。分镜头脚本一般采用表格的形式，将镜头号、景别、运镜、画面、时长、对白（解说词）、音乐音响等按顺序制作成如表 14-4 所示的表格，并分项填写。图 14-14 所示为"毕业季"短视频分镜头脚本截图。

表 14-4　分镜头脚本项目表

脚本项目	具 体 内 容
镜头号	按组成短视频的镜头的先后顺序依次编号
景别	以远景、全景、中景、近景、特写的拍摄角度来表现整体或者突出局部
运镜	镜头移动方式
画面	用精练、具体的语言描述出要表现的画面内容
时长	每个镜头的拍摄时间精确到"秒"
对白（解说词）	每个镜头下人物的对白，或者对画面的解说
音乐音响	为配合镜头画面安排的音效，可以起到烘托情境的作用

（4）景别。景别是指镜头远近的区别，分为远景、全景、中景、近景、特写，如图 14-15 所示。

① 远景：一般用于交代大的时代背景、城市街道环境、整个剧情发展的大环境背景，可以理解为展示事件发生的时间、环境、规模和气氛。

② 全景：比远景更近一点，把人物的身体整个展示在画面里面，用来表现人物的全身动作，或者是人物之间的关系。

镜头号	景别	画面	时长	对白（解说词）	音乐音响
1	远景	校园门口，阳光普照，一群身穿学士服的毕业生从各个方向走来	15s	—	背景音乐《光阴的故事》
	中景	他们互相交谈着，脸上洋溢着笑容		—	
	近景	毕业生慢慢聚集在一起，脸上仍然挂着笑容，画面定格，拍成照片			相机按动快门的"咔嚓"声
2	中景	运动会上，五名学生穿着运动衣奋力奔跑	20s	—	鼓掌喝彩的声音，背景音乐《青春纪念册》
	特写	脸上表情坚毅，挂满汗水			
3	近景	辩论赛上，正反方辩手相对站立，一方辩手正在论述观点	20s	正方辩手：正所谓"不积跬步，无以至千里，不积小流，无以成江海"……	背景音乐《青春纪念册》
4	近景	教室里空荡且安静；黑板上写着毕业寄语	20s	我们不诉离别，只记住青春最好的模样！毕业，不是青春的结束，而是青春的续航！	音乐从镜头转向黑板那一刻开始播放《青春纪念册》的高潮部分

图 14-14 "毕业季"短视频分镜头脚本截图

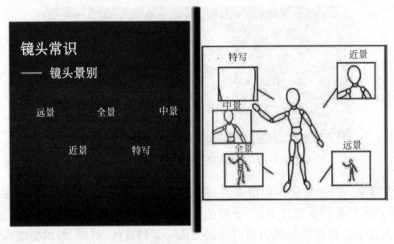

图 14-15 图示镜头常识

③ 中景：拍摄人物膝盖至头顶的部分，不仅能够使观众看清人物的表情，而且有利于显示人物的形体动作。

④ 近景：拍摄人物胸部以上至头部的部位，非常有利于表现人物的面部或者是其他部位的表情、神态和细微动作。

⑤ 特写：对人物的眼睛、鼻子、嘴、手指、脚趾等这样的细节进行拍摄，用来表现需要突出的细节。

（5）运镜。运镜是指镜头的运动方式，有从近到远、平移推进、旋转推进等。在基础的运镜动作上加上其他元素，可以使镜头看起来更加酷炫，更具有动感。

① 环绕运镜：保持相机位置不变，以被摄体为中心手持稳定器进行旋转移动。环绕运镜犹如巡视一般的视角，能够突出主体、渲染情绪，让整个画面更有张力。

② 低角度运镜：通过模拟宠物视角，使镜头以低角度甚至是贴近地面的角度进行拍摄，越贴近地面，所呈现的空间感就越强烈。低角度拍摄也能够更加聚焦于某一部位的动作，如腿部行走。

③ 推进和后拉运镜。将镜头匀速移近或者远离被摄体。例如，向前推进镜头，通过从远到近的运镜，使景别逐渐从远景、中景到近景，甚至是特写，这种运镜方式能够让观者的视觉逐步集中，容易突出主体。向后拉伸镜头与向前推进镜头的运动方向相反，通过由近到远向后移动来远离被摄体，使镜头内景物逐渐增加，以此来交代场景环境，从而形成壮观的视觉感受。

任务实施

1. 请以一个美食博主的身份,策划一份短视频文案为同学们展示自己的家乡的美食,内容可以是展示一道美食的照片或视频,引发观众的食欲。也可以介绍美食的制作过程或者食材的选择,让大家了解美食背后的故事和技巧。

2. 根据完成的文案,尝试拍摄一段视频。

任务 14.2　直播文案写作

任务导入

电商直播是指线下卖家通过网络直播平台或直播软件销售自己的产品来拓宽客户,让客户在了解产品性能的同时购买自己的产品。以化妆品行业为例,一个主播在线上直播,可以不受时空限制,同时服务所有在线的人。这相较于化妆品柜台前一个服务员一个时间只能服务一个买家来说,效率提升了成千上万倍。只要粉丝的基数足够大,哪怕转化率一般,最终成交的数据也是惊人的。在每一场直播开始之前,都需要提前设计好一个直播带货脚本文案,写清楚每个环节以及每个环节的每个时间段做什么、说什么、怎么做、怎么说、准备什么产品、怎么介绍产品等等。提前准备好了直播脚本,整场直播就在计划安排之中了,主播提前熟悉了直播脚本,就不会在直播间状况百出,一团乱麻。脚本中主播在什么时间做什么、怎么与粉丝互动、怎么卖产品、时间有多长、每个环节都要写得清清楚楚,这有助于主播在直播前理清思路,确保直播过程顺畅,不疏漏任何一个环节,保证直播效果。图 14-16 所示为电商直播脚本截图。

直播活动概述			
直播时间	2024.05.26,20:00—22:00		
直播地点	××直播室		
直播主题	××品牌女装上新促销		
产品数量	10		
主播介绍	××,品牌主理人		
预告文案	秋季女装上新,独一无二的精心搭配,让您做自己的女神!锁定××直播间,5月26日20点不见不散哟!		
直播流程			
时间段	流程规划	人员分工		
		主播	助理	场控/客服
15:00—15:10	开场预热	自我介绍,与先进入直播间的观众打招呼,介绍有抽奖活动,吸引观众观看参与 参考话术:宝宝们注意了!今天的奖品超级丰厚!要是我没直播,我真的好想参与	演示直播截屏抽奖的方法,回答观众的问题	向各平台分享开播链接,收集中奖信息
15:10—15:20	活动剧透	简单介绍本场直播所有产品,说明直播间优惠力度,介绍完可简单回答问题,并引导关注 参考话术:大家待在直播间千万不要走开!点赞满×××、关注满×××抽奖,如果还没有关注直播间的赶紧关注一下,我们每次直播都会有抽奖活动,只有关注了才能领奖哦	产品配套展示,补充主播遗漏的内容	向各平台推送直播活动信息
15:20—15:25	产品推荐	讲解、试穿第一款产品,全方位展示产品外观,详细介绍产品特点,回复受众问题,引导观众下单	配合主播完成互动,协助主播回复问题	发布链接,回复订单咨询,收集在线人数和转化数据
15:25—15:30	产品推荐	讲解、试穿第二款产品	同上	同上
15:30—15:35	红包活动	与观众互动,发送红包	提示该活动时间,介绍红包活动规则	发送红包,收集互动信息

图 14-16　电商直播脚本截图

任务目标

1. 规划直播流程,以表格形式设计直播脚本。
2. 根据直播的产品信息、优惠细则,以表格形式填写单品直播脚本的相关要素。

知识准备

一场直播,主播、选品的重要性不言而喻,但同样离不开一份逻辑严密、条理清晰的直播脚本。有内容载体,有内容主体,怎样让文案连接起双方呢?在这个"内容为王"的时代,运营者必须要具备基本的直播文案创作能力。图 14-17 所示为从直播环节来把握撰写要点,直播一般分为开场环节,正式售卖环节和结束环节,每一个环节的侧重点都不同。根据这个流程分阶段来写脚本,整场直播就会显得有条理多了。

除了脚本外,直播前的预热和推广同样需要相应的文案,下面将分别讲解。

14.2.1 直播电商推广文案

直播电商推广文案是预告直播内容的文案,主要是为了让消费者提前知晓直播内容,引导消费者进入直播间观看直播,其内容包括商品展示、直播间封面、直播预告等,多采用"文字+图片"和"文字+短视频"的形式。图 14-18 所示为"文字+图片"形式的汽车直播预告海报。

直播环节	节奏	时长	核心玩法	商品特点
开场	暖场	5~15分钟	抽奖发福利	—
正式售卖	售卖初期	1小时	抽奖、福袋娱乐、	主推低价引流款
	售卖高潮期	1小时	高娱乐、互动性的活动(抽大奖、砍价)	1. 高性价比,价格优势突出的商品 2. 大众化有潜力的爆款商品 3. 客单价高低结合
	售卖结尾期	1小时	秒杀、免单活跃直播间氛围,拉高下单率	客单价由高转低,可以做爆款返场
结束	收尾	15分钟	送礼感谢粉丝支持	—

图 14-17 电商直播流程

图 14-18 汽车直播预告海报

1. 商品展示

商品展示是直播平台推广文案的重要内容,在直播的过程中主播要清楚地向消费者展示商品的特点,解答消费者对商品的疑惑。

2. 直播间封面

直播间的封面就像是直播间的门面,门面是否有吸引力,直接决定了消费者是否会进入直播间。设置了封面的直播间,通常比使用默认头像的直播间观看人数要多得多。

3. 直播预告

电商商家在直播前可以通过预告对直播内容进行清晰地描述和介绍,让消费者提前了解直播内容。消费者看直播除了打发时间之外，还比较关心直播可以为他们带来什么，是价格优惠的商品？还是值得收藏的干货？在直播预告中，主播必须告诉消费者直播的主题以及直播能给他们带来的价值。

14.2.2　直播预热文案写作技巧

每场直播之前，直播预告是必不可少的，而直播预告离不开直播预热文案的写作。好的直播预热文案能起到画龙点睛的效果，戳中消费者的痛点，勾起他们的好奇心。图 14-19 所示为某直播预热文案截图。

具体信息		
时　间	2023年12月8日（星期五） 20：00—00：00	
地　点	茉莉传媒直播室-白马	
主　题	植入星品 秀出必买清单	
主　播	凯悦	
预告文案	预告：直播间爆款星品，超值买赠不能错过！关注点击开播提醒，12月8日20:00来直播间，教你打造冬季高颜值，还有爆款星品小黑管和花瓣粉底液，带你走进植村秀匠心的奇妙世界~	
注意事项	1）直播间互动玩法：下单即送洁颜油随机款 4mL*3 2）下单备注：植春秀大卖，送植村秀无色限卸唇啫喱 1mL 单片*2 3）讲解节奏：单品讲解+粉丝问题回复+实时互动 4）产品讲解比例 70%日常 sku+30%皮卡秀系列	
直播流程		
预热	直播预热 • 【主播自我介绍】 ——hi 大家好！欢迎大家来到植村秀官方旗舰店的直播间，我是今天的主播凯悦~非常开心今天能够来和大家一起来分享植村秀的彩妆护肤产品~ • 【预热引入】 ——品牌背景 植村秀作为亚洲第一的彩妆艺术品牌，多年来一直都在为绽放女性独立、大胆的美而努力着。我们的创始人植村秀老爷爷最开始被人们所悉知是在好莱坞，因为大胆出色的化妆手法，技惊四座。至今，他都希望能够通过彩妆来表达女性的魅力和自信，传递新时代女性的独立精神。如果说你还没感受到彩妆给你带来的魅力，或者还在疑惑怎么挑选和使用彩妆，那么今天，凯悦就来带你们看看，哪些彩妆单品能够迅速提成你的颜值魅力。 ——优惠信息 关注成为会员，下单正装即送洁颜油随机款 4mL*3 下单备注正装：植村秀大卖，送植村秀无色限卸唇啫喱 1mL 单片*2 ——排位赛助力前五名加赠 第一名送：泡沫隔离液 米色 SPF35 PA+++ 30g； 第二/三名送：柔雾唇釉限量版 M RD 163 5.2g 试用装； 第四/五名送：塑颜光感粉底液　10mL ——整点活动玩法 21 点、23 点答题抽奖，送春季限定化妆包，共 2 份 ——点赞玩法 点赞 2W、4W、6W、8W 送随机洁颜油 15mL，共 4 份；——双 12 预售优惠 双 12 单笔实付满 480，送植村秀晶萃溢采臻白精华水 清新 50mL样 双 12 单笔实付满 899，送精华水 50mL+植村秀黑色条纹化妆包 引出话题 话题一：# 眉型对气场的影响 #	5mins

图 14-19　某直播预热文案截图

1. 标题

直播预热文案的标题是影响消费者进入直播间的关键因素，标题字数需要控制在 12 个字以内，必须包含商品的核心卖点或具体的内容亮点，目的是第一时间让消费者对直播内容产生兴趣。例如，夏季清凉食品的直播标题“凉凉一夏，越 go 越 Hi”，DW 手表的直播标题“DW 手表，绽放在腕间的春日色彩”，美赞臣奶粉的直播标题“看直播学会宝宝专注力培养法”。

2. 内容简介

内容简介是对标题的解释或对直播内容的概括,字数应控制在140个字以内。内容简介要简单、不拖沓,可以介绍直播嘉宾、粉丝福利、特色场景、主打商品故事等内容,文案创作者要从能够吸引消费者的角度来进行写作。

3. 预告视频

想要提升直播的人气,需要在直播之前发一个预告视频,如果这个预告视频上了推荐,那么人气自然就会提升。在开播前发布的开播预告短视频,若完播率、互动率等数据优秀,会被系统推荐进入更大的流量池,这时候开启直播,也能给直播间引流。

4. 留下直播悬念

一场直播的时长一般为两三个小时,所有的内容依靠直播预热文案是介绍不完的,所以,文案创作者要学会设置悬念,留一半藏一半。

5. 打造直播场景

消费者可能无法直接从文字上感受到直播的价值,这时文案创作者可以通过营造与直播主题相关的场景来吸引他们。

6. 内容预告+转发抽奖裂变宣传

直播预热文案内容包括直播时间、直播内容及转发抽奖。直播时间和内容都是直播预告的必备项,文案的重点在于让完成"关注+转评赞"或者"转发评论"的用户有机会被抽取送红包、大额抵用券等惊喜福利。直播预热文案利用福利抽奖引导消费者转发评论,可以扩大传播范围,越多的人看到直播预告就会有越多的人进入直播间。

14.2.3 直播脚本的写作

1. 整场直播脚本的写作

整场直播脚本是以单场直播为单位,对整个直播过程的规划和说明,重点是对直播流程的安排和直播节奏的把控。整场直播脚本如表14-5所示,包括直播基本信息、直播主题、商品规划、互动环节设计等方面内容。

表14-5 电商带货直播脚本模板

×××店铺直播文案	
(注意:店铺名称×××旗舰店,×××海外旗舰店,×××天猫旗舰店等店铺名称要写完整)	
时间	××年××月××日(年、月、日) ××:××—××:××(具体时间)
地点	
商品数量	
主题	
主播	
场控	
运营	

续表

		直播流程简介		
时间	总流程	主播	场控	主推产品/直播间互动方法
写预计分钟数	预热、开场	自我介绍 引入直播品牌 进行产品浏览 优惠机制透出	推送引流	
	讲解产品	讲解产品	优惠券弹窗、直播间公告透出	在直播流程中标黄
	互动	透出直播间活动	把控直播时间	根据直播情况而定
	结束	回顾本场直播款和优惠机制，引导关注		
注意事项	直播间产品讲解＋粉丝互动占比			

	直播流程				
预热	1. 自我介绍 2. 引入直播品牌 3. 进行产品浏览 4. 优惠机制透出				
话题引入	产品名称	产品图片	产品卖点	利益点	粉丝答疑	备注
		外形相近的产品需添加图片		该产品的日常价、活动到手价、赠品		是否有可以组合讲解的产品
粉丝互动	1. 互动时间节点 2. 互动模式 3. 互动礼品（如果送奖品是否包邮，是否需要下单才送，邮寄是否随订单）				
结束预告	1. 整场商品的回顾，催付 2. 引导关注，预告下次直播时间、福利和产品活动				
备注	1. 一个话题内容/系列产品的讲解环节包括话题引入、产品讲解、粉丝互动，需根据产品循环讲解。 2. 话题引入和粉丝互动不是每款产品必须有的，但是整场直播必须有				

　　一场直播通常会持续几个小时，在这几个小时里，主播先讲什么、什么时间互动、什么时间推荐商品、什么时间送福利等，都需要提前规划好。整场直播脚本是对整场直播活动的内容与流程的规划与安排，重点是规划直播活动中的玩法和直播节奏。通常来说，整场直播活动脚本应该包括表14-6所示的几个要点。

表14-6　电商带货直播脚本模板

直播脚本要点	具 体 说 明
直播主题	从用户需求出发,明确直播的主题,避免直播内容没有营养
直播目标	明确开直播要实现何种目标,是积累用户,提升用户进店率,还是宣传新品等
主播介绍	介绍主播、副播的名称、身份等
直播时间	明确直播开始、结束的时间
注意事项	说明直播中需要注意的事项
人员安排	明确参与直播人员的职责。例如,主播负责引导关注、讲解商品、解释活动规则;助理负责互动、回复问题、发放优惠信息;后台/客服负责修改商品价格、与粉丝沟通转化订单等
直播的流程细节	直播的流程细节非常具体,要详细说明开场预热、商品讲解、优惠信息、用户互动等各个环节的具体内容、如何操作等问题。例如,什么时间讲解第一款商品,具体讲解多长时间,什么时间抽奖等,尽可能把时间都规划好,并按照规划来执行

优秀的整场直播活动脚本一定要考虑到细枝末节,让主播从上播到下播都有条不紊,让每个参与直播的人员、道具都得到充分的调配。

2. 单品直播脚本的写作

单品直播脚本是以单个商品为单位,把产品的核心卖点提炼出来,内容包括商品导入、核心卖点输出、利益点强调(有哪些优惠)、主播怎么展示产品、怎么引导转化等。单品直播脚本主要用于规范商品解说,对应的是整场直播脚本中的商品讲解部分,如表14-7所示。

表14-7　单品直播脚本要素

直播脚本要素	具 体 内 容
产品编号	1
产品名称	××(品牌名)2023年冬装女新款宽松戴帽套头灰色卫衣
零售价	368元/件
直播到手价	89元/件
产品卖点	1. 小图形设计,彰显个性 2. 戴帽、套头、宽松型的卫衣,不显胖 3. 偏短款,搭配裤子显腿长
利益点	1. 只限本直播间有这个价格,站外都没有这个价格 2. 满两件减50元

单品直播脚本最好用表格的形式呈现,这样可以很好地呈现商品的卖点和具体信息,避免主播在介绍产品时手忙脚乱,混淆不清,提升运营团队之间的配合效率。单品直播脚本的内容要包括:商品链接号码、商品名称品牌信息、商品原价、直播间福利到手价、优惠力度、赠品情况、库存情况以及产品卖点等,如图14-20所示。

一个直播脚本是否优质,需要通过真实的直播来检验,所以每场直播后需要及时复盘不同阶段的数据和问题,分析直播间在不同节点的优点和缺点,然后进行脚本改进和优化。通过多场直播的锤炼,就能形成一套适合自己直播间的脚本制定策略,更高效地让脚本服务于直播,助力销售额不断攀升。

直播序号	商品名称	商品规格	类目	直播价	商品卖点	直播话术
1	洪湖农家纯藕粉	160g/盒/8袋	食品	26元/2盒	▲全网最低价 ▲无糖健康 ▲湖北助农商品	湖北特产洪湖农家藕粉，早餐泡一碗唤醒新一天。适合家庭做早餐老少皆宜，这一款是无糖的，也非常适合易胖人群，代餐充饥。教大家冲泡藕粉一定要先用凉水豁开，再倒入沸水充分搅拌 天猫价29.5两盒，今天直播间助力湖北优惠价26元2盒！每盒160g8袋，也就是说26元可以得到16小袋。一共10w组，7天发货给大家
2	楚国风味麻辣小龙虾	800g/盒	食品	59元/盒	▲全网最低价 ▲三种口味可选	这款湖北知名品牌楚国风味的小龙虾，一共三种口味：十三香、香辣、麻辣。楚国风味的小龙虾主打生态养殖，这款是开袋即食，微波炉或者炒锅加热口感更好。炎炎夏日来顿小龙虾哈啤酒，高蛋白低脂肪简直不要太爽 小龙虾有500g，汤汁300g，天猫旗舰店价格69.9，今天直播间拍下优惠价只要59一盒，限量2000份，没有了就没有了，要的宝贝们赶紧去拍

图 14-20　单品直播脚本截图

14.2.4　短视频与直播的关系

图文内容在今天仍然没有消失，未来直播也不会完全取代短视频。短视频、直播以两种不同的形式分别适应不同的消费群体，满足了各自群体的需求。这也为短视频、直播电商文案的写作提供了思路。

1．短视频与直播的区别

短视频其优势在于时长短、可铺量等。直播不可能像短视频那样，时刻发布、时刻传播，只能在固定时间直播。二者有着各自的优点和长处，如表14-8所示。

表 14-8　短视频与电商直播的区别

特性	短视频	电商直播
时间限制	时空限制较弱 短视频时长较短，所需时间成本低，地域限制也较少，适合受众在碎片化时间反复观看	时间限制非常强 想要观看一场完整的直播，一段固定时间必不可少，且在时间的选择上，受众无法自主决定，较为被动
互动	互动性弱 短视频多是内容和价值观的输出，有很强的娱乐性，能够吸引粉丝的关注，发布后才能够得到用户反馈，难以和用户即时互动	互动性强 直播电商具备当场、同台、互动交流的特性，在主播进行直播时，和用户进行实时互动，提升了用户的参与感，增强了用户的黏性和忠诚度
消费转化	消费转化较弱 尽管能够通过优质的视频内容让用户完成"种草"，但是后续从"种草"到"拔草"的过程有很强的不确定性，因此很难将有购买意愿的用户转化为消费者	消费转化较强 直播带来的消费转化是可视的。在直播期间，不仅可以通过打造场景吸引用户观看，还可以通过上购物链接的方式营造出购买的氛围，充分调动用户的积极性，更好地释放商业势能

2．短视频与直播的联系

电商想要得到更长远的发展，更充分地发挥出商业价值，必须将短视频和直播结合起来，发挥彼此的长处，互相助力。

（1）短视频为直播助力引流，直播促成用户消费转化。对于直播而言，引流是一个至关重要的环节。短视频可以通过优质的内容做到为直播预热引流。用户被吸引到直播间后，主播再通过专业讲解促使用户完成消费转化。

（2）短视频可以留存内容，补足直播难以留存内容的短板。对于直播中所产生的优质内容，短视频还可以进行二次加工，精准分发。直播通过和用户的实时互动及时了解用户需求，为短视频内容的创作提供了方向。直播所带来的流量，也会促成用户关注短视频账号。

任务实施

根据下面的材料撰写直播带货推广文案。

盘锦大米是辽宁省盘锦市的特色农产品，也是中国国家地理标志产品。近年来，盘锦市充分发挥"国家级生态示范区"和"国家有机食品生产示范基地"的优势，重点推进了百万亩优质水稻工程，创造性地实施了"稻蟹共生、一地两用、一水两养、一季三收"的蟹稻共生原生态种养模式。

悠宇是一个农产品品牌，主营盘锦大米、红肠、大豆、黑米等农产品。临近盘锦大米的丰收季，悠宇决定于 11 月 1 日晚 7 点在抖音开展一场直播。为了促进农产品的销售，悠宇推出了一些直播优惠，只要当天在直播间下单的消费者都可以享受满 199 元减 20 元的优惠，直播时还会不定时抽取消费者享受免单福利。除此之外，为了促进主推产品——盘铺大米的销售，悠宇还针对盘锦大米推出了优惠福利——日常零售价为 79.9 元/袋，每袋为 5 千克。直播价为 69.9 元/袋，若购买两袋及以上就赠送 1 千克装的红肠 1 份。红肠价值 59 元，另外，只要消费者在直播间下单购买盘锦大米，就赠送一份 2 千克装的红薯，悠宇品牌的盘锦大米，颗粒饱满、晶莹剔透、气味清香，蒸煮后米饭松润柔软顺滑，入口软糯且有弹性，香味绵长，回味无穷。

项目总结

短视频和直播互为助力。短视频内容品质精良，用户留存时间长；电商直播实时互动性强，更易促进用户转化消费。"短视频＋直播"的模式，可以充分发挥二者长处，也是众多主播和商家的必选项。借助这套组合可以丰富营销内容的表现形式，可以最大限度地为平台带来流量，也为短视频和直播行业的发展注入活力。本项目通过介绍短视频和直播文案的基础知识，为准备进入电商行业的同学插上了腾飞的翅膀。

项目测试

1. 总结电商直播文案的特点。
2. 简述短视频与直播的关系。

项目实践

1. 实践任务

围绕"向英雄人物致敬"这个主题，列举三种不同类型短视频脚本的写作范例。

2. 实践步骤

（1）创作短视频拍摄提纲。

（2）创作短视频文学脚本。

（3）创作短视频分镜头脚本。

3. 实践要求

（1）结合主题，撰写三篇短视频拍摄脚本。

（2）将脚本拍摄成短视频发布在自己的抖音账号上。

（3）内容健康，画面流畅，清晰自然。

 拓展阅读

拓展阅读：羽西"COS 中国美——那些年我们一起追过的女神"PK 赛直播流程

拓展阅读：直播带货如何催生新职业

参 考 文 献

[1] 乐剑峰.广告文案[M].北京：中信出版社,2021.
[2] 宋红梅.新媒体文案创作及传播[M].北京：人民邮电出版社,2022.
[3] 陈倩倩.新媒体文案写作与编辑[M].北京：中国人民大学出版社,2019.
[4] 潘勇.新媒体文案创作与传播[M].北京：人民邮电出版社,2021.
[5] 蒋晖,三虎.新电商文案写作[M].北京：人民邮电出版社,2020.
[6] 胡森林,傅玉辉,高明勇,等.新媒体写作[M].北京：人民邮电出版社,2021.
[7] 叶小鱼.文案变现[M].上海：东方出版中心,2019.
[8] 罗伯特·布莱.文案创作完全手册[M].刘怡女,袁婧,译.4版.北京：北京联合出版公司,2023.
[9] 陈娜,伍大春,周艳.新媒体文案写作[M].北京：人民邮电出版社,2021.
[10] 孙清华,吕志君.电商文案写作与传播[M].北京：人民邮电出版社,2012.
[11] 张克夫,李丽娜.跨境电子商务文案策划与写作[M].北京：清华大学出版社,2021.
[12] 小马宋.那些让文案绝望的文案[M].北京：北京联合出版公司,2017.
[13] 秋叶.新媒体文案写作[M].北京：人民邮电出版社,2021.
[14] 宋俊骥,孔华.电子商务文案[M].北京：人民邮电出版社,2021.
[15] 陆安仁.文案写作[M].天津：天津科学技术出版社,2019.
[16] 喵十三.疯传文案[M].沈阳：辽宁人民出版社,2022.
[17] 空手.传神文案[M].北京：机械工业出版社,2022.